DIÁLOGO SOBRE JESUS

Corrado Augias
Mauro Pesce

DIÁLOGO SOBRE JESUS
Quem foi o homem que mudou o mundo?

Tradução
Andrea Ciacchi

Copyright © 2006 Arnoldo Mondadori Editore S.p.A., Milão

Título original: *Inchiesta su Gesù*

Capa: Angelo Bottino
Foto de capa: Bob Collier/Sygma/Corbis (DC)/Latinstock

Editoração: DFL

Texto revisado segundo o novo
Acordo Ortográfico da Língua Portuguesa

2011
Impresso no Brasil
Printed in Brazil

CIP-Brasil. Catalogação na fonte
Sindicato Nacional dos Editores de Livros, RJ

A932d   Augias, Corrado
            Diálogo sobre Jesus: quem foi o homem que mudou o mundo?/Corrado Augias, Mauro Pesce; tradução Andrea Ciacchi. — Rio de Janeiro: Bertrand Brasil, 2011.
            322p.: 23 cm

            Tradução de: Inchiesta su Gesù: chi era l'uomo che ha cambiato il mondo
            Inclui bibliografia e índice
            ISBN 978-85-286-1518-0

            1. Jesus Cristo. I. Pesce, Mauro. II. Título.

11-4305   CDD – 232.9
                                                       CDU – 27-312

Todos os direitos reservados pela:
EDITORA BERTRAND BRASIL LTDA.
Rua Argentina, 171 – 2º andar – São Cristóvão
20921-380 – Rio de Janeiro – RJ
Tel.: (0XX21) 2585-2070 – Fax: (0XX21) 2585-2087

Não é permitida a reprodução total ou parcial desta obra, por quaisquer meios, sem a prévia autorização por escrito da Editora.

Atendimento e venda direta ao leitor:
mdireto@record.com.br ou (21) 2585-2002

SUMÁRIO

7   Prefácio: *Muitas perguntas, algumas respostas*
        Corrado Augias

11	I	Aproximando-se Dele
32	II	Jesus judeu
49	III	Os muitos aspectos de Jesus
66	IV	Jesus político
80	V	É mais fácil um camelo...
94	VI	Fariseus e outras polêmicas
108	VII	O mistério do nascimento
120	VIII	Mãe Virgem
132	IX	Jesus e os seus irmãos
143	X	Aqueles homens, aquelas mulheres
157	XI	Jesus taumaturgo
167	XII	As causas da prisão
182	XIII	O processo

196	XIV	A morte
209	XV	A ressurreição
225	XVI	Tolerância/intolerância
238	XVII	Nascimento de uma religião
252	XVIII	O legado de Jesus
268	XIX	Novos evangelhos, antigas lendas

283   Posfácio: *Em busca da figura "histórica" de Jesus*
Mauro Pesce

289   *Elementos de uma pesquisa*
Corrado Augias

297   *Bibliografia*
301   *Agradecimentos*
303   *Índice das citações bíblicas*
313   *Índice onomástico*

Prefácio

MUITAS PERGUNTAS, ALGUMAS RESPOSTAS

"E vós, quem dizeis que eu sou?"

Marcos 8,29

"É possível que Jesus tenha sido um enigma até para si mesmo."

Harold Bloom

É possível saber quem foi o homem que, há cerca de 2.000 anos, percorreu a região de Israel, falou às multidões, curou os enfermos, transmitiu uma mensagem nunca antes concebida e acabou torturado num patíbulo infame? O homem, no seu aspecto físico de carne, sangue, músculos, e o seu olhar, a palavra, o gesto bendizente ou, às vezes, violento, antes que a liturgia, a doutrina, o mito transformassem a sua memória num culto, o culto numa fé, a fé numa grande religião da humanidade.

É possível até certo ponto. Nunca saberemos com certeza qual era a sua aparência, o som da sua voz ou o brilho do seu olhar; mas podemos tentar vislumbrar o homem na sua historicidade, naquelas terras e naquela época. Podemos aproximar-nos da sua figura grandiosa e buscar conhecê-lo assim como ele era, antes que desaparecesse atrás da espessa cortina da teologia.

O diálogo que compõe este livro surgiu da necessidade e da possibilidade de saber quem foi Jesus, ou Yehoshua ben Yoseph, em hebraico. Quero agradecer ao professor Mauro Pesce, biblista renomado, professor titular da cátedra de História do Cristianismo na

Universidade de Bolonha — a quem se deve o recente e bem-sucedido volume *Le parole dimenticate di Gesù* (A palavra esquecida de Jesus) —, por ter aceitado o convite para discutir com um leigo como eu essa matéria que ele conhece tão bem. Quando começamos a preparar o nosso diálogo, o professor esclareceu, nestes termos, a sua posição: "Estou convencido de que a pesquisa historiográfica não prejudica a fé, tampouco obriga à crença. É claro que, às vezes, ela pode levar a questionar alguns aspectos da imagem confessional de Jesus, mas isso leva a uma reformulação da fé, e não à sua negação. Por outro lado, algumas afirmações grosseiramente antieclesiásticas também sofrem os efeitos dos questionamentos da pesquisa. Nesse caso, porém, temos as condições para uma atitude laica mais madura, e não a obrigação de abraçar a fé."

Fiz perguntas que, justamente por ser leigo, considerava fundamentais: o que representou a presença de Jesus na Palestina daquela época? Ele era apenas um entre as centenas de pregadores andarilhos, possuídos por Deus, que percorriam aqueles vilarejos? Foi ele mesmo ou Paulo de Tarso quem fundou o cristianismo? Por que não restou quase nenhum vestígio daquela multidão de "profetas"? Quem se lembra, hoje, de Judas, o Galileu, ou de Teudas, o Egípcio? E por que foi justamente ele quem conseguiu introduzir entre os homens categorias de pensamento e sentimentos que até aquele momento estavam guardados entre as emoções privadas?

Houve também perguntas aparentemente mais banais, as perguntas que nos fazemos sobre qualquer personagem histórico: onde nasceu? Filho de quem? Quando? Por estarmos no ano 2006* da era cristã (5766 da era hebraica), deveríamos pensar que ele tenha nascido num hipotético ano zero. Mas não é assim. Jesus nasceu por volta dos últimos anos do reinado de Herodes, que morreu no 750º ano *ab urbe condita*,** ou seja, *circa* 4 a.C. Hoje, portanto, teríamos de estar, no mínimo, em 2010, se contássemos realmente a partir do seu

---

* Ano de publicação da edição em italiano. (N.T.)
** Expressão latina que significa "desde a fundação da cidade" (no caso, a cidade de Roma). (N.T.)

nascimento; outras encruzilhadas históricas, seria complicado resumi-las, levariam essa data ainda mais para trás. E mais: ele nasceu realmente no dia 25 de dezembro? Isso também é pouco provável. Mais ou menos nesse dia, ocorre o solstício de inverno, depois do qual os dias começam a ficar mais longos; a Terra retoma, por assim dizer, a sua direção rumo à primavera. O dia 25 de dezembro, consequentemente, é uma data tão carregada de significados astronômicos e simbólicos que se dizia que outro Deus também nascera nesse dia: o misterioso Mitra, divindade benévola que teve muitos seguidores em Roma. O mitraísmo foi uma religião que concorreu por muito tempo com o cristianismo. Mitra também se tornou homem para salvar a humanidade. Uma das lendas conta que ele veio ao mundo encarnado no ventre de uma virgem e que teria abandonado esta terra, para voltar ao céu, com 33 anos de idade. E ainda: onde nasceu Jesus? Em Belém? Talvez nem isso saibamos ao certo. Pelo contrário, sabemos, com base somente numa avaliação histórica, que a hipótese do nascimento em Belém não é convincente. Somente Mateus (2,1-6) diz explicitamente por que aquele vilarejo minúsculo teria sido escolhido. Num dos livros da Bíblia está de fato escrito (Mq 5,1): "Mas tu, Belém-Efrata, tão pequena entre os clãs de Judá, é de ti que sairá para mim aquele que é chamado a governar Israel." Dessa perspectiva, até o nascimento em Belém se torna um dado mais teológico do que biográfico. Jesus tinha de nascer nesse pequenino povoado porque as Sagradas Escrituras haviam profetizado que ali nasceria o futuro rei de Israel. Nascido de uma virgem? Como explicar, fora do âmbito de uma observância dogmática, tamanho absurdo? A despeito do fato de que, em vários trechos, os evangelhos falam dos irmãos e das irmãs de Jesus? Em muitas outras ocasiões, a Bíblia hebraica (o Antigo Testamento, na expressão cristã) foi utilizada para dar legitimidade a Jesus. Toda a tradição cristã tenta vislumbrar nela as antecipações ou as explicações da sua vida breve e trágica, reduzindo, assim, a poderosa (até mesmo do ponto de vista literário) tradição hebraica a quase somente um signo precursor da novidade representada pelo cristianismo.

Finalmente, esta pesquisa possui também motivações mais contingentes, surgidas a partir da curiosidade de se compreenderem as razões do sucesso de livros e de filmes sobre Jesus, o porquê da persistência de lendas nebulosas como a do Santo Graal, sobre a qual o escritor norte-americano Dan Brown baseou o seu *O Código Da Vinci*. Como explicar a venda de dezenas de milhões de exemplares de um modesto thriller? Personagens recortados como figurinhas de papelão, um texto sem vigor, metáforas sem vivacidade. Onde está o segredo desse sucesso sem precedentes? O seu autor teve apenas a astúcia, ou a sorte, de encontrar um tesouro, talvez até mesmo sem tê-lo procurado. Esse tesouro era a curiosidade — talvez pudéssemos dizer a ansiedade, espalhada pelo mundo — de saber quem realmente foi Yehoshua ben Yoseph. É possível que as coisas tenham de fato ocorrido como narra a Vulgata das Igrejas cristãs? Ou uma parte da história foi suprimida porque era difícil demais fazer com que ela correspondesse ao quadro delineado pela doutrina? E ainda: o que realmente sabem os cristãos sobre tudo isso? Quantos deles têm consciência de que Jesus, chamado o Cristo, ou seja, o Ungido, o Consagrado, era, em primeiro lugar, um profeta judeu, filho daquela fé, obediente à Torá até nos mínimos detalhes do vestuário e da alimentação, mas, ao mesmo tempo, profundamente inovador, consciente de possuir uma natureza extraordinária, ansioso por saber de Deus o que devia fazer com essa natureza?

O encontro entre a minha curiosidade (mas também poderia defini-la como ansiedade) e a ciência do professor Pesce resultou neste livro. Saiba o leitor que estas páginas, seja como for que ele as avalie, foram pensadas e escritas de boa-fé.

Corrado Augias
Junho de 2006

I
APROXIMANDO-SE DELE

Num ensaio recentemente publicado, intitulado *Jesus e Javé: os nomes divinos*, o grande crítico literário norte-americano Harold Bloom escreveu: "Yeshua, Jesus Cristo e Javé são três personagens completamente incompatíveis." Yeshua (ou Yehoshua) é o nome hebraico de Jesus, chamado o Cristo, ou seja, o Ungido, o Consagrado. Javé é o nome do Deus que aparece na Bíblia hebraica. Bloom diz que é um Deus inconstante e lembra um aforismo de Heráclito, o Obscuro: "O tempo é uma criança que joga dados: o reino de uma criança." Poderia ser mesmo uma resposta para os tantos absurdos da vida, uma explicação impiedosa para as injustiças do mundo, para as suas crueldades. Mas eu queria, antes de tudo, sublinhar a outra diferença, definida como incompatível por Bloom, a diferença entre Yehoshua e Jesus Cristo: de um lado, o profeta judeu que andava pelas terras de Israel mais ou menos durante os anos a partir dos quais datamos a nossa era; do outro, o fundador de uma religião que ele chamaria de cristianismo. Por que Bloom estabelece essa distinção? Um dos fios que percorre e amarra este livro é justamente a resposta a essa pergunta. O fio aparecerá ao leitor, de vez em quando, sempre que nos referirmos à complexa doutrina construída nos séculos com base na figura daquele profeta. Mas há também uma primeira resposta imediata e muito mais simples: as diferenças começam com a escassez de dados disponíveis sobre o profeta Yehoshua e com o fato de eles serem bem contraditórios.

É por isso que o diálogo com o professor Mauro Pesce começou — talvez de forma um pouco ingênua — justamente com a tentativa de construir, no limite do possível, uma ficha de dados, uma espécie de carteira de identidade de Yehoshua-Jesus: lugar, data de nascimento, filiação, a língua que falava etc. É claro que esse "documento" hipotético só pode ser preenchido parcialmente: as fontes são escassas, muito alteradas, e levantam, aliás, problemas historiográficos que teremos de mencionar.

Em primeiro lugar, ao longo dos últimos anos tem se modificado a maneira de se considerar a História. Quando abordamos esse tema, o professor Pesce me disse: "Nas últimas décadas, a reflexão historiográfica tem levado, se não a um verdadeiro descrédito em relação aos seus métodos, certamente a uma consciência maior do seu funcionamento e dos seus limites. Agora, todos concordam que, nas suas reconstruções, o historiador insere o seu próprio ponto de vista, a sua cultura, objetivos estranhos aos textos e aos fenômenos observados. Mesmo que ele se esforce para adaptar a sua bagagem conceitual ao seu objeto de pesquisa, dificilmente logrará desfazer-se do filtro pessoal com que estuda as coisas. Tendo consciência disso, até que ponto podemos confiar numa reconstituição histórica? Existem vários pontos de vista sobre o passado, cada um com a sua legitimidade; já não há mais certezas absolutas."

O professor Pesce, entretanto, pertence àquele novo grupo de pesquisadores que pensa ser possível uma reconstrução histórica da figura de Jesus, assim como é possível a de qualquer outra personagem do passado. Mas as fontes são peculiares e demandam um cuidado crítico especial, uma grande bagagem científica.

De fato, a pesquisa se baseia em textos com lacunas, contraditórios, manipulados. Por outro lado, o homem Jesus e a sua natureza divina atraem certezas não só consolidadas, mas até mesmo elevadas a dogmas; portanto, subtraídas à racionalidade, indiscutíveis. Eu estava convencido de que isso tornava ainda mais complicada a posição do historiador. No entanto, o professor Pesce me contradisse, parcialmente, e me tranquilizou, dizendo que ele não atribui às concepções teológicas ou religiosas quaisquer privilégios peculiares em relação à falibilidade da pesquisa histórica: "A teologia sofre da mesma fraqueza; os teólogos também estão sujeitos aos mecanismos humanos comuns. Não existem caminhos preferenciais ou verdades absolutas: só há perspectivas mais ou menos seguras sobre as fontes, mais ou menos fundamentadas no método. O teólogo não possui certezas maiores do que o historiador, porque a teologia também é uma arte humana e não há ser humano que possa se abster dessa condição."

Os documentos, portanto. Mas quais? De início, no cristianismo primitivo, os chamados "evangelhos" eram muito numerosos. Até poderia dizer-se que entre os elementos que diferenciavam uma comunidade da outra também havia a adoção desse ou daquele "evangelho" como texto de referência. A certa altura, decidiu-se escolher alguns, declarando-os os únicos "autênticos" e excluindo, assim, todos os outros. Sobre essa decisão, circulam lendas fantásticas; por exemplo, a relatada por Weddig Fricke que, no seu ensaio *Il caso Gesù* (O caso Jesus), reproduz uma narrativa atribuída ao bispo Pápias (que viveu no século II), segundo a qual os Padres da Igreja, por volta do ano 140, teriam reunido numa igreja todos os evangelhos existentes, começando depois a rezar para que os verdadeiros se erguessem, separando-se dos falsos, e fossem pousar sobre o altar. Uma lenda sem fundamento, como outras, que servem, talvez, para alimentar o enredo de algum tipo de gênero narrativo em voga no momento.

"Há também outra lenda infundada", acrescenta o professor Pesce, "segundo a qual teria sido o imperador Constantino quem estabeleceu o cânone do Novo Testamento. Nada de mais falso, como pôde demonstrar Bart Ehrman, um pesquisador norte-americano, em objeção ao famoso romancista Dan Brown." Entretanto, ainda são numerosos os livros que divulgam notícias sem fundamentos como se fossem verdades históricas. De fato, constituem uma importante fonte de informações para um público que não possui instrumentos para avaliar o que está lendo. Seria interessante nos perguntarmos por que alguns títulos desse gênero conseguem um sucesso tão estrondoso. "A minha opinião", responde Pesce, "é que existe um público interessado nos fatos religiosos, mas insatisfeito com os livros produzidos pelas Igrejas, ilegíveis para quem não compartilha daquele pertencimento. Isso dá lugar a amadores talentosos, que consideram necessariamente verdadeiro tudo que é contrário à verdade afirmada pelas Igrejas. Por outro lado, existe também toda uma literatura fundamentalista cristã que considera autênticos relatos, lugares, relíquias também lendários."

Se essa é a situação, podemos nos fazer outra pergunta: como se chegou, e quando, a escolher os quatro evangelhos que hoje as Igrejas cristãs consideram canônicos? O professor Pesce dá uma notícia que muitos considerarão surpreendente: Marcos, Mateus, Lucas e João, os nomes com que identificamos os evangelhos canônicos, não pertencem àqueles que de fato os escreveram. Provêm de uma tradição de séculos posteriores à morte de Jesus; na realidade, "nenhum dos quatro evangelhos revela o nome do seu autor". As razões pelas quais foram escolhidos esses textos, condenando ao esquecimento todos os demais, são complexas, de motivação incerta, e têm a ver com o tumulto prático e doutrinário que sempre acompanha o nascimento e a ascensão de um movimento, sobretudo quando se declara diretamente inspirado por Deus.

Professor Mauro, vamos começar por uma espécie de ficha de dados do homem Jesus, chamado o Cristo.

Não temos muitas certezas; sabemos que o nome Jesus vem do grego *Jesùs* e é um decalque do nome hebraico Yeshu, abreviação de Yehoshua. Quanto a "Cristo", vem da palavra grega *christòs*, que traduz o hebraico *mashiah*, ou seja, "messias", que quer dizer "ungido" e é um dos atributos que foram dados a Jesus. Os fiéis, muitas vezes, pensam que "Cristo" é um nome de pessoa; na realidade, é um título que indica um papel, o de "messias". Na história do povo judeu, aliás, a função de "messias" foi atribuída a muitos personagens, desde o antigo Rabi Akiva, no século II, até Sabbatai Zevi, que viveu no século XVII.

Local de nascimento?

Provavelmente, Nazaré, vilarejo da Galileia, no norte da região de Israel. Mas os evangelhos de Lucas e Mateus dizem que Jesus nasceu em Belém, a cidade de Davi, de onde deveria proceder o messias. Segundo Lucas, Nazaré é a aldeia dos pais de Jesus, que haviam ido apenas temporariamente a Belém para um recenseamento. Mateus, pelo contrário, escreve que Jesus era chamado de "nazareno" porque os seus pais se estabeleceram em Nazaré depois da fuga para o Egito. O Evangelho de João coloca sua mãe, Maria, num outro povoado da Galileia, Caná. A impressão que dão os relatos dos evangelhos de Marcos, Lucas e Mateus é a de que Jesus nasceu na Galileia, provavelmente em Nazaré, ou que, seja como for, lá teria vivido muito tempo com a sua família.

Data de nascimento?

O Evangelho de Lucas diz que Jesus tinha cerca de 30 anos no 15º ano do reinado do imperador Tibério (ano 782 da fundação de Roma), quando foi batizado por João Batista. Dionísio, o Pequeno, um monge do século VI, calculou, baseado nisso, que Jesus nascera no ano 753 da fundação de Roma, e essa data se tornou o início do sistema de datação subdividido em antes e depois de Cristo. Na verdade, o Evangelho de Lucas diz que Jesus nasceu durante um recenseamento romano, realizado no tempo de Quirino.* Algumas pesquisas históricas apuraram que esse recenseamento teria acontecido seis ou até oito anos antes de Cristo. Portanto, Jesus podia também ter 36 ou 38 anos quando foi batizado. Não sabemos até que ponto podemos confiar em Lucas, que escreveu cerca de 50 anos depois da morte de Jesus e baseado em informações de terceiros.

Na sua *Vida de Jesus Cristo*, de 1654, o grande Pascal pôde escrever, com uma segurança hoje impensável, que em 25 de março o anjo Gabriel fez a anunciação a Maria, que em 24 de junho nascia João Batista, que em 25 de dezembro nascia Jesus, que em 1º de janeiro os reis magos haviam chegado a Belém, enquanto em 2 de fevereiro Maria fora ao Templo se purificar. Pesquisas históricas mais recentes, com base em documentos, recusam visões tão simplistas.

Filho de...?
Filho de Maria, com certeza. Se confiarmos no Evangelho de João, Jesus é até mesmo a palavra de Deus preexistente que desce do céu e se encarna num homem. Para João, entretanto, José parece ser o pai físico de Jesus. Para justificar a sua origem divina, esse evangelho não precisa recorrer ao nascimento virginal. A teologia, há séculos, discute justamente esse ponto, sustentando que José não seria o verdadeiro pai, porque Jesus, segundo os evangelhos de Lucas e Mateus, teria nascido de forma milagrosa de uma virgem, graças à intervenção do Espírito Santo. Seja como for, podemos dizer que o pai é José, e a mãe, Maria.

---

* Aristocrata romano nomeado governador da Síria. (N.T.)

Ainda iremos falar longamente das circunstâncias do seu nascimento e da complexa doutrina construída ao longo dos séculos em torno desse acontecimento. Por enquanto, fiquemos por aqui; digamos que, se Jesus tivesse sido hipoteticamente registrado em Nazaré, seria filho de Miriam, ou Maria, e de José, de profissão carpinteiro.

Aceitando o seu paradoxo, verificamos que os textos apontam José como pai e Maria, de forma absolutamente certa, como mãe. É o Evangelho de Mateus que nos diz que José era um carpinteiro.

Prossigamos. Língua e nacionalidade.

Jesus era judeu. Quanto à língua, é muitíssimo provável que falasse o dialeto da sua região, ou seja, o dialeto aramaico da Galileia. Sabemos que frequentava as sinagogas e era capaz de ler os textos bíblicos; portanto, com certeza conhecia também o hebraico, a língua da Bíblia. Quanto à difusão do hebraico, na época, isso é matéria de discussão. Vários estudiosos sustentam que era a língua corrente. Outros, pelo contrário, talvez de tendência antissionista, se não mesmo antissemítica — muitas vezes, a política confunde esses termos —, tendem a defender que o hebraico já não era uma língua falada. No conjunto, podemos descrever a situação como difusamente multilíngue, o que correspondia a certa helenização da Galileia. De qualquer forma, alguns vestígios nos evangelhos parecem indicar que Jesus falava não o hebraico, mas o aramaico galileu. Além disso, sabia talvez um pouco de grego e, provavelmente, algumas palavras do latim.

Essa sua alusão ao latim introduz na nossa conversa o importante elemento da situação política existente, naquela época, em Israel. Uma parte do território, sobretudo a Judeia, encontrava-se sob a dominação romana, enquanto a Galileia, ao norte, que não estava sob o domínio direto de Roma, tinha um rei da dinastia dos herodianos. Talvez seja excessivo definir esse soberano como um rei fantoche, mas, certamente, ele devia levar em consideração o domínio romano.

Sem dúvida. Os historiadores discutem sobre as formas e os limites do domínio romano. Alguns tendem a delimitar a presença física dos soldados romanos na Galileia. De um ponto de vista político, entretanto, aqueles territórios se encontravam submetidos à potência romana, da qual Herodes era o instrumento. Jesus vivia num contexto multicultural e conhecia a importância desse domínio. Sem esse pano de fundo, a sua ação se torna incompreensível, embora seja necessário dizer que, quando Jesus estava vivo, ou seja, durante os primeiros 30 anos do século I, não houve episódios de violenta revolta antirromana, como os que se verificariam nos 40 anos que se sucederam.

O senhor disse, há pouco, que o epíteto de Jesus era, em grego, christòs, *que traduzimos com "ungido". A que nos referimos quando dizemos "unção"?*

Na antiga história hebraica, existiam funções reais ou de outro tipo que demandavam rituais de consagração. Uma das fases desses rituais consistia em despejar um pouco de óleo sobre a cabeça de quem está sendo consagrado. O adjetivo "ungido" passou, mais tarde, a indicar uma determinada função. Creio que, no século I da nossa era, na região de Israel, a palavra *mashiah*, ungido, houvesse perdido o seu significado etimológico. Já não era utilizada para indicar o rito da unção, mas a função, aliás ampla e discutível, de um messias.

Portanto, quando chamamos Jesus de mashiah, *em hebraico, ou de* christòs, *em grego, ou "ungido", não estamos nos referindo a uma pessoa predestinada, necessariamente, a uma função real. Também poderia tratar-se de uma função preparadora de um reino ou de qualquer outra posição elevada.*

Esse é um dos problemas. O judaísmo dos tempos de Jesus atribuía certamente ao messias um papel político, mas de formas muito diferentes e nem sempre diretas. A função política era, pelo contrário, evidente em figuras designadas com títulos explicitamente políticos, como, por exemplo, "rei". Mas os textos não nos dizem com clareza se Jesus alguma vez se considerou um messias. É como se Jesus, que certamente se considerava enviado por Deus com uma missão especial, estranhamente não houvesse escolhido de maneira explícita esse título para si. Parece que ele preferia um título diferente — "filho do homem" —, referindo-se, talvez, a uma figura que se encontra no Livro de Daniel e no livro apócrifo de Enoque. Falo "talvez" porque aquela definição também poderia derivar de outros trechos da Bíblia hebraica, como, por exemplo, do Livro de Ezequiel, no qual se indica a condição de homem, e não de ser sobrenatural. Alguns acreditam que, definindo-se "filho do homem", Jesus quisesse simplesmente dizer "homem", ou seja, representante e porta-voz da condição humana. Por exemplo, James Robinson defende essa ideia no seu mais recente livro sobre Jesus, mas é uma opinião controversa.

Alguns dos seus primeiros seguidores, entretanto, tratam-no como messias.

De fato, messias é sobretudo usado pelos seus discípulos. Por outro lado, em algumas oportunidades, temos a impressão de que ele procura impedir declarações explícitas sobre a sua condição messiânica. Não é tarefa fácil definir a sua figura, até porque na literatura do cristianismo primitivo lhe são atribuídos vários outros títulos, como o de profeta ou de filho de Deus. Obviamente, isso tudo é interpretado no contexto histórico e religioso da época, e não segundo posteriores concepções cristãs.

Portanto, apesar das tantas dificuldades, é possível falar historicamente de Jesus desde que se disponha de instrumentos, método, preparo adequado. Além de documentos, é claro. Isso me parece, também, o ponto principal, já que estamos falando em método histórico: quais são os documentos que nos permitem prosseguir o nosso diálogo?

Trata-se de um complexo conjunto de textos. Fontes normalmente chamadas de cristãs ou protocristãs, que compreendem tanto as canônicas quanto as que foram posteriormente consideradas apócrifas ou secundárias. Dispomos de uma boa quantidade de evangelhos, de textos protocristãos que falam de visões ou que se referem a relatos históricos. Na prática, temos de reconstituir toda a documentação protocristã dos primeiros 150 anos. Esses documentos são cotejados com a documentação hebraica e com a tradição helenístico romana da época. Só podemos avaliar historicamente a figura de Jesus contextualizando-a na estrutura cultural do seu tempo. Se, pelo contrário, baseássemo-nos somente nas fontes consolidadas fundamentalmente pelos quatro evangelhos canônicos, isolaríamos a sua figura desse contexto e a interpretaríamos à luz das teorias posteriores. O grande desafio da pesquisa histórica consiste justamente em confrontar as fontes, relacionando-as no contexto arqueológico, político, literário, linguístico e histórico da região de Israel e do mundo greco-romano do século I.

A sua resposta esclarece um aspecto, mas introduz outra questão. Durante algumas décadas, a vida e a obra de Jesus foram confiadas a uma tradição predominantemente oral, o que confundiu as datas da sua vida e provocou interpretações diferentes para os mesmos episódios. O senhor falava, ainda há pouco, em fontes numerosas. Mas o cânone cristão deseja que as fontes do chamado "Novo Testamento" sejam os quatro evangelhos canônicos, o Livro dos Atos dos Apóstolos e outros poucos escritos, entre os quais algumas cartas, o corpus paulino.

Os primeiros grupos de seguidores, após a morte de Jesus e até a segunda metade do século II, digamos os anos 150, 160 e 170 da era comum, viveram sem o Novo Testamento. De fato, por volta do ano 150, Pápias de Hierápolis escreveu cinco volumes, intitulados "Exposição dos Oráculos do Senhor", com os quais pretendia coletar todos os testemunhos disponíveis sobre aquilo que Jesus havia dito e feito. Considerava fidedignas as fontes orais, a memória daqueles que o haviam ouvido de viva voz ou que dele haviam tido notícia por intermédio de quem havia sido testemunha dos fatos. Pápias confiava mais nessa tradição oral do que nos numerosos textos em circulação. Portanto, ainda na segunda metade do século II, existia uma forte tradição oral que convivia com certo número de obras escritas.

Com base em quais elementos, considerações, exigências, oportunidades foram escolhidos determinados textos e descartados outros?

Vou lhe dar um exemplo. O Evangelho de Lucas foi escrito, segundo se pensa, por volta dos anos 80 do século I. O autor (que chamamos de Lucas, mas cujo nome, na realidade, ignoramos) narra, no primeiro versículo, que "muitos" (ele usa exatamente essa palavra) haviam escrito sobre a vida de Jesus. Apesar disso, ele quis fazer pesquisas mais aprofundadas para se certificar melhor sobre a credibilidade da sua própria fé. No final dos anos 80, portanto, havia uma multiplicidade de evangelhos. Mesmo assim, o autor que chamamos de Lucas sentiu a necessidade de escrever mais um. Como sabemos, com razoável certeza, que esse autor conhecia o Evangelho chamado "de Marcos", temos de concluir que, de acordo com ele, o texto de Marcos continha uma narrativa parcial sobre a vida de Jesus. Além disso, é provável que o autor do Evangelho dito "de João", escrito talvez dez ou até mesmo vinte ou 25 anos depois do Evangelho de Lucas, conhecesse tanto o Evangelho de Lucas quanto o de Marcos. Apesar disso, ele pensou em redigir mais um evangelho, com uma representação dos fatos e uma quantidade de informações sobre Jesus que não constavam nos textos anteriores. No final do Evangelho de João, no capítulo 21, o autor diz que são tantas as coisas que Jesus dissera e fizera, que seria necessário o mundo inteiro para conter os livros que se poderiam escrever sobre aquilo tudo. O autor do Evangelho de João, portanto, sabia que também o seu texto era resultado de apenas uma entre as escolhas possíveis num material muito mais amplo.

Quando e por quem foram finalmente escolhidos os quatro evangelhos canônicos?
Não sabemos com precisão. Foi um processo lento que aconteceu de formas diversas de acordo com os lugares. Nem todas as Igrejas aceitaram, e nem todas ao mesmo tempo, um cânone neotestamentário idêntico. Na área latina e grega, só na segunda metade do século II começou a se afirmar o reconhecimento dos quatro evangelhos como os mais importantes: Mateus, Marcos, Lucas e João, mas ainda não se tratava do Novo Testamento. A compilação dos livros considerados canônicos varia. Pode-se dizer que uma reunião quase completa dos 27 textos hoje incluídos no Novo Testamento surgiu apenas entre os séculos IV e V. A primeira compilação desses 27 livros do Novo Testamento foi redigida por Atanásio de Alexandria, no ano 367, com uma seleção depois confirmada por alguns concílios do Norte da África. Segundo uma das hipóteses mais difundidas, por volta da metade do século II, um grande personagem religioso, Marcião de Sinope, propôs como textos fundamentais do cristianismo o Evangelho de Lucas e algumas das cartas de Paulo, excluindo completamente a Bíblia hebraica. A Igreja de Roma e outras Igrejas teriam reagido contra essa tendência tão restritiva, defendendo que era necessário

incluir também os evangelhos de Mateus, Marcos e João e ainda outra série de textos. Se essa hipótese fosse verdadeira, poderíamos deduzir daí que, nas Igrejas primitivas, era permitida uma multiplicidade de posições. Por outro lado, até na atual teologia cristã existem interpretações diferentes quanto ao significado do cânone neotestamentário. Segundo alguns, a pluralidade dos textos legitima outras tantas posições teológicas, institucionais, quanto à visão de mundo. Outros sustentam, pelo contrário, que a constituição de um cânone limita a pluralidade, pois cada texto é interpretado à luz do outro, a fim de se compor um quadro tendencialmente uniforme. Embora a escolha feita tenha-se revelado mais tolerante e abrangente do que a inicialmente proposta por Marcião, o Novo Testamento deixou de fora uma quantidade considerável de evangelhos e de outros textos que possuíam uma boa reputação e que, com o tempo, foram relegados ao esquecimento.

Há pouco, falando sobre o Evangelho de Lucas, o senhor disse: "O autor (que chamamos de Lucas, mas cujo nome, na realidade, ignoramos)." Ora, a noção corrente sobre os quatro evangelhos é a de que os textos atribuídos a Marcos, Mateus, Lucas e João foram, efetivamente, escritos por essas pessoas. Em particular, muitos consideram que o evangelho chamado "de João" foi redigido pelo amado discípulo de Jesus, portanto por uma testemunha direta dos fatos que narra.

Mateus, Marcos, Lucas são nomes atribuídos aos autores dos evangelhos por uma tradição dos séculos seguintes. Isso também vale para o Evangelho de João. Se lermos o seu último capítulo, encontraremos estas palavras: (Jo 21,20): "Voltando-se Pedro, viu que o seguia aquele discípulo que Jesus amava (aquele que estivera reclinado sobre o seu peito, durante a ceia, e lhe perguntara: Senhor, quem é que te há de trair?)." João não revela o nome do discípulo que Jesus amava. Fala-se nele muitas vezes, mas não se mencionar quem seja. É um discípulo sem nome. Nesse caso, também, foi a tradição posterior que pensou que se tratava de João, irmão de Tiago e filho de Zebedeu. Ainda no capítulo final, o mesmo evangelho continua: "Este é o discípulo que dá testemunho de todas essas coisas, e as escreveu. E sabemos que é digno de fé o seu testemunho." Como se vê, a frase é contraditória. Por um lado, afirma que essa parte do evangelho foi escrita pelo discípulo que Jesus amava; por outro, é claro que quem escreveu essas palavras certamente não é o discípulo que Jesus amava. De fato, diz: "E sabemos que é digno de fé o seu testemunho." Enfim, o autor do evangelho, com essa frase, pretendia dizer que aquilo que escrevera se baseava mais ou menos diretamente no testemunho do discípulo que Jesus amava. Quão diretamente? Por meio de quantos graus de mediação? É preciso analisar tudo isso. Seja como for, o último redator do Evangelho de João se fundamenta em tradições que chegaram até ele, e não no conhecimento direto dos fatos.

Como se explica a evidente contradição lógica do período final?

Explica-se pela mentalidade dos "joanistas", convencidos de terem um acesso direto à verdade: graças ao Espírito Santo, pensavam ser capazes de compreender o que Jesus havia dito e feito melhor do que quem havia assistido às suas ações e ouvido as suas palavras. Segundo o Evangelho de João, o próprio Jesus disse que enviara aos seus seguidores o Espírito, que lhes permitiria conhecer "toda a verdade" (Jo 16,13) e compreender aquilo que Ele havia feito e dito. Esse evangelho não é uma obra que relata historicamente os acontecimentos, mas uma obra de caráter profético, escrita por pessoas certas de possuírem o Espírito Santo como garantia da sua verdade. É um texto muito complexo a partir da sua estrutura. De fato, foi reescrito muitas vezes por pessoas que pertenciam a diversas correntes das escolas joanistas. No final do capítulo 20, por exemplo, parece que o evangelho termina. Lê-se: "Fez Jesus, na presença dos seus discípulos, ainda muitos outros milagres que não estão escritos neste livro. Mas estes foram escritos, para que creiais que Jesus é o Cristo, o Filho de Deus, e para que, crendo, tenhais a vida em seu nome."* Nesse ponto, poder-se-ia deduzir que o evangelho havia terminado. Em vez disso, logo a seguir encontramos outro capítulo, o 21, já citado, que começa assim: "Depois disso, tornou Jesus a manifestar-se aos seus discípulos (...)." E se seguem a pesca milagrosa na Galileia e a promessa a Pedro. Mas as palavras finais do capítulo 20 são o claro indício de que o capítulo seguinte foi acrescentado num segundo momento. Quem redigiu por último o Evangelho de João estava convencido de que se encontrava inspirado pelo espírito de Deus, que lhe permitia interpretar os acontecimentos da vida de Jesus melhor do que qualquer outra pessoa. Explica-se, assim, a sua convicção de mencionar de forma correta as opiniões do discípulo amado por Jesus.

Isso no que se refere a João. Os outros três evangelhos, de Marcos, Mateus e Lucas, chamados de "sinóticos", porque apresentam afinidades muito acentuadas, suscitam problemas igualmente complexos?

Também para Marcos, Lucas e Mateus, os problemas não são poucos. Mateus e Lucas possuem trechos que, certamente não por acaso, são semelhantes. Toda uma série de palavras atribuídas a Jesus é apresentada, em ambos os evangelhos, com uma forma literária parecida: mesmas palavras, mesma (ou similar) ordem da frase, igual (ou similar) estrutura sintática. Daí, deduz-se que ambos se basearam numa fonte comum. Essa hipótese histórica, conhecida como "teoria das duas fontes", é compartilhada por

---

* João 20,30-31. (N.T.)

uma grande parte dos estudiosos. Se Mateus e Lucas utilizaram duas fontes fundamentais, uma coletânea de palavras de Jesus que ambos reproduzem (que os estudiosos indicam com a letra "Q") e o Evangelho de Marcos, deve-se concluir que esses autores também baseavam as próprias convicções em fontes indiretas, como normalmente faziam os historiadores do mundo antigo, que não haviam sido testemunhas dos fatos narrados.

Por que entre os "muitos" que escreveram, ou seja, entre os "muitos" evangelhos existentes, foram selecionados esses quatro para formar um cânone ortodoxo?

Os motivos prováveis foram que esses textos pareciam doutrinalmente seguros conforme a ideia de ortodoxia que as Igrejas possuíam naquela época. É também provável que se considerasse que eles remontavam, direta ou indiretamente, à autoridade de um apóstolo da primeira geração cristã, convicção esta sustentada por muitos historiadores, mas infundada, pois esses evangelhos foram escritos, com certeza, por alguém que não conhecia pessoalmente os fatos. Um teólogo de algumas décadas atrás responderia que se trata dos textos melhores, que apresentam com maior credibilidade a figura de Jesus. Essas convicções se revelam hoje bem menos consolidadas até mesmo entre os crédulos. A descoberta da multiplicidade de textos protocristãos é relativamente recente, isto é, data do final do século XIX. Eu mesmo conheci somente muito mais tarde os textos não canônicos e tive de fazer certo esforço para lhes atribuir o interesse histórico-cultural que certamente eles possuem. A influência das representações clássicas de Jesus, como o apresentam os evangelhos de Marcos, Lucas e Mateus, é tão forte que cria um atrito psicológico em quem, por exemplo, leia pela primeira vez o Evangelho de Tomé.

Eis um texto cuja existência pouquíssimos conhecem, excluindo um círculo muito restrito de estudiosos. Embora tenha sido publicado recentemente um livro de Elaine Pagels, lançado em italiano pela Mondadori, que contém a tradução acompanhada de um ensaio brilhante. Acredito que seria útil dizer algumas palavras sobre o seu conteúdo.

As pessoas, digamos "normais", geralmente ignoram o Evangelho de Tomé, embora se trate de um texto que já obteve um sucesso extraordinário em certos setores da religiosidade contemporânea. Apareceu nas bibliotecas europeias no final dos anos 1950, meio século atrás. Embora alguns fragmentos gregos já houvessem sido descobertos no final do século XIX e outros trechos fossem citados por vários escritores cristãos antigos, a sua verdadeira "descoberta" aconteceu no Egito, em Nag Hammadi, no final dos anos 1940. É um evangelho escrito em copta, que transmite 114 frases de Jesus, quase sempre introduzidas pelas palavras "Jesus disse"; este pormenor é de extrema importância: ele confirma a hipótese de que, para uma parte da tradição, as palavras de Jesus haviam sido transmitidas em expressões curtas sob a forma de frases sapienciais e normativas.

Que imagem de Jesus é transmitida por esse corpus *de frases?*
Um Jesus místico que dá grande importância à experiência religiosa individual. Esse evangelho foi utilizado durante séculos por monges cristãos da Síria e da Ásia Menor. Era considerado um instrumento adequado às pessoas que se dedicavam ao aprofundamento religioso, embora as Igrejas grega e latina nunca o houvessem incluído na coletânea canônica do Novo Testamento.

Vou contentar-me também com uma resposta hipotética à pergunta que já lhe fiz: com que critério foram escolhidos os textos de Marcos, Mateus, Lucas e João?

De fato, dispomos apenas de hipóteses. Uma delas é que alguns "evangelhos" não foram incluídos na tradição canônica porque, nos séculos III e IV, eram utilizados por grupos considerados heréticos. Cito o caso do Evangelho de Pedro, provavelmente redigido numa região vizinha à grande cidade de Antioquia, na Síria. Ele era utilizado, por exemplo, na Igreja de Rhossos, e foi rejeitado não tanto pelo seu conteúdo, mas porque os líderes daquela comunidade estavam rodeados por uma aura de heresia. Na realidade, nos fragmentos remanescentes não há nada de herético do ponto de vista da teologia atual. Se lermos Clemente de Alexandria (Egito, século II), veremos como ele procura subtrair alguns evangelhos, depois considerados apócrifos, à interpretação não ortodoxa que lhes deram os grupos que os utilizavam. Sobre o evangelho que chamamos "dos egípcios", ele diz, mais ou menos: cuidado, esse texto não deve ser interpretado como vocês fazem, porque, na realidade, a sua doutrina não é heterodoxa. Em seguida, pelo contrário, quanto mais um evangelho era utilizado por um grupo heterodoxo, mais forte se tornava a tentação de eliminá-lo. As razões pelas quais foram escolhidos justamente aqueles quatro evangelhos não são claras. Pode-se dizer que foram excluídos os que continham uma imagem demasiado judaica de Jesus ou que pareciam dar dele uma visão gnóstica ou espiritualística, com o Evangelho de Tomé. A luta contra o judaísmo e o gnosticismo é provavelmente o motivo que levou a excluir os evangelhos que pareciam mais próximos dessas orientações. Mas a questão que você levantou é secundária para os objetivos do nosso diálogo. O que as Igrejas do século III pensavam não é muito relevante para o historiador; o que conta é se esses textos podem ou não lançar alguma luz sobre a figura histórica de Jesus.

Não concordo completamente. Falando do Evangelho de Pedro, o senhor disse que dele restaram apenas fragmentos.

Os evangelhos de Mateus, Marcos, Lucas e João, pelo contrário, são completos justamente porque usufruíram da autoridade e da cuidadosa proteção da Igreja. Essa diversidade levanta uma questão de conteúdo que também poderia ir contra a representação "histórica" de Jesus.

Havia muitos desses evangelhos, nos primeiros séculos da era comum. Depois, veio a condenação ao esquecimento, e hoje os resgatamos graças a bem-sucedidas campanhas de escavações, às vezes por acaso. Raramente possuímos o texto integral. Por isso, as informações são parciais e podem conduzir ao conhecimento histórico de Jesus apenas de forma secundária. Embora fragmentários, os evangelhos não canônicos, entretanto, atestam que, nos primeiros séculos do cristianismo, coexistiam imagens e interpretações de Jesus muito diferentes entre si. O fato de os evangelhos serem muitos e, durante muito tempo, continuarem a ser reescritos significa também que os quatro evangelhos hoje tidos como canônicos não eram considerados um ponto de referência único. Nesse sentido, portanto, os evangelhos de Marcos, Lucas, Mateus e João assumem um significado diferente.

Mesmo assim, é necessário dizer que existem evangelhos, hoje considerados apócrifos, que não são fragmentários. Além do Evangelho de Tomé, existe, por exemplo, o *Protoevangelho de Tiago*. Outros evangelhos, como o de Pedro ou o do *Papiro Egerton 2* ou o *Evangelho do Salvador*, em copta, publicado pela primeira vez em 1999, chegaram até nós em fragmentos razoavelmente extensos. Alguns especialistas consideram, por exemplo, que o Evangelho de Pedro contém a versão mais antiga da paixão e morte de Jesus. Eu mesmo penso que o Evangelho de Tomé nos transmite aspectos da visão mística ou espiritual de Jesus que possuem uma notável credibilidade histórica.

O senhor tem dedicado anos ao estudo desses textos e dessas figuras fundamentais não apenas para a civilização ocidental, mas também para as nossas existências individuais. Cristãos ou não, todos estamos envolvidos naquilo que o cristianismo tem representado. Daquilo que o senhor disse, creio poder deduzir, embora não sendo católico e tendo apenas conhecimentos secundários, que existe uma grande diferença entre aquilo que vocês, especialistas, sabem e discutem, e aquilo que sabe não digo o simples fiel, mas também o fiel "praticante", que, entretanto, limita-se a ouvir a palavra dos seus sacerdotes durante as funções sacras. Essa diferença de conhecimentos influi na essência das coisas?

O fiel que frequenta uma Igreja (protestante, ortodoxa, católica — pouco importa) não tem como interesse principal conhecer historicamente Jesus. A sua principal necessidade, o seu desejo, é a fé em Cristo, considerado uma pessoa que muda a existência de quem acredita nele, uma pessoa para quem se reza, com quem se comunica de modo sacramental. Numa visão desse tipo, a consciência histórica não tem muito relevo, embora, por outro lado, a consciência da vida de Jesus gere sempre, nas Igrejas, movimentos de agitação. Boa parte das grandes renovações na história da Igreja (penso, por exemplo, em Francisco de Assis) nasce de um contato renovado com os textos dos evangelhos e com a figura de Jesus. Em segundo lugar, os textos bíblicos, portanto também os evangelhos do Novo Testamento, são abordados nas Igrejas como "palavra de Deus", objeto de fé e de pregação. A pesquisa histórica, pelo contrário, aprofunda e esclarece as suas diversidades, as variantes introduzidas depois da morte de Jesus, e isso não é fácil de os fiéis aceitarem. São essas as razões pelas quais os pregadores acabam por ficar calados sobre os conhecimentos históricos, ainda que eles os adquirissem nas faculdades de teologia ou por meio do estudo científico dos textos sagrados.

Ao longo do século XX, verificaram-se acontecimentos que mudaram o conhecimento histórico de Jesus?

Eles são numerosos, mas vou citar apenas um deles: surgiu a percepção exata de que ele era um judeu que permaneceu fiel às tradições do seu povo e ao sistema religioso judaico. O cristianismo é um movimento que surgiu depois de Jesus e, por vários motivos, escondeu a sua judaicidade, afastando dele as Igrejas de hoje. Os estudos históricos demonstraram essa sua judaicidade, mas tal conquista é muitas vezes ignorada pelos fiéis, e, também quando é conhecida, não é percebida em todas as suas consequências.

O fato de Jesus ter sido judeu é até mesmo um truísmo, para usar um termo, nesse caso, um pouco irônico; quero dizer que parece uma obviedade.

Menos do que você pensa. Seja como for, a isso se contrapõe a tendência das Igrejas a considerá-lo apenas um cristão. O crédulo que vive no seio de uma Igreja reage sempre com surpresa, às vezes com desconfiança ou incômodo, quando, numa conferência ou num livro, ouve ou lê alguém que defende a judaicidade de Jesus, derivando daí todas as consequências devidas.

Sobre esse assunto, então, teremos de falar logo.

II

JESUS JUDEU

Há alguns anos, o estudioso Riccardo Calimani publicou um belo ensaio, intitulado *Jesus judeu*, no qual, entre outras coisas, escrevia: "Jesus ou Josué, em hebraico Yeshua ou Yehoshua (que significa 'Deus Salva'), na transcrição grega Iesùs, era um nome comum entre os judeus do passado." E é também hoje, pelo menos em parte; basta pensar que um dos maiores escritores israelenses vivos é Abraham Yehoshua.* Partindo desse nome, então, Calimani mostrou como Jesus de Nazaré foi um homem piedoso, profundamente inserido na tradição religiosa do judaísmo. O ensaio foi publicado em 1990. Desde então, os estudos sobre a judaicidade de Jesus não só continuaram mas também obtiveram grande aceitação nos próprios meios católicos, embora permaneça entre os fiéis certa desconfiança em relação ao assunto, que muitos, evidentemente, encaram com desconforto. Mais recentemente, Harold Bloom escreveu no seu já citado *Jesus e Javé: os nomes divinos*: "Os judeus têm uma relação difícil com Cristo, mas isso não significa que a tenham necessariamente também com Jesus, que tem bem pouca responsabilidade com aquilo que o chamado cristianismo tem feito em seu nome." A novidade — uma novidade

---

* "Abraão Jesus" em português. (N.T.)

importante —, verificada nos últimos cinquenta anos de estudos bíblicos, foi justamente a recuperação, a redescoberta, da judaicidade de Jesus, enquanto, antes, o antijudaísmo cristão tendia a fazer dele até mesmo um crítico da religião judaica.

Os textos evangélicos, lidos com atenção e sem preconceitos, demonstram quão profundamente Jesus sentia a sua judaicidade. A sua observância à Lei era tão rigorosa e participativa, que fazia da sua piedade religiosa uma condição necessária para procurar compreender quem ele era de verdade. Muitas das suas ideias e palavras, assim como muitas das suas ações, só se compreendem se as olharmos como manifestações do seu judaísmo. Acontece, entretanto, que, a partir da segunda metade do século II, os seus seguidores, na sua grande maioria, já não eram mais os judeus, e a sua mensagem, consequentemente, começou a ser interpretada à luz de uma nova teologia. O professor Pesce, ao longo deste capítulo, proporciona numerosos exemplos da judaicidade de Jesus, da sua observância aos ritos, aos preceitos impostos pela Torá, especialmente às orações. Adianto aqui um que diz respeito às prescrições alimentares, assim como as que encontramos no livro da Bíblia chamado Levítico, no qual (11,1 e sgs.) se lê: "O senhor disse a Moisés e a Aarão: 'Dize aos israelitas o seguinte: entre todos os animais da terra, eis o que podereis comer: podereis comer todo animal que tem a unha fendida e o casco dividido, e que rumina. Mas não comereis aqueles que só ruminam ou só têm a unha fendida. A estes, tê-los-eis por impuros: tal como o camelo, que rumina mas não tem o casco fendido. E como o coelho igualmente, que rumina mas não tem a unha fendida; tê-lo-eis por impuros. E como a lebre também, que rumina, mas não tem a unha fendida; tê-la-eis por impura. E enfim, como o porco, que tem a unha fendida e o pé dividido, mas não rumina; tê-lo-eis por impuro", e por aí vai, com uma longa e pormenorizada lista de prescrições e proibições. Hoje, quase nenhum cristão continua respeitando as prescrições da Bíblia, que, contudo, como Antigo

Testamento, deveriam ter a mesma força coerciva dos evangelhos. Até algumas décadas atrás, mantiveram-se certas práticas moderadas de jejum e alimentação, chamadas "de abstinência", que, depois, desapareceram paulatinamente com a chegada da sociedade de consumo.

Outros elementos, particularmente consistentes, que tornam reconhecível a judaicidade de Jesus, são a forma, a intensidade e os costumes das suas preces, que o professor Pesce ilustra com enorme competência, reservando-nos muitas surpresas, a partir daquela comovente invocação que chamamos, com base nas suas primeiras palavras, *Pai-Nosso*.

A quem Jesus pretendia dirigir-se com a sua pregação? O Evangelho de Mateus contém uma frase, pouco conhecida porque pouco citada, que parece responder de maneira surpreendente a essa pergunta: se atentarmos àquelas palavras, temos de deduzir que Jesus queria reservar a sua pregação — e, portanto, a ação moral que andava desenvolvendo — apenas ao seu povo, ou seja, apenas aos judeus.

Nesse contexto, finalmente, podemos levantar uma derradeira questão: qual é o significado do episódio dos vendilhões expulsos do Templo, certamente um dos mais famosos de toda a narração evangélica? Ele também se insere no quadro da judaicidade do seu protagonista? Devemos, então, enxergar nele um significado religioso? Ou ele não teria, pelo contrário, uma conotação política ou até mesmo alegórica? João, por exemplo, no seu evangelho, o mais tardio dos quatro canônicos, parece tender a uma interpretação desse tipo. Mas sabemos que naquele Templo, como, aliás, em todos os templos da Antiguidade, faziam-se sacrifícios, imolando animais, de menor ou maior porte. Jesus talvez pretendesse impedir essa tradição? Ou lhe repugnavam as negociações que, necessariamente, tinham de ser realizadas na compra e na venda dos animais? Ou lhe repugnavam as especulações que os vendilhões organizavam com a conivência dos sacerdotes? As perguntas são numerosas, e todas muito relevantes.

Que aspectos da vida de Jesus dão concretude à sua judaicidade?
Não há uma só ideia ou hábito, uma só entre as principais iniciativas de Jesus, que não seja integralmente judaica. Ele crê num Deus único, e no mundo antigo essa é uma característica típica dos judeus. Hoje, o monoteísmo está muito difundido, e os cristãos já não entendem a fé num único Deus como uma característica cultural judaica. No século I, pelo contrário, a principal diferença entre os judeus e os outros povos era a recusa ao politeísmo. Acreditar num só Deus compreendia para todos os judeus, inclusive para Jesus, uma série de consequências: Deus é criador do Universo e é distinto deste, guia a história da humanidade, fala por intermédio dos profetas, revelou-se a Moisés no Monte Sinai, fez uma aliança com o povo hebreu, selada pela Lei, que deve guiar a vida deles, a Bíblia hebraica reporta as suas palavras. Todos os conceitos fundamentais expressos por Jesus são judaicos: o reino de Deus e a redenção, o juízo final, o amor pelo próximo. Ele crê, como um judeu fariseu, na ressurreição, e não, como um grego, apenas na imortalidade da alma. Jesus respeita a lei religiosa hebraica: alimenta-se segundo os preceitos bíblicos, veste-se respeitando as tradições, realiza peregrinações ao Templo de Jerusalém, observa as festividades do seu povo, frequenta as sinagogas, lê a Bíblia e acredita que ela seja inspirada por Deus, ora ao Senhor segundo os períodos prescritos. Sente-se um judeu, diferentemente dos samaritanos. Distingue a humanidade em dois blocos: de um lado, os judeus; de outro, as gentes, os gentios, os chamados pagãos. Acredita que foi enviado por Deus para pregar apenas aos judeus, e não aos outros.

Tenho a impressão de que o crédulo de uma confissão cristã vê essa judaicidade quase sempre como uma surpresa.

O cristianismo atual é uma religião separada há muito tempo do judaísmo; portanto, os cristãos não percebem que muitas das suas ideias são, na realidade, ideias judaicas. Lendo os evangelhos, já não se dão conta da judaicidade de Jesus, porque sentem aquelas ideias como cristãs. Além disso, algumas ações de Jesus ainda são interpretadas como críticas ao judaísmo, quando de fato não são. Pensa-se, por exemplo, que Jesus aboliu ou criticou o repouso do sábado, mas não é verdade; isso depende apenas de uma leitura errada e preconceituosa dos evangelhos. Pensa-se que Jesus, expulsando os vendilhões do Templo, quisesse simbolizar o fim do culto no Templo e o início de uma nova religião; o seu ato se enquadra, pelo contrário, no espírito de um judeu zeloso, e vários textos mostram que Jesus considerava normais, até mesmo obrigatórios, os sacrifícios que se realizavam no Templo.

As suas observações sugerem que, enquanto não se inserem as palavras e as ações de Jesus no âmago do judaísmo, é impossível compreender quem ele realmente foi. Se quisermos conhecê-lo de verdade, é necessário retirar os óculos cristãos e olhá-lo com olhos judaicos.

Vou dar o exemplo das prescrições alimentares. Hoje, nenhum cristão respeita as normas alimentares da Bíblia. Os cristãos comem carne de porco e de todos os outros quadrúpedes que não ruminam e não têm o casco fendido, misturam derivados do leite com derivados da carne, ignoram prescrições e proibições estabelecidas pela Bíblia no Livro de Levítico. Jesus nunca recusou essas normas; pelo contrário, ele as respeitava. Foram os cristãos depois dele que as colocaram de lado.

É certo, também, que os atuais seguidores de Jesus consideram o Antigo Testamento a palavra de Deus, e o Livro de Levítico, em que se encontram escritas essas palavras, certamente faz parte dele; mas os cristãos pensam que aquele capítulo da "palavra de Deus" está ultrapassado. Já Jesus não pensava assim e respeitava as prescrições da Torá ao pé da letra, incluindo essas. Outro exemplo é a oração. No tempo de Jesus, um judeu religioso tinha horas certas para a ela se dedicar. Tinha de fazer, por exemplo, duas vezes por dia, de manhã e à noite, uma oração fundamental, conhecida como *Shemá Israel* (Escute, Israel). Sabemos que Jesus se levantava de manhã cedo para rezar. É outro testemunho do seu respeito pela judaicidade não só como fato cultural, mas também como prática religiosa. Jesus é um homem judeu que não se sente idêntico a Deus. Não se reza a Deus quando se pensa que se é Deus. Jesus, como todos os judeus religiosos, reza e interpela a Deus. O chamado à oração é muito intenso nele. Toda vez que tem de tomar uma decisão, reza, procurando entender o que Deus lhe pede. Havia, no judaísmo daquele tempo, dois tipos de oração: a pública, que se fazia em pé e na qual cada judeu se sentia unido a todo o seu povo, e a pessoal, que se fazia com a face no chão, mais ou menos como fazem hoje os muçulmanos. No Jardim de Getsêmani, Jesus reza com o rosto no chão como qualquer judeu que dirige uma premente invocação pessoal a Deus.

A Jesus devemos, entre outras coisas, a criação de uma das mais belas orações, conhecida como o Pai-Nosso.

O *Pai-Nosso* é, também do ponto de vista histórico, importantíssimo. Se posso retroceder um pouco, o grande sociólogo Marcel Mauss afirmava que a oração é uma das principais formas religiosas. Tanto assim que se perpetuou, obviamente com algumas mudanças, desde as sociedades mais simples às mais evoluídas. Os sacrifícios de animais, por exemplo, foram desaparecendo aos poucos nas formas sociorreligiosas que Mauss considera mais evoluídas. A oração, ao contrário, continuou a existir. Se quisermos penetrar na experiência mais íntima de um homem de fé, precisamos ver de que forma ele reza. De um ponto de vista histórico, é inquestionável que Jesus ensinou o *Pai-Nosso*; graças a essa reza, podemos ainda hoje entrar um pouco na sua mente.

A oração chamada Pai-Nosso *não foi completamente inventada: é uma adaptação do* Kadish, *uma belíssima prece hebraica antiga que inicia falando da santificação do nome de Deus e do advento do seu reino: "Que seja exaltado e santificado Seu grande nome, no mundo que Ele criou segundo Sua vontade. Que Ele estabeleça Seu Reino [faça vir Sua Redenção e aproxime a vinda de Seu Mashiach (Messias)]* em Vossa vida e em Vossos dias e na vida de toda a Casa de Israel, pronta e brevemente."*

Esta prece chegou até nós em parte em língua aramaica. Também o *Pai-Nosso* se inicia com a invocação "santificado seja o vosso nome, venha a nós o vosso reino". É mais um elemento que demonstra como Jesus estava enraizado na religiosidade judaica. Na segunda parte do *Pai-Nosso*, há uma frase de enorme importância. Jesus ensina os seus discípulos a dizer: "Perdoai-nos as nossas ofensas, assim como perdoamos a quem nos tem ofendido." Como é indiscutível que foi Jesus quem formulou essa oração, a frase mostra claramente a sua concepção da remissão dos pecados. Os pecados não são perdoados em virtude da sua morte, mas sim por meio de uma relação triangular entre o homem, Deus e o seu próximo. Tu, Deus Pai, perdoa as nossas ofensas como nós as perdoamos (Mateus usa o passado, e não o presente "perdoamos") a quem nos tem ofendido. Jesus não disse: Deus perdoa os pecados, porque eu, Jesus Cristo, morrerei pelos pecados dos homens. É mais um elemento que nos faz compreender a diferença entre o Jesus judeu e o Jesus cristão: o Jesus cristão é aquele de

---

* Foi omitido — não se sabe se propositalmente — o trecho entre colchetes. (N.T.)

quem Paulo diz: "Cristo morreu por nossos pecados, segundo as Escrituras."* O Jesus judeu diz: é Deus quem perdoa os pecados. Como se vê, há uma evolução nada pequena entre o Jesus judeu e o Jesus como foi representado pelos primeiros cristãos. Quando ensinou o *Pai-Nosso*, ele não pensava que deveria morrer pelos pecados dos homens. Sob esse ponto de vista, a pesquisa histórica possui uma tarefa essencial, que as teologias das Igrejas não podem eliminar.

Então, o Pai-Nosso *soa como uma oração integralmente judaica.*

Não só porque está relacionada ao *Kadish*, mas também porque não tem nada de cristão. Qualquer judeu religioso poderia rezá-la sem, por isso, converter-se ao cristianismo. Nessa oração, Jesus nunca é mencionado. Ele não tem nenhuma função na salvação da humanidade. Jesus ensinou os seus discípulos a rezar de forma completamente judaica, estimulando-os a se dirigirem diretamente a Deus, com os conceitos tradicionais do judaísmo: a santificação, a expectativa do reino de Deus, o respeito à sua vontade, o perdão das transgressões, a confiança absoluta na providência de Deus como Pai.

O grande reformador Philipp Melanchthon sintetizou a forma cristã de se conhecer Cristo com estas palavras: "Conhecer Cristo significa conhecer as suas graças" (graças da salvação, evidentemente). Uma atitude que eu definiria como obrigatória para um cristão: não tanto conhecer o que Jesus fez e disse, mas se relacionar com ele para reconhecer o que é necessário fazer para se salvar, para mudar a própria existência; em outras palavras: para receber, devido a ele, a salvação. A atitude do historiador, ao contrário, consiste em procurar conhecer Jesus não pelas suas

---

* 1 Coríntios 15,3. (N.T.)

graças, mas para descobrir as experiências que ele viveu, o que ele realmente ensinou. Os cristãos dos séculos passados, que não eram judeus e, aliás, eram hostis a eles, não se interessavam muito pelas circunstâncias da sua vida, pois consideravam Jesus um ser sobrenatural por meio do qual poderiam obter a salvação. Os historiadores contemporâneos, pelo contrário, enxergam em Jesus um homem e, portanto, têm condições de também resgatar a sua judaicidade.

Jesus pregava apenas a judeus, como se vê não só pelo conjunto dos seus ensinamentos, que pressupõem o monoteísmo judaico, mas também pelas suas numerosas e explícitas afirmações.

O fato de Jesus ter se limitado a pregar aos judeus e de ter respeitado integralmente a lei judaica é uma redescoberta das duas últimas gerações de estudiosos. Para um leitor dos evangelhos acostumado à habitual pregação cristã, creio que isso ainda seja difícil de compreender. Para resgatar a judaicidade de Jesus, os historiadores foram conduzidos por dois grandes acontecimentos nos últimos 50 anos. O primeiro foi muitas igrejas cristãs, depois da Segunda Guerra Mundial e da Shoah,* terem buscado superar o antijudaísmo secular, um dos elementos que mais favoreceram o antissemitismo em massa. Depois da tragédia nazista e da Shoah, procurou-se recuperar a dimensão judaica de Jesus também a transmitindo aos fiéis. Ele não só respeitava as prescrições alimentares, como já dissemos, mas também estendia o seu respeito às instituições fundamentais: o Templo, a sinagoga, as festas principais; ele era, sobretudo, um judeu que se sentia parte do seu povo e o amava. O seu respeito pela Lei também está presente na sua observância a certas tradições de menor importância: por exemplo, acrescentar às suas vestes as borlas prescritas, sinal de rigoroso respeito pela tradição, mas também de identidade religioso-social.

---

* "Holocausto" em hebraico. (N.T.)

Talvez valha a pena dizer algumas palavras sobre essas borlas rituais que ornamentam o talit, ou manto de oração, e a roupa de um judeu religioso. A sua origem está em Números (15,37-40), onde está escrito: "O Senhor disse a Moisés: 'Dize aos israelitas que façam para eles e seus descendentes borlas nas extremidades de suas vestes, pondo na borlas de cada canto um cordão de púrpura violeta. Fareis essas borlas para que, vendo-as, vos recordeis de todos os mandamentos do Senhor, e os pratiqueis, e não vos deixeis levar pelos apetites de vosso coração e de vossos olhos que vos arrastam à infidelidade. Desse modo, vós vos lembrareis de todos os meus mandamentos, e os praticareis, e sereis consagrados ao vosso Deus."

Essa tocante particularidade sobre as vestes de Jesus aparece, por exemplo, no Evangelho de Marcos, onde se lê (6,56): "Onde quer que ele entrasse, fosse nas aldeias ou nos povoados, ou nas cidades, punham os enfermos nas ruas e pediam-lhe que os deixassem tocar ao menos na orla* de suas vestes. E todos os que tocavam em Jesus ficavam sãos." Mateus menciona duas vezes (9,20; 14,36) o fato de o manto de Jesus ter essas tradicionais orlas. Isso nos mostra, mais uma vez, que ele respeitava todos os elementos da religiosidade judaica. Há nele uma identificação total com a fé dos pais na convicção de que, muito provavelmente, uma mediação entre Deus e o homem é dada também pelo vestuário, como nos ensina a antropologia cultural da atualidade Até no vestuário Jesus é um judeu religioso do seu tempo.

Um vestuário especial ou qualquer elemento distintivo no vestuário se encontra em todos os ritos, em todas as crenças, até mesmo nas comuns militâncias políticas. Por outro lado, o uso de

---

* Os vocábulos "borla", "orla" e "franja" aparecem alternadamente nas traduções da Bíblia em língua portuguesa. Portanto, a sua alternância no presente livro deve ser compreendida como respeito à supracitada variação vocabular, e não como falta de padronização. (N.T.)

vestes rituais é comum a todas as religiões. Penso, por exemplo, nas vestes e nos chapéus das mais altas hierarquias católicas, que, com toda certeza, são de remota origem oriental, se não diretamente judaica. Em todas as religiões há um "uniforme" para os celebrantes e, em alguns casos, também para os fiéis. Usar determinada roupa ou algumas peças de vestuário ou usá-las de certo modo faz parte do rito, quer se trate de xintoístas, budistas, muçulmanos, judeus, cristãos de todas as confissões.

No nosso caso, isso demonstra como Jesus estava longe da cultura cristã de hoje. Aliás, desse ponto de vista podemos dizer que Jesus está muito mais próximo dos judeus religiosos de hoje do que dos sacerdotes cristãos. Evidentemente, é necessário acrescentar que ele questionou toda uma série de práticas tradicionais. Por exemplo, recusou-se a cumprir o antigo preceito tradicional que obrigava a lavar ritualmente as mãos antes de se alimentar. Parece que ele não o respeitava nem fazia os seus discípulos o respeitarem; tanto é verdade que alguém* — segundo os evangelhos de Marcos e Mateus — perguntou-lhe (Mc 7,5): "Por que não andam os teus discípulos conforme a tradição dos antigos, mas comem o pão com as mãos impuras?" Jesus respondeu: "Vos apegais à tradição dos homens." (Mc 7,8) Jesus respeitava a Torá, mas também a interpretava de uma forma que o distinguia em relação aos outros mestres. Isso, entretanto, não faz dele um cristão ou um não judeu; simplesmente, qualifica-o em relação aos vários grupos judaicos que existiam na época.

Podemos compreender o famoso episódio da expulsão dos vendilhões do Templo à luz dessa judaicidade? Tratava-se, essencialmente, de cambistas que convertiam em moeda local as divisas em uso nas várias províncias, ou vendedores de animais, de menor ou maior porte, para os sacrifícios. Quando Jesus os

---
* Trata-se dos fariseus e dos escribas. (N.T.)

expulsa a chicotadas, revela, com certeza, a sua personalidade e a sua concepção do Templo, mas aqueles vendilhões representavam um costume, estavam lá havia muito tempo. Que sentido devemos dar à sua reação violenta?

O episódio é problemático. A interpretação que prevalece tem sido a de ver nele o começo de uma nova ordem religiosa. É uma interpretação particularmente intensa no Evangelho de João, que vê, no episódio e em certas palavras de Jesus, uma contraposição entre o Templo de Jerusalém e o templo do próprio corpo. Jesus diz (Jo 2,19): "Destruí vós este templo, e eu o reerguerei em três dias." Após a sua ressurreição, os discípulos se lembram dessas palavras e — também à luz da Bíblia interpretada de forma bastante particular — elaboram a hipótese de que ele falasse não do Templo de Jerusalém, mas sim do templo do seu corpo (Jo 2,22).

E, então, por assim dizer, como se referisse à sua própria ressurreição.

João interpreta as palavras de Jesus ("Destruí vós este templo, e eu o reerguerei em três dias") de maneira metafórica, como se a reconstrução do Templo significasse a ressurreição do seu corpo, entendido como templo, ou seja, como o lugar onde mora a divindade. É uma interpretação que tem pouca probabilidade de refletir o verdadeiro pensamento de Jesus. Trata-se de uma exegese elaborada no final do século I, quando os seguidores de Jesus já tendiam a formar grupos independentes das comunidades judaicas e do judaísmo, e o Templo de Jerusalém já não existia.

E os vendilhões expulsos a chicotadas?

A interpretação mais provável é a de E. P. Sanders, estudioso cristão de tendência protestante liberal. No seu livro, *Jesus e o judaísmo*, ele procura demonstrar que a atitude de Jesus no Templo deve ser interpretada à luz das concepções escatológicas judaicas da época. Segundo essas concepções, no mundo que virá, no futuro reino de Deus, haverá um novo Templo em substituição ao velho. O gesto de Jesus prenuncia a chegada desse novo Templo. Ademais, a poucos quilômetros de Jerusalém, os habitantes de Qumran falavam, nos seus escritos, do Templo futuro, de uma ação do Espírito Santo, de um Israel renovado. Surgiria uma nova realidade, uma grande renovação, haveria uma nova Jerusalém e, também por isso, um novo Templo, frequentado por um povo de Israel purificado e totalmente fiel à lei de Deus.

Voltemos aos fatos: o Templo, os cambistas, os vendedores de animais para os sacrifícios. Diante desse cenário, que imaginamos movimentado e ruidoso, há a reação de Jesus, o qual clama que não quer que o Templo se transforme num covil de ladrões. Esse é, por assim dizer, o relato da crônica. Trata-se, entretanto, de elementos que devemos contextualizar na complexa personalidade do protagonista.

Um aspecto frequentemente esquecido é que os sacrifícios estavam previstos na Bíblia, ou seja, eram vontade de Deus, já que a Torá é a revelação divina. Se os sacrifícios são necessários, também deve haver animais para sacrificar, pessoas que vendam esses animais e cambistas que permitam comprá-los com uma moeda de circulação legal no Templo. Se interpretarmos o episódio de acordo com a teologia cristã, iremos impor uma visão com base na qual Jesus teria contraposto ao hebraísmo a nova religião do cristianismo. Já à luz do judaísmo, vemos que Jesus nunca falou contra os sacrifícios. Ele diz: (Mt 5,23-24): "Se estás, portanto, para fazer a tua oferta diante do altar e te lembrares de que teu irmão tem alguma coisa contra ti, deixa lá a tua oferta diante do altar e vai primeiro reconciliar-te com teu irmão; só então vem fazer a tua oferta." Quando cura um leproso, diz (Mc 1,44): "Vai, mostra-te ao sacerdote e apresenta, pela tua purificação, a oferenda prescrita por Moisés [isto é, os sacrifícios]." Nas prescrições para a purificação dos leprosos, capítulo 14 do Livro de Levítico, há uma lista de animais para sacrificar. Jesus não tinha nada contra os sacrifícios; na verdade, o episódio precisa ser interpretado sem se considerar a posterior teologia cristã.

Que sentido daríamos, então, àquela cena tantas vezes recontada, reconstruída, tornada alegórica?
Não temos indicações precisas. De forma sensata, podemos levantar a hipótese de que, convencido de estar na iminência do juízo final e do advento de um mundo novo, ele quisesse mostrar quais atitudes deviam ser adotadas no Templo à espera dessa renovação. Mesmo não sendo contrário, por princípio, aos sacrifícios, pode ser que fosse contra algumas práticas que julgava desrespeitosas. Um estudioso norte-americano, Bruce Chilton, levantou a hipótese de que o problema foi uma mudança na colocação dos animais na esplanada do Templo, segundo a vontade do sumo sacerdote Caifás. Esta me parece uma interpretação muito racionalizante, mas o debate, esse ponto, era certamente muito acalorado. Julgo, porém, mais verossímil que Jesus quisesse criticar a vulgaridade e os interesses mercantis que grassavam, com a conivência dos sacerdotes, até mesmo nas proximidades do Templo. Em todo o mundo antigo, a prática de sacrifícios era importante; envolvia um conjunto tão significativo de atividades, que condicionava a economia e as relações sociais. Jesus não condena o culto judaico tradicional, mas lhe defende a pureza.

Um segundo aspecto de grande interesse diz respeito à diferente colocação do episódio. Marcos e os evangelhos de Mateus e Lucas, que dependem do de Marcos, situam o episódio no final da vida pública de Jesus. João, pelo contrário, coloca-o no início.
A colocação de João no início torna o episódio quase um ato programático. Eu o interpreto como uma forma de cristianização do Jesus judeu. Os evangelhos, normalmente considerados fontes primárias para se conhecer Jesus, são, na realidade, uma

das primeiras formas de cristianização da sua figura. Podemos dizer, paradoxalmente, que são uma forma de afastamento do próprio Jesus. É uma afirmação que defino como "paradoxal", portanto, de certa forma, injustificada, a partir do momento em que propriamente os evangelhos servem para conhecê-lo. É claro que eles deixam que o conheçamos, mas filtrado por uma luz desjudaizante.

Permanece a enorme curiosidade sobre a colocação diferente. Uma corrente de estudiosos defende que os evangelhos não são confiáveis como fontes historiográficas e que o seu conteúdo pode ser avaliado apenas em função teológica, alegórica ou programática.

João, situando o episódio no início da atividade pública de Jesus, interpreta-o como se ele falasse não da destruição material do Templo, mas da própria morte e da ressurreição. Dessa forma, ele antecipa uma passagem que encontramos pouco depois, no capítulo 4, em que Jesus pronuncia palavras que nenhum outro evangelho registra (Jo 4,21.23): "Vem a hora em que não adorareis o Pai, nem neste monte [*o Monte Garizim, dos samaritanos*] nem em Jerusalém. (...) Mas vem a hora, e já chegou, em que os verdadeiros adoradores hão de adorar o Pai em espírito e verdade." Os três evangelhos sinóticos (Marcos, Lucas e Mateus) não registram essa passagem. Nesses textos, a expulsão dos vendilhões se encontra no final da atividade pública de Jesus. Pelo contrário, essa atitude clamorosa se torna um dos motivos da sua prisão, solicitada pela irritada autoridade do Templo. Os sinóticos, textos mais próximos do fato histórico do que o de João, conservam parte do encargo religioso judaico desse gesto.

Se o Templo é definido como o lugar onde habita a divindade, para João o verdadeiro templo não é uma "edificação", mas o próprio corpo de Jesus. No entanto, como Jesus já havia morrido quando o evangelho foi escrito, o único modo para estar próximo de Deus (isto é, entrar no Templo) é entrar em união mística com o Jesus ressuscitado. Com o joanismo, estamos então diante de um particular tipo de cristianismo nascente, um cristianismo místico. O corpo de Cristo é o lugar onde habita a divindade, e quem deseja ter uma relação com Deus deve se unir misticamente a Cristo.

Essa interpretação nos afasta do Jesus histórico. Ele sente que pertence ao povo de Israel a ponto de querer destinar a sua pregação apenas aos seus compatriotas, ao contrário do que ocorrerá em seguida, especialmente com Paulo. Em Mateus, ele diz ter sido enviado apenas às ovelhas perdidas da casa de Israel e assim exorta os discípulos (Mt 10,5-6): "Não ireis ao meio dos gentios nem entrareis em Samaria; ide antes às ovelhas que se perderam da casa de Israel." É uma exortação que surge outras vezes. Parece claro que não queria converter os gentios, mas se limitar a pregar ao seu povo.

O evangelho que mais insiste nesse aspecto é o de Mateus, um texto com características intensamente judaicas. É o único que defende de modo claro e repetido que Jesus não queria mudar nem uma vírgula, se quisermos usar uma expressão atual, da Torá, ou seja, da lei religiosa contida nos primeiros cinco livros da Bíblia. É em Mateus (15,24) que se leem estas palavras perturbadoras: "Não fui enviado senão às ovelhas perdidas da casa de Israel." Se atentarmos para essas palavras, parece realmente que a missão de Jesus, considerada divina, pois ele foi enviado por Deus, volta-se não a toda a humanidade, mas apenas aos judeus, nem sequer a todos os judeus, mas aos judeus desviados, às ovelhas perdidas, porque os judeus religiosos, os ortodoxos, os respeitosos, não precisam dele.

Como se explica essa frase tão importante e tão pouco citada pela exegese dos biblistas?

Segundo alguns pesquisadores, essas palavras não teriam sido efetivamente pronunciadas por Jesus. Tratar-se-ia, em vez disso, de uma frase atribuída por Mateus a um Jesus que é, de certa forma, rejudaizado. A minha opinião é que Jesus era exatamente como Mateus o representa: a sua pregação se volta em grande parte, se não inteiramente, para o interior da região de Israel e é dirigida ao seu povo. Entretanto, é verdade que a região de Israel se encontrava profundamente helenizada, romanizada, com uma intensa presença de não judeus, razão pela qual Jesus deve certamente ter se confrontado também com essa realidade. Deve ter refletido sobre essa dimensão, por assim dizer, "internacional", tendo contato também com não judeus, como alguns episódios nos mostram claramente. Todavia, falta dizer que ele nunca tentou converter os não judeus. Nunca pregou para eles, nunca os induziu a abandonar o politeísmo em favor do monoteísmo. Isso será feito, após a sua morte, por alguns dos seus seguidores e, mais tarde, pelas Igrejas cristãs, o que levará a modificações bastante importantes em relação ao que Jesus praticava e pregava.

III

OS MUITOS ASPECTOS DE JESUS

O Jesus judeu, portanto, como vimos no capítulo anterior, abrangia uma origem, um pertencimento e um conjunto de características que, durante muito tempo, foram postas de lado, com constrangimento, frequentemente com hostilidade, substituído pelas várias fisionomias que os seus fiéis lhe têm atribuído ao longo dos séculos. Quais fisionomias? Não existe uma característica, um traço que identifique com certeza Jesus na sua humanidade. Ninguém sabe qual era o seu aspecto, mas, no que se refere à sua mensagem, cada época, cada comunidade tem priorizado essa ou aquela entre as suas palavras, entre as suas ações, recorrendo à fragmentária multiplicidade das suas frases. A tentativa deste livro é traçar-lhe um retrato "terreno", despojando, assim, a sua imagem da estratificação da teologia posterior. Para tornar ainda mais clara a dificuldade dessa empreitada, portanto também dos seus limites (pelo menos no que me diz respeito), cito um trecho do livro *Ser cristão*, do teólogo dissidente Hans Küng, que mostra qual alcance multiforme assumira a figura de Jesus e, por conseguinte, quais são as dificuldades em inseri-lo num projeto biográfico. Escreve Küng:

Qual imagem de Cristo é a autêntica? É o jovem imberbe, bondoso pastor da arte das catacumbas paleocristãs, ou é o barbudo e triunfante imperador cosmocrático da iconografia tardia relativa ao culto imperial áulico, austero, inacessível, ameaçadoramente majestoso sobre o fundo dourado da eternidade? É o *Bom Deus* da Catedral de Chartres ou o misericordioso salvador alemão? É o Cristo Rei, juiz do mundo, entronizado na cruz sobre os portais e nas absides românicas? O homem pesaroso representado com o duro realismo do Cristo sofredor de Dürer e na única representação de Grünewald? É o protagonista da disputa de Rafael pela beleza impassível ou o humano moribundo de Michelangelo? É o sublime sofredor de Velázquez ou a figura torturada pelos espasmos de El Greco? São os retratos frívolos impregnados de espírito iluminista de Rosalba Carriera, em que se enxerga um elegante filósofo popular, ou as representações suavizadas do coração de Jesus no tardio barroco católico? É o Jesus do século XVIII, o jardineiro ou o farmacêutico que ministra o pó da virtude, ou o redentor classicista do dinamarquês Thorvaldsen, que escandalizou o seu compatriota Kierkegaard eliminando o escândalo da cruz? É o Jesus suave e exausto dos nazarenos alemães e franceses ou dos pré-rafaelitas ingleses, ou é o Cristo colocado em ambientes tão distintos pelos artistas do século XX: Nolde, Picasso, Matisse ou Chagall?

O trecho de Küng é muito bonito, muito emocionante. Quando se examina Jesus (mas não é esse o objetivo deste livro) como "filho de Deus", redentor do mundo, entidade metafísica, homem de verdade e Deus de verdade, esses atributos tão diferentes e, em alguns casos, contrastantes se explicam com a sua misteriosa entidade onipotente, onipresente, eterna. Se, pelo contrário, nós o considerarmos, como aqui devemos fazer, de um ponto de vista apenas biográfico, então se observa que essas diferentes visões, encarnações e representações da sua figura dependem, de maneira muito simples, muito banal, da escassez e/ou da ambiguidade dos textos que se referem a ele. Na verdade, Küng também defende que não é possível utilizar os evangelhos como fonte historiográfica, porque lhes "faltam os pressupostos". O Evangelho de João, o menos antigo dos quatro contemplados pelo Novo Testamento, é também o que contém uma representação mais interior de Jesus. O texto descreve as ações, mas lhes dando uma representação abstrata, mental, metafísica. No seu livro *O caso Jesus*, Weddig Fricke escreveu: "No Jesus joanino, não existem fraquezas humanas, nem o batismo penitencial, nem as tentações de Satanás, nem os temores e as tentações do Jardim de Getsêmani, nem as quedas no caminho para o patíbulo." Desaparece até mesmo aquele grito de dor, na cruz, atormentador, trágico, transmitido por Marcos e Mateus: "*Eli, Eli, lemà sabactàni?*", Deus meu, Deus meu, por que me desamparaste?

João, seja ele quem for, é também o autor do Apocalipse, um texto — se me perdoem o pobre trocadilho — realmente apocalíptico. Quero dizer que se trata de um dos textos mais visionários já escritos. Não há surrealismo que se compare à alucinada escatologia do Apocalipse. Para voltar ao Evangelho de João, também aos olhos de um não católico esse texto é muito empolgante, muito mais do que os outros três evangelhos oficialmente reconhecidos pela Igreja. Foi escrito por um intelectual, capaz de proporcionar uma elevada representação do homem sobre quem fala.

No seu *Dicionário filosófico* e em outras obras, Voltaire trata justamente desse assunto. Segundo o pensador francês, a numerosos episódios citados nos evangelhos só se pode dar um significado místico, simbólico e, certamente, não histórico. Ele também, havendo se dedicado à pesquisa de uma fisionomia de Jesus o mais verdadeira possível, experimenta uma lista de relativas certezas cognitivas e escreve: "Jesus nasceu sob a Lei mosaica, foi circuncidado segundo essa Lei, dela cumpriu todos os preceitos e pregou somente a moral. Ele não revelou o mistério da sua encarnação; disse aos judeus haver nascido de uma virgem; recebeu a bênção de João nas águas do Jordão (cerimônia a que muitos judeus se submetiam), mas jamais batizou alguém; jamais falou dos sete sacramentos nem instituiu nenhuma hierarquia eclesiástica em vida. Ocultou dos seus contemporâneos ser filho de Deus, gerado *ab aeterno*, consubstancial a Deus, e que o Espírito Santo procedia do Pai e do Filho. Não disse que sua pessoa se compunha de duas naturezas e de duas vontades; desejou que esses grandes mistérios fossem revelados aos homens no decorrer dos tempos por aqueles que seriam iluminados pelo Espírito Santo. Enquanto viveu, não se afastou em nada da religião dos seus pais: manifestou-se aos homens como um Justo querido por Deus, perseguido pelos invejosos."

Voltaire e os iluministas contaram desmesuradamente com a força da razão; poder-se-ia dizer que confiaram excessivamente nas suas capacidades. Mas também é necessário considerar que durante séculos a Igreja exercera um controle autoritário sobre todos os campos do pensamento e da pesquisa, não hesitando em recorrer ao "braço secular" para infligir penas severas, incluindo a tortura e a morte. Nos iluministas, sente-se a excessiva necessidade de uma libertação, o desejo de contar somente com as próprias forças. Como escreveu Kant: "O Iluminismo é a saída do homem do estado de menoridade que ele deve imputar a si mesmo. Menoridade é a incapacidade de se valer do próprio intelecto sem a orientação de outrem." Hoje, é cada vez menos assim. A razão, entendida como um instrumento para se conhecer a realidade, tem menos dificuldades em admitir os seus limites, ao passo que certa "metafísica", às vezes reduzida em nível de embuste ou de superstição, reconquistou o seu lugar no mundo.

São muitos os aspectos de Jesus, da sua personalidade complexa, assim como sugeridos pelos textos que falam sobre ele, a começar pelos três evangelhos "sinóticos" e pelo outro e mais misterioso, o texto chamado "de João". É por aqui que temos de começar.

Vimos algumas características do Jesus "judeu"; vamos nos aproximar um pouco mais dessa figura tão complexa.

Cada representação histórica, cada experiência humana, é necessariamente subjetiva, ou melhor, necessariamente particular, e, por isso, só registra alguns aspectos da realidade. A multiplicidade das imagens de Jesus, por si só, não é excessiva nem pode levar ao relativismo. O ponto de vista de cada um, os aspectos particulares que cada um vê podem coexistir.

A ambiguidade da sua representação depende da escassez das fontes?

Mais do que defini-las como ambíguas, em virtude da "escassez", eu diria que as fontes refletem a fé de quem as escreveu. Mas a adesão da fé do autor não lhes retira o valor histórico. Todos os autores dos evangelhos aderiram a Jesus, vendo realizadas nele algumas das suas aspirações. A multiplicidade dos aspectos de Jesus ou a ale atribuídos também depende do mecanismo com o qual age o conhecimento humano, sempre influenciado pelo ponto de vista, pela posição cultural, pela experiência pessoal de quem observa. É verdade que sobre Jesus temos poucas fontes à disposição, mas imaginemos uma hipótese oposta: uma personagem de hoje sobre a qual dispomos de grande abundância de fontes, e de primeira mão. Mesmo nesse tipo de caso, os historiadores que se ocupem dela terão visões diferentes e contrastantes dessa personagem. Do que dependem essas múltiplas interpretações? Da perspectiva de quem examina, dos aspectos que se desejam ou que se é capaz de registrar. Parece-me, enfim, que uma possível multiplicidade seja inerente a todas as formas de conhecimento. Sem que isso se torne um tipo de ceticismo, é necessário levar em conta que o conhecimento humano, incluindo o dos teólogos e o das formulações dogmáticas das Igrejas, é sempre parcial, perspéctico; enxerga alguns aspectos e ignora outros.

A citação inicial de Küng poderia ajudar a esclarecer também outros aspectos ou temas?

Nem todos os evangelhos nos apresentam uma biografia, ainda que esquemática, do personagem narrado. O Evangelho de Tomé, por exemplo, desiste, de início, de uma tentativa desse gênero, dando-nos apenas uma série de frases, máximas, preceitos separados, de forma que a biografia, como narração mais ou menos coordenada de acontecimentos, é de fato excluída.

O senhor já citou, mas só de passagem, esse evangelho muito pouco conhecido. Em que ele consiste?

Os estudiosos têm se ocupado muito desse texto, desde a sua descoberta, nos anos 40 do século XX, no âmbito de uma grande descoberta de manuscritos em língua copta, na localidade egípcia de Nag Hammadi. Cerca de meio século antes, também no Egito, em Ossirinco, foram encontrados alguns fragmentos dele em grego, que é provavelmente a língua original em que foi redigido. O texto, completo, compõe-se de 114 frases de Jesus, introduzidas de forma simples e quase sempre pela expressão "Jesus disse". Não se relata em que ocasião, nem por quê, nem onde ele havia pronunciado aquelas palavras. Por outro lado, encontramos um esquema narrativo no Evangelho de Marcos e nos outros três evangelhos canônicos, assim como nos outros evangelhos dos quais restam apenas pequenos fragmentos. Entretanto, o esquema biográfico dos evangelhos não corresponde ao registro de uma testemunha. É apenas uma hipótese narrativa feita pelos primeiros evangelistas. Se examinarmos o Evangelho de Marcos e o de João, veremos quão profundamente difere a reconstrução da história de Jesus. Mas, voltando a Hans Küng, a sua listagem é de tal forma verdadeira, que até poderia realmente ser ampliada. Um pesquisador italiano, Daniele Menozzi, dedicou-se ao Jesus dos revolucionários franceses, constatando a existência de um Jesus dos *sans-culottes*, um dos jacobinos, um dos girondinos e, por fim, um dos católicos revolucionários. É a mesma multiplicidade que se encontra nos evangelhos. O Jesus de Lucas, por exemplo, é muito atento aos pobres e aos deserdados. Marcos narra um Jesus taumaturgo e exorcista. João o interpreta como a palavra de Deus feita carne, que transparece através da sua humanidade.* Cada evangelho tem e fornece uma imagem diferente do protagonista. Mas isso não fez com que os primeiros cristãos se tornassem céticos, o cristianismo não é uma religião do livro, não se baseia na exatidão biográfica de um texto, busca em outras fontes as suas certezas, a capacidade de transformar os indivíduos e a sociedade.

O Evangelho de João é o mais tardio dos quatro oficialmente reconhecidos pela Igreja.
A produção dos evangelhos certamente não se esgotou com o fim do século I e o início do século II. Existem muitos outros, escritos até mesmo 100 ou 200 anos depois. O conteúdo do Evangelho de João é realmente muito peculiar. Ele reflete o pensamento de um grupo, os chamados joanistas, ao qual devemos a produção de muitos outros livros, entre os quais o Apocalipse. A tradição atribui essas obras a um só autor. Os mais tradicionalistas queriam até mesmo que esse João fosse um discípulo histórico de Jesus, ou seja, João, irmão de Tiago e filho de Zebedeu.

Isso faria dele uma espécie de testemunha ocular dos fatos, talvez até mesmo o discípulo mais amado, como já dissemos.
Na realidade, as coisas não são assim. O Evangelho de João foi redigido no fim do século I, talvez no início do século II, por discípulos do discípulo que, no texto, é referido como o "amado". O Apocalipse foi escrito por um João, mas não sabemos de que João se trata, e, em todo caso, ele também faz parte da constelação de textos que definimos como "joanistas", em virtude de aspectos

---
* "E o Verbo se fez carne e habitou entre nós (...)" (João 1,14). (N.T.)

inegavelmente familiares. Um primeiro aspecto notável desse evangelho é o prólogo, em que se diz que Jesus, na realidade, é um ser que preexistia ao seu nascimento físico, era a palavra com que Deus havia criado o mundo. Quando a palavra — o Verbo — se faz carne e ele nasce, cria-se uma situação por meio da qual a própria palavra de Deus assume uma figura humana. Todo o Evangelho de João é perpassado por essa percepção: Jesus surge como um homem; na realidade, ele é também algo diferente daquilo que parece, é o *Logos*, para usar o termo grego de que se serviu o texto, ou seja, o Verbo. Esse evangelho sugere que quem se limita a ver o aspecto corpóreo ou percebe apenas o aspecto literal do que ele diz não compreende a sua verdadeira essência nem assimila o sentido profundo das suas palavras.

Esse evangelho é elaborado sobre uma estrutura narrativa precisa. Lista os fatos, as circunstâncias em que acontecem, os locais.

O Evangelho de João foi redigido três, quatro, talvez cinco vezes. A sua estrutura narrativa encerra cerca de dois anos e meio de vida de Jesus em 12 capítulos; mas dedica cinco capítulos inteiros à última noite que Jesus passa com os seus discípulos mais próximos. É como se, falando em termos cinematográficos, as três horas da última noite fossem representadas quase em tempo real. Todo o período anterior, pelo contrário, decorre muito rapidamente.

O texto apresenta diferenças notáveis em relação aos outros evangelhos nos episódios citados, na sua sucessão, nos deslocamentos do protagonista na região de Israel, na própria cronologia dos fatos.

A primeira diferença notável está na estrutura narrativa. O Jesus narrado por João celebra três festas da Páscoa: duas em

Jerusalém, uma na Galileia. Sendo a Páscoa uma festa anual da primavera, deduz-se daí que a sua atividade pública deve ter durado pelo menos três anos. Em segundo lugar, Jesus se dirige a Jerusalém não apenas para a Páscoa, mas também em outras ocasiões: para a festa de inverno em dedicação ao Templo — *Hanukkah*, em hebraico; para a Festa dos Tabernáculos, em outono — *Sukkot*; para outra festa que o Evangelho de João não especifica, mas que é provavelmente o *Shavuot*, a que os cristãos chamarão de Pentecostes. Os evangelhos de Marcos, Lucas e Mateus, pelo contrário, falam de uma única ida a Jerusalém por ocasião da Páscoa. Segundo o que dizem, a sua atividade pública deve ter durado, no máximo, um ano, talvez um pouco mais, talvez até menos. A tradição eclesiástica aceitou o esquema cronológico de João procurando inserir, nos três anos por ele implicitamente mencionados, todos os acontecimentos de que falam os outros evangelhos, os sinóticos. Na realidade, entre esse texto e os outros há diferenças ainda mais intensas. O autor do Evangelho de João não cita o *Pai-Nosso*, não conhece nenhuma das parábolas presentes nos demais evangelhos e, pelo contrário, registra outras: por exemplo, a da videira e dos ramos ou a do bom pastor. João Batista e Jesus parecem de fato não se conhecer, enquanto Lucas afirma que eles eram parentes.

Poderia se resolver o problema dizendo que as respectivas mães se conheciam, enquanto os dois jovens nunca houvessem se encontrado. Não seria um caso raro de primos que de fato não se conhecem.

Não me parece verossímil numa comunidade pouco numerosa e em vilas de pequena extensão. No entanto, há também outras contradições; por exemplo, Jesus, segundo João, escolhe os seus discípulos quase imediatamente depois do batismo por ele recebido em Betânia, além do rio Jordão, ou seja, no sul da região de Israel.

Nos evangelhos de Mateus, Marcos e Lucas, os discípulos de Jesus são escolhidos na Galileia, isto é, no norte da região. Os primeiros cinco discípulos citados por João não coincidem com os quatro escolhidos ao longo do Lago de Tiberíades ou Mar da Galileia. No Evangelho de João, Jesus fala com discursos longos, e não com frases curtas, como em Marcos e em Tomé. João atribui à sua mãe uma função muito mais importante. Se tivéssemos apenas esse evangelho, não conheceríamos nem mesmo a instituição da eucaristia, embora, no capítulo 6, encontremos frases que parecem demonstrar o conhecimento desse rito por parte do autor.

Essa diferença parece, ao mesmo tempo, muito importante e pouco compreensível. Ainda mais porque esse evangelho dedica cinco capítulos inteiros àquela trágica noite.

Se o autor desse evangelho conhecia o rito da ceia, não considerou importante nos relatar essa assim chamada instituição ou talvez não acreditasse que Jesus a houvesse realizado na última noite. Era muito mais importante, para ele, o rito iniciático da lavagem dos pés e a transmissão de outras doutrinas aos discípulos. Nos últimos cinco capítulos, Jesus submete os discípulos a um rito de iniciação cujo objetivo é conduzir o neófito a uma união mística com o seu corpo ressuscitado mediante a infusão do Espírito Santo. O discípulo deve saber que nada pode fazer enquanto não estiver unido a Jesus como um ramo de videira está unido ao seu tronco. Por meio de uma difícil poda, o discípulo deve se tornar capaz de seguir o caminho que só Jesus pode percorrer primeiro: ou seja, morrer por amor dos próprios amigos e subir ao céu para entrar em contato com o Espírito: é um clima religioso muito próximo de grupos helenísticos de caráter mistérico.

Há outras discrepâncias que me chamam a atenção. Por exemplo, Mateus, na genealogia que abre o seu evangelho, diz que o pai de Jesus é José, que foi gerado por Jacó; Jacó por Matã, Matã por Eleazar (se me for permitida uma referência pessoal, de Eleazar deriva, por intermédio uma mediação provençal, o nome Augias). Lucas, pelo contrário (3,23 e sgs.), escreve que José era filho de Eli, Eli de Matat, Matat de Levi, Levi de Melqui, e assim por diante; Lucas atribui a Jesus 56 antepassados, a contar de Abraão; já Mateus menciona apenas 42, que são diferentes dos outros, sempre a contar de Abraão. Em resumo, vê-se que são notáveis também as diferenças que seriam bastante simples de controlar para o redator de um texto.

Há diversidade entre as duas ascendências porque nenhuma delas reflete uma realidade histórico-genealógica. Trata-se de construções ideológicas, tentativas de imaginar e reconstituir — da forma que parecia melhor aos autores — a posição de Jesus na história de Israel para lhe conferir um papel central. O tema das diferenças entre os evangelhos é fascinante; trata-se de entender as intenções que motivam essa diversidade.

Então: qual é a função das genealogias nos evangelhos de Mateus e Lucas?

Mateus e Lucas, colocando logo no começo uma genealogia que insere o protagonista no quadro da história bíblica, poderiam ter procurado legitimá-lo. Nesse caso, a função da listagem é fornecer uma espécie de mito de fundação, usando o conceito de "mito" não no sentido depreciativo, mas no antropológico. João, pelo contrário, não considerou necessário servir-se de uma genealogia para estabelecer a autoridade de Jesus. Afirmando que ele era a preexistente palavra de Deus feita carne, volta o seu olhar para outro aspecto, desinteressando-se completamente quer pelos antepassados, quer pelo nascimento virginal.

O que pensar, por outro lado, de Mateus, que inicia o seu texto com um capítulo de 17 versículos, todo dedicado a uma listagem de nomes que tem indício com as famosas palavras: "Genealogia de Jesus Cristo, filho de Davi, filho de Abraão (...)"?

Mateus vivia provavelmente no seio de grupos sociais em que vigorava um critério de legitimação pelo parentesco. De quem você é filho, de que família você vem? Isso define a sua identidade. Por conseguinte, considerava fundamental apresentar uma genealogia. Uma carta da escola paulistana, posterior ao Evangelho de Mateus, por outro lado, mostra-se contrária àquelas que ela define como "as genealogias intermináveis" (1 Tm 1, 4). As diferentes atitudes em relação ao critério genealógico dependem da diversidade de perspectivas. Para Mateus, Jesus tem autoridade porque descende de personagens da Bíblia aos quais Deus confiou o destino do povo hebreu e da humanidade. Se Jesus faz parte do plano de Deus, ele deve necessariamente pertencer a essa descendência. Para Paulo, a legitimidade de Jesus reside, pelo contrário, no fato de Deus tê-lo ressuscitado.

Voltaire se debruçou nos aspectos "biográficos" de Jesus. Até que ponto podemos compartilhar um "retrato" escrito na metade do século XVIII?

Voltaire não é, atualmente, muito estimado como crítico bíblico. Não pelo seu antissemitismo, que seria um motivo compreensível, mas sim de forma mais geral. Por outro lado, a sua função foi importante e positiva. O seu principal mérito se encontra em mostrar a diferença entre a doutrina de Jesus e a sucessiva estrutura institucional da Igreja. No que se refere a outros aspectos, a sua abordagem, pelo contrário, parece ultrapassada; a atual situação cultural está muito mudada há dois séculos. Hoje, não se pode dizer que Jesus pregou apenas sobre coisas que dizem respeito à moral. Certamente a sua mensagem era para o homem, e, portanto, a moral era o centro das suas preocupações. Entretanto, essa moral não era um código abstrato e medíocre de comportamento, mas a justiça na sociedade, a verdade nas relações pessoais, o fim da violência dos poucos sobre os muitos, o amor como princípio de comportamento individual e coletivo.

Voltaire via Jesus, sobretudo, como um pregador inspirado pela razão, e, portanto, os milagres e os aspectos sobrenaturais se tornavam secundários, porque inaceitáveis pela sua mentalidade. Na cultura contemporânea, pelo contrário, a visão racionalista do "Século das Luzes" está sob muitos aspectos, em crise; a atenção antropológica dada à diversidade leva a um interesse notadamente pelos aspectos sobrenaturais da vida de Jesus.

Feita toda a devida crítica aos entusiasmos racionalistas do Iluminismo, é necessário dizer que a contemporaneidade não proporciona aspectos melhores, dividida como está entre um desencanto dominado pelo dinheiro e uma miscelânea pseudorreligiosa que frequentemente se torna uma paródia do sagrado.

A atual tendência a aceitar de modo não crítico toda forma de concepção pseudometafísica ou irracional, a difusão de práticas religiosas que buscam um contato pessoal com forças sobrenaturais, alguns aspectos inferiores como a crença em técnicas divinatórias não devem levar a aceitar uma interpretação místico-irracional da figura de Jesus. Creio, pelo contrário, que o centro da sua mensagem era um ideal sociorreligioso de igualdade e amor, o desejo de transformar este mundo à luz da vontade de Deus. Aspectos certamente religiosos e morais, ao lado, entretanto, da dimensão mística, em que Jesus aparece como um homem que prega, tem visões e recebe revelações, busca continuamente uma relação especial com Deus.

Voltemos ao Evangelho de João e às suas curiosas "omissões".
Se tivéssemos apenas João e nem uma linha dos outros, nada saberíamos sobre as exigências radicais que Jesus dirigiu aos seus diminutos e íntimos discípulos, aos poucos que deviam compartilhar a sua condição de pregador itinerante. Ele lhes pede que abandonem família, mulher, filhos, trabalho, a própria casa, toda a propriedade, vendendo-a e dando o que arrecadam aos pobres (Mc 10,28-30,* por exemplo). Sobre essa exigência extrema, que caracterizava o modo radical da sua vida, não há menção no Evangelho de João. Segundo esse evangelho, pede-se ao discípulo apenas que siga a palavra do Mestre, que, em última instância, significa reconhecer a intimidade pessoal de Jesus com o Deus Pai, reconhecer que ele é a Verdade, o Caminho, a Luz, a Vida. De um ponto de vista sociológico, é como se a radicalidade da vida itinerante e a atenção particular para com os pobres e os deserdados fossem substituídas por um ideal muito mais centrado nos interesses familiares. De fato, o chamado "discípulo amado", que parece possuir uma casa — e poderia tratar-se de uma luxuosa residência em Jerusalém —, coloca-a à disposição de Maria quando Jesus lhe confia a mãe na véspera da morte. A imagem sociológica que recebemos é a de uma sociedade já organizada sobre uma base local, e isso — eis a questão — descreve exatamente a realidade dos seguidores de Jesus no final do século I e no início do século II, quando os pregadores itinerantes já não constituem um fator determinante.

O Jesus de João viaja muito na Judeia, menos na Galileia, ou seja, no norte da região de Israel.
O Evangelho de João, além de ser — poderia dizer exagerando — o evangelho da Judeia, é também um texto que, diferentemente

---

* Tratando-se do Evangelho de Marcos, é no versículo 21 do capítulo supracitado que se encontram as palavras de Jesus — nesse caso, não aos seus discípulos, mas a um homem que corre para ele — em relação especificamente a vender tudo que se tem e dar aos pobres. (N.T.)

dos de Mateus, Marcos e Lucas, interessa-se muito por Samaria, no centro da região de Israel. Isso faz com que João esclareça uma série de dados históricos, geográficos e religiosos ignorados pelos outros evangelistas, que, por sua vez, trazem informações omitidas em João.

Creio que a atração particular exercida por esse texto depende também do sentido de mistério que as suas palavras suscitam a partir da afirmação inicial: "E o Verbo se fez carne."*

Abrir com a afirmação de que no princípio era o Verbo, o *Logos*, a palavra de Deus — em hebraico poderíamos dizer *Davar*, palavra criadora —, reflete-se fortemente no texto inteiro. Todo o interesse de João é demonstrar que o *Logos* feito carne não é compreendido pelos homens. O *Logos* não tem fraquezas humanas. A própria crucificação, para João, não é uma humilhação, mas uma elevação, também o instrumento da vitória. Esse evangelho pertence provavelmente a um grupo que defendia a origem sobrenatural de Jesus, um grupo que, simplificando, era dividido em duas correntes com um intenso contraste recíproco. Uns defendiam que a humanidade de Jesus era uma aparência e que aparente era também a sua crucificação. Os outros, que Jesus era verdadeiramente um homem, embora não dessem grande importância às normais fraquezas e dificuldades humanas. O Evangelho de João pertence a esta última tendência.

O fato de Jesus ser a palavra criadora de Deus feita carne possui diferenças profundas em relação a Marcos também na instrução dos discípulos.

---

* Na realidade, a afirmação inicial do Evangelho de João é esta: "No princípio era o Verbo, e o Verbo estava junto de Deus e o Verbo era Deus" (1,1). Somente no capítulo 1, versículo 14, surge a afirmação mencionada acima: "E o Verbo se fez carne e habitou entre nós (...)." (N.T.)

Na última ceia, quando Jesus lava os pés dos discípulos, insiste-se no fato de eles, na realidade, já haverem sido purificados antes pela sua palavra. O fato de haverem assistido à sua pregação, por assim dizer, limpou-os, como se a palavra tivesse, por si só, um sobrenatural poder purificador. O Evangelho de João quase poderia ser chamado de texto "iniciático". O seu objetivo é provocar no adepto, no neófito, um renascimento que aconteça exatamente por meio de um rito de iniciação; o objetivo final é receber dentro de si o Espírito Santo. Isso, no entanto, não pode acontecer se não se tem uma ligação com Jesus, e, como ele já está morto há anos no momento em que o texto é redigido, trata-se não de uma ligação normal, entre pessoas, mas de uma relação de caráter misterioso, místico, expressa pelo próprio redator do texto com a parábola do ramo e da videira, como já dissemos.

Em 15,1-7, João escreve: "Eu sou a videira verdadeira, e meu Pai é o agricultor. Todo ramo que não der fruto em mim, ele o cortará; e podará todo o que der fruto, para que produza mais fruto. Vós já estais puros pela palavra que vos tenho anunciado. Permanecei em mim e eu permanecerei em vós. O ramo não pode dar fruto por si mesmo, se não permanecer na videira. Assim também vós: não podeis tampouco dar fruto, se não permanecerdes em mim. Eu sou a videira; vós, os ramos. Quem permanecer em mim e eu nele, esse dá muito fruto; porque sem mim nada podeis fazer. Se alguém não permanecer em mim será lançado fora, como o ramo. Ele secará e hão de ajuntá-lo e lançá-lo ao fogo, e queimar-se-á. Se permanecerdes em mim, e as minhas palavras permanecerem em vós, pedireis tudo o que quiserdes e vos será feito."

Esse trecho condensa, em certa medida, toda a filosofia, toda a religião do joanismo. O centro da iniciação joanista está na doutrina de Jesus "sem mim nada podeis fazer", mas, também, "para onde eu vou, vós não podeis ir" (Jo 13,33). O ideal indicado aos discípulos é amar os membros da comunidade a ponto de estarem prontos para dar a vida por eles. Deveriam abdicar das relações sociais normais, lavar os pés uns dos outros, tornarem-se realmente escravos para servir os outros. Um ideal impossível de se alcançar apenas com as energias humana; torna-se necessária uma força sobrenatural que se obtém por meio de uma integração na própria força de Cristo; discípulos que se nutrem dele próprio como o ramo se nutre do tronco da videira. Desse modo, o discípulo joanista se tornaria capaz de se sujeitar aos outros e realmente dar a vida por eles. Iria tornar-se manso como Jesus.

IV

JESUS POLÍTICO

Nos evangelhos, há frases que contradizem a imagem de um homem manso que veio trazer somente a paz. De acordo com Mateus, por exemplo, ele disse: "Não julgueis que vim trazer a paz à terra. Vim trazer não a paz, mas a espada."* Lucas (19,27) é ainda mais drástico, quando atribui a Jesus estas palavras: "Quanto aos que me odeiam, e que não me quiseram por rei, trazei-os e massacrai-os na minha presença." É a frases como estas que se referem os partidários da "guerra santa" e da luta armada contra os regimes injustos. Que peso atribuir a tais palavras e, sobretudo, às interpretações que elas originaram? Em que contexto inseri-las? É o que se procura analisar neste capítulo. Obviamente, é necessário começar pelo entendimento da palavra "política". No Ocidente, pelo menos há três séculos (mas poderíamos também dizer: "desde Maquiavel"), a política é uma atividade independente, separada, até mesmo no plano ético, de todas as outras manifestações e atividades humanas. Em outras épocas e em outras culturas, não é assim que tem acontecido. No mundo islâmico, por exemplo, nunca ocorreu nem conceitualmente nem na prática, uma separação entre religião e política, entre os pre-

---

* Mateus 10,34. (N.T.)

ceito divino e as leis do Estado, entre pecado e delito. Podemos dizer que, nessa questão, o islã se manteve "antigo", ou seja, não conheceu nem as revoluções nem o pensamento político liberal que se desenvolveu no Ocidente a partir do século XVIII. Quando se fala em "política", referindo-se a um judeu religioso do século I, é necessário portanto, primeiramente ponderar sobre o termo reportando-se ao seu significado no tempo e no lugar.

Há também outro cuidado metodológico a ser levado em consideração, relativo aos períodos em que os evangelhos foram escritos. Quando os redatores escrevem os seus textos, estamos nos anos em torno do final do século I. Os biblistas datam os textos de Lucas — o Evangelho e os Atos dos Apóstolos —, assim como o Evangelho de Mateus, por volta dos anos 80 e 90, todos inspirados no Evangelho de Marcos, o mais antigo. Para o evangelho chamado "de João", temos de ir ainda mais longe. Entretanto, cerca de vinte anos antes, ocorreu que, na Palestina, a oposição antirromana, há muito tempo estimulada pelas seitas extremistas e tendo como alvo os grandes sacerdotes favoráveis a Roma, eclodiu numa grande revolta. Em agosto de 66, os revoltosos se apoderaram de Jerusalém, massacraram a guarnição romana, mataram Anás e as mais altas hierarquias sacerdotais. Tito, filho do imperador Vespasiano e, mais tarde, também ele imperador (79-81), foi enviado para o Oriente, a fim de conter a revolta; em setembro de 70, conseguiu conquistar a "cidade santa", ordenando, cruelmente, que fosse saqueada e, em seguida, destruída, incluindo o Templo. O arco construído por ocasião do seu triunfo, ao retornar a Roma, contém, na parte lateral direita, a imagem dos legionários que retiram, com gesto repulsivo, o candelabro de sete braços. Estas informações sintéticas servem para compreendermos como era complicada a situação histórica e psicológica dos redatores dos evangelhos nos anos em que os textos foram escritos. Os evangelhos de Lucas e Mateus são, de fato, posteriores ao fim de Israel como entidade territorial e política.

Portanto, compreendemos melhor as invocações tão fortes, as parábolas e as palavras dirigidas à libertação e ao advento de um reino. É um contexto histórico em que o reino de Israel, que deveria materializar-se no fim do mundo, nunca chegou, assim como nunca apareceu um rei de Israel.

Faço uma comparação com certeza não apropriada filologicamente, mas talvez eficaz do ponto de vista emotivo: se alguém, em 1943, com a Itália ocupada pelos alemães, destruída pela guerra, com as suas instituições aos pedaços, dissesse: "Sonho com a restauração do reino da Itália", todos compreenderiam perfeitamente de que circunstâncias estava se falando, que esperança se buscava suscitar.

O Evangelho de Lucas se refere também a outro episódio, muito misterioso, do qual transparecem possíveis referências políticas. Diz o texto (22, 35-38): "'Quando vos mandei sem bolsa, sem mochila e sem calçado, faltou-vos porventura alguma coisa?' Eles responderam: 'Nada.' 'Mas agora', disse-lhes ele, 'aquele que tem uma bolsa, tome-a; aquele que tem uma mochila, tome-a igualmente; e aquele que não tiver uma espada, venda sua capa para comprar uma. Pois vos digo: é necessário que se cumpra em mim ainda este oráculo: E foi contado entre os malfeitores. Com efeito, aquilo que me diz respeito está próximo de se cumprir.' Eles replicaram: 'Senhor, eis aqui duas espadas.' 'Basta', respondeu ele." São palavras às quais não é fácil dar um significado, ainda mais por terem sido pronunciadas na dramática última noite, poucas horas antes de Jesus ser preso. Trata-se de uma metáfora? Ou tais espadas são, de fato, armas portadas por algum dos discípulos? Muitos biblistas defendem que a dificuldade e o amargor das épocas se resolvem com uma interpretação que, nos evangelhos, tende a privilegiar os aspectos espirituais da pregação de Jesus. No caso de essa hipótese ser verdadeira, a questão então que se coloca é se, assim fazendo, os redatores dos textos não terão traído a mensagem de Jesus. Ou se, pelo contrário, não tenham se afastado dele os que haviam insistido em dar-lhe uma interpretação política. Este capítulo procura responder a essa difícil questão.

Jesus foi algumas vezes descrito como um chefe político. Em que elementos se baseia essa hipótese?
Os evangelhos de Mateus e Lucas transmitem frases que exprimem o cerne da sua mensagem, evocam o conflito que ele pretende trazer ao mundo. Jesus vê que a realidade social do seu tempo contrasta com a vontade de Deus. O seu objetivo é declarar guerra a essa desordem para instaurar a justiça que Deus quer; resumindo, o seu reino. Para isso, ele veio a fim de atear fogo na Terra, portar a espada, criar divisão no seio das famílias. Esse conflito, que se manifesta numa batalha destruidora do adversário, tem como objetivo final a instauração da harmonia entre os homens. O conflito está subordinado à obtenção de uma paz geral na região de Israel. Na sua atitude conflituosa, Jesus não faz concessões, jamais renuncia à luta. Ele pode aceitar ser derrotado, mas não ameniza a sua estratégia. Na sua luta, existe a vitória ou a derrota, mas nunca a concessão. A vontade de Deus, como ele a entende, não é passível de mediação, não pode ser suavizada.

Trata-se de ver se Jesus utilizou, para alcançar esse seu objetivo, a força militar, as leis e as instituições públicas, isto é, aqueles instrumentos que, geralmente, definimos como "políticos". A minha resposta é negativa: ele não fez isso.

Portanto, podemos dizer que a mensagem de Jesus não tem um caráter exclusivamente espiritual, pois contém também, declarada ou latente, uma conotação política.
Antecipo que o significado atribuído à "religião", depois do liberalismo do século XIX, faz dela uma atividade separada e distinta

da política. Isso está profundamente entranhado na nossa cultura, mas se trata de uma distinção desconhecida pelo mundo antigo.

É uma distinção que ainda continua a ser ignorada pelo islã.
Dois aspectos diferenciam a mensagem de Jesus e a do Alcorão, sob esse ponto de vista. O primeiro é que Jesus não prevê como instrumento de luta o uso da força militar nem da força física em geral. O seu instrumento é a palavra, a decisão do indivíduo de mudar a própria vida. O Alcorão, pelo contrário, não tem dificuldade em incitar a difusão da sua verdade religiosa também com a força. O segundo é que Jesus previa o fim iminente deste mundo e esperava a instauração do reino de Deus não por meio de uma campanha político-militar nem mediante a conquista política do poder. A sua mensagem é substancialmente distinta da do posterior cristianismo, que, quanto a esse aspecto, não parece se diferenciar muito do islã. A diferença entre religião e política, que você mencionou, fruto do que houve de melhor no pensamento europeu, sobretudo no final do século XVIII, é estranha ao islã, mas é também estranha a grande parte do cristianismo.

No mundo antigo, essa distinção era dificilmente compreensível.
Em muitas culturas antigas, a adoração a Deus estava estreitamente ligada à união do povo, à sua sobrevivência. Isso se verifica tanto nas religiões helenístico-romanas quanto na judaica. Os grandes líderes religiosos como Jesus se ocupavam de todos os aspectos da vida individual e coletiva. Não teriam tido o enorme sucesso e os seguidores populares que tiveram se tivessem se ocupado apenas de questões espirituais. Portanto, a pregação e a ação de Jesus certamente também tiveram ressonâncias e consequências "políticas". Não se pode nem mesmo tentar uma análise se não se reconhecer, *a priori*, essa questão. De outro modo, estaríamos

modernizando indevidamente os textos e os fatos sobre os quais eles falam.

A menção de Mateus à espada (referida no início deste capítulo) é muito forte, acrescenta à personalidade de Jesus uma conotação em geral negligenciada, que contradiz a imagem estereotipada de um homem apenas "bom".

É uma metáfora forte porque concentra o foco no conflito que Jesus via entre a vontade de Deus, expressa pela lei religiosa judaica, e o comportamento efetivo dos homens. O seu objetivo era levar a vida dos homens à obediência à vontade divina. Uma finalidade que só se podia alcançar com uma declaração veemente, ou seja, criando um conflito com a realidade. A sua pregação só poderia ser bem-sucedida após uma agitação que ele queria a todo o custo, sem concessões. Apesar disso, ele é completamente alheio à ideia de impor a sua pregação com a força. Ele se dirige predominantemente a indivíduos, a pequenos grupos que o seguem voluntariamente, dispostos a mudar a própria vida, entrando, se for preciso, num conflito irremediável com os próprios ambientes de onde provêm.

Não se pode negar que isso também provoque consequências políticas.

Certamente, mas são consequências de caráter — poderíamos dizer — microscópico, ou seja, limitado aos âmbitos particulares em que o indivíduo age.

Seja como for, as agitações que esse tipo de pregação provocava, incluindo, diríamos hoje, as perturbações da ordem pública, acabavam por também possuir um caráter político.

Na verdade, também encontramos aspectos explicitamente políticos nas suas palavras. A própria ideia do reino de Deus implica uma agitação geral da sociedade. Provavelmente, ele tivesse em mente o ideal do "jubileu", uma espécie de utopia político-social, sobre a qual se fala na Bíblia hebraica (Lv 25,8 e sgs.). Trata-se de um projeto que consiste em fazer voltar, de 50 em 50 anos, todos os hebreus à igualdade inicial mediante a libertação dos escravos e o perdão das dívidas. O seu ideal, em todo caso, devia se realizar não com métodos do tipo militar ou político. Ele nunca almejou ter o poder em suas mãos, nem mesmo de forma indireta.

O seu irmão Tiago, entretanto, após a sua morte, irá tornar-se chefe da comunidade cristã de Jerusalém.

Pessoalmente, julgo que a ligação familiar desempenhara um papel determinante na ascensão de Tiago; segundo outros, pelo contrário, Tiago se tornou importante não porque era irmão de Jesus, mas apenas em virtude dos seus dons. O assunto é controverso. Também existe uma forte corrente de pensamento segundo a qual a completa ação de Jesus visava a uma revolução política, ou seja, rebelar o povo judeu contra os romanos. Nos anos 1950, um estudioso inglês, S. G. F. Brandon, autor de vários textos sobre o assunto, afirmou que os evangelhos, sob a influência de Paulo, não seriam outra coisa senão uma espiritualização da ação política de Jesus em favor dos judeus, da qual restaria algum sinal. Um dos mais consistentes seria o que transparece na última ceia, segundo o relato de Lucas.

Gostaria que ponderasse sobre a enigmática passagem, citada no início, na qual Lucas fala em duas espadas. Qual é o sentido dessas armas?

É uma passagem que tem intrigado os intérpretes mais capacitados. A explicação mais fácil é dizer que Jesus falava sobre espadas no sentido metafórico. O que é a espada? A espada é a palavra de

Deus. Jesus não convida os seus seguidores a se armarem com pistolas e com espingardas, no sentido de uma espada para cada um. Ele entende que cada um deva se armar com uma espada metafórica, ou seja, a palavra de Deus, que é uma espada com os dois gumes, capaz de separar, como diz a Carta aos Hebreus, a mente do espírito. A resposta dos discípulos que replicam "Senhor, eis aqui duas espadas" (Lc 22,38) deveria ser interpretada, pelo contrário, segundo o sistema usual: Jesus diz coisas espirituais, e os seguidores, que não estão à altura do seu ensinamento, interpretam-no da forma mais concreta. A frase final de Jesus — "Basta!" — seria, portanto, uma expressão de indignação para interromper um discurso sem sentido ou para condenar uma tendência político-militar que ele vê aflorar em alguns dos seus seguidores.

Abusando do recurso às "metáforas", consegue-se explicar qualquer coisa.
Na verdade, outros estudiosos rejeitam essa interpretação perguntando-se como, durante a última ceia, os discípulos levavam consigo espadas. A resposta é que as levavam porque, no movimento de Jesus, circulavam propósitos revolucionários. Segundo outros, também é possível interpretar a passagem de forma até mesmo extravagante, dando àquele "Basta!" o significado de que duas espadas bastavam, eram suficientes.

Qual dessas possíveis e tão diferentes interpretações lhe parece mais convincente?
Parece-me provável que aquelas espadas realmente estiveram lá. A ênfase é posta na frase "É necessário que se cumpra em mim ainda este oráculo: 'E foi contado entre os malfeitores'" (Lc 22,37). O próprio Lucas, que sobre os eventos havia apenas recolhido informações (é o único a registrar essa passagem), menciona a circunstância de os discípulos portarem duas espadas, porque, evi-

dentemente, considera-a fidedigna. Mas ele quer lhe dar um significado não político e tenta colocar na boca de Jesus uma explicação: vocês estão carregando espadas para resistir à prisão por parte dos romanos, mas, agindo assim, estarão errando. Tudo, afinal, já havia sido previsto pelas Escrituras nas palavras "E foi contado entre os malfeitores". Vocês, também, usando as espadas, comportar-se-ão como malfeitores. É como se Lucas quisesse atenuar a presença vergonhosa de armas na sala da última ceia.

O círculo mais íntimo dos discípulos em torno de Jesus é geralmente apresentado, como uma comunidade ideologicamente unida. Talvez as coisas não fossem exatamente assim.

Alguns pesquisadores, entre os quais o célebre estudioso protestante Oscar Cullmann, têm insistido no fato de que, no grupo dos discípulos, nem todos pensavam da mesma forma e que cada um tinha razões diferentes para seguir Jesus. O grupo se mantinha unido porque cada discípulo tinha uma relação direta com Jesus, não porque todos compartilhassem a mesma ideologia. É provável que os autores dos evangelhos de Marcos, Lucas e Mateus, que não haviam conhecido Jesus pessoalmente, houvessem imaginado o grupo como um conjunto de discípulos em torno do mestre de uma escola filosófica, onde todos estavam unidos por concordarem com o seu ensinamento. Mais provavelmente, devemos pensar num grupo de seguidores de tendências diversas, reunidos em torno de um líder. Isto pode explicar o motivo pelo qual havia entre eles também quem entendesse o advento do reino de Deus como uma revolta armada antirromana.

Essa interpretação encontra seu caráter plausível na experiência comum a todo grupo humano, seja movido pela fé, seja por uma ideologia política, seja por qualquer interesse comum.

Chegou-se até mesmo a se levantar a hipótese de que, entre aqueles que visavam provocar uma revolta antirromana, estivesse Judas, e que a sua "traição" estivesse ligada à sua desilusão com o progressivo enfraquecimento do aspecto político na missão de Jesus. Quando Judas percebe que o Mestre está prestes a se entregar, escolhendo um caminho não político, não apenas o abandona, mas também age de modo a entregá-lo aos seus inimigos; julga que fora *ele* quem faltou ao seu dever, que, em certo sentido, *ele* havia traído. Confesso que uma visão que atribua aspectos políticos não ao próprio Jesus, mas a uma parte dos discípulos, parece-me uma tentativa de fugir da pergunta sobre qual era o verdadeiro objetivo da ação de Jesus.

Leio outro famoso episódio, também relatado por Lucas (19,37-40):* "Quando já se ia aproximando da descida do Monte das Oliveiras, toda a multidão dos discípulos, tomada de alegria, começou a louvar a Deus em altas vozes, por todas as maravilhas que tinha visto. E dizia: Bendito o rei que vem em nome do Senhor! Paz no céu e glória no mais alto dos céus! Neste momento, alguns fariseus interpelaram a Jesus no meio da multidão: Mestre, repreende os teus discípulos."

Aqui estamos diante de uma expectativa política: Jesus é visto como um rei. Os discípulos gritam: "Bendito o rei que vem em nome do Senhor!"; na verdade, nos Atos dos Apóstolos, também atribuídos ao próprio Lucas, quando Jesus, já ressuscitado, está milagrosamente subindo ao céu, os discípulos dizem: "Senhor, é porventura agora que ides instaurar o reino de Israel?" (Atos, 1,6) Parece-me inegável que a expectativa do reino de Deus seja, ao

---

* O episódio mencionado se encontra, na realidade, nos versículos de 37 a 39. (N.T.)

mesmo tempo, a expectativa do reino político de Israel e que, seja como for, alguns dos seus discípulos acreditem que ele possa ser o rei de Israel. O interesse político é, mais uma vez, dificilmente separável do religioso. Se aprofundarmos a pesquisa, penetrando no imaginário religioso judaico, encontramos um trecho perturbador. Trata-se do capítulo 40 do Livro de Isaías. O seu caráter extraordinário vem do uso que primeiramente João Batista e, depois, o próprio Jesus fizeram dos seus versículos.

O Livro de Isaías faz parte dos livros proféticos contidos na Bíblia hebraica; o capítulo 40 começa assim: "Consolai, consolai meu povo, diz vosso Deus. Animai Jerusalém, dizei-lhe bem alto que suas lidas estão terminadas, que sua falta está expiada, que recebeu, da mão do Senhor, pena dupla por todos os seus pecados." Que significado pode ter este trecho, além do seu significado evidente?

Jerusalém, ou seja, Israel, foi punido o suficiente. Terminada a escravidão, chega o momento da sua libertação. De que modo ela começa? "Uma voz clama: Abri no deserto um caminho para o Senhor, traçai reta na estepe uma pista para nosso Deus." Essa é exatamente a passagem de Isaías citada por João Batista, mestre de Jesus. Portanto, seja João Batista, seja Jesus esperavam o fim deste mundo e o advento de um mundo novo, que seria iniciado com a libertação de Israel.

Por obra de quem? Se nos limitarmos aos aspectos espirituais, é claro que devemos considerar os dons a capacidade, a coragem de cada um para conquistar a própria salvação. Se passarmos para o plano político, porém, entram em jogo aspectos diferentes; estamos na historiografia. Mas, havendo Isaías profetizado muitos séculos antes de Jesus, a que restauração podia se referir?

Uma corrente de estudiosos defende que o Livro de Isaías* é o início de um livro chamado *O Segundo Isaías*, ou *Dêutero-Isaías*, ou *Livro da Consolação de Israel* (ou apenas *Livro da Consolação*). Teria ficado apenso às partes precedentes numa época não datável com exatidão. Portanto, não podemos situar esses oráculos numa situação histórica precisa. O objetivo é consolar o povo de Israel pela autonomia política perdida, prenunciando uma libertação futura. Na liturgia das sinagogas judaicas, esses textos eram desistoricizados, e o versículo profético surgia colocado como comentário ou integração de outros trechos retirados da Torá. Portanto, é normal que um judeu religioso, como era Jesus, não se importasse muito com o eventual contexto histórico daquelas profecias, concentrando-se, pelo contrário, no seu significado geral. Numa situação de submissão política, Deus prometia, por intermédio do profeta, uma libertação mais ou menos definitiva. A questão é que tanto João Batista quanto Jesus são judeus religiosos, impregnados dos sonhos proféticos da Bíblia. Quando falam sobre o reino de Deus, falam sobre um reino de Israel, sobre uma restauração de Israel, porque o reino de Israel e a restauração de Israel coincidem. Quando Deus reinar, Israel também se converterá verdadeiramente a Ele, e, provavelmente, irão converter-se todos os povos, e não só os judeus. É um sonho que, de certa forma, diz respeito a toda a humanidade, embora baseado etnicamente (diríamos hoje) em Jerusalém como centro do mundo. O verdadeiro Deus é o Deus dos judeus, e a conversão de todos os povos é, sim, a conversão ao verdadeiro

---

* Trata-se, na verdade, dos capítulos 40 e sgs. O Livro de Isaías contém ditos de outros dois profetas, os quais, por não terem os seus nomes conhecidos, são chamados de Segundo Isaías ou Dêutero-Isaías (capítulos 40 a 55) e Trito-Isaías (capítulos 56 a 66). Em virtude dessa distinção, o Isaías propriamente dito (autor dos capítulos 1 a 39) passou a ser chamado de Proto-Isaías. (N.T.)

Deus, mas é, de certa forma, a submissão a Israel. Parece-me difícil não atribuir a João Batista e a Jesus essa imaginação.

João Batista e Jesus imaginavam, portanto, o advento do reino de Israel de forma política, talvez empregando até mesmo os meios normais utilizados pelos homens que fazem política.

Jesus é uma figura gigantesca, na qual convivem os diversos aspectos do imaginário religioso da tradição judaica. Há uma atenção excessiva para com a injustiça que ele vê à sua volta, para com a profunda imoralidade dos indivíduos e da sociedade no seu conjunto. Ele prenuncia a erradicação desses males por meio da ação de Deus. E se, na verdade, Deus finalmente intervier no mundo, a fim de introduzir o bem, será necessariamente forçado a esmagar os seus inimigos para, de uma vez por todas, pôr fim à desordem e à ignomínia da história precedente.

Todos os profetas, incluindo aqueles, por assim dizer, da política, nas suas afirmações ou nos seus textos, compartilham essa dupla visão: por um lado, a afirmação do bem; portanto, valores positivos, como a caridade, a tolerância, até mesmo o amor; por outro, a força, até mesmo a violência dos instrumentos e dos métodos com os quais ela se deve afirmar adequadamente, vencendo as resistências e, quando necessário, até mesmo uma visão diferente do próprio bem, impondo-se definitivamente.

Não só no Evangelho de Lucas mas também em outros textos transparece essa propensão a uma interpretação tendencialmente política das esperanças de Jesus e dos seus discípulos. No próprio Evangelho de João (1,49), Natanael,* um dos seus primeiros seguidores, diz: "Mestre, tu és o Filho de Deus, tu és o rei de Israel." Contudo, quando os evangelhos foram escritos, a provável

---

* Trata-se do discípulo a quem os outros evangelistas chamam de Bartolomeu. (N.T.)

preocupação fundamental era modificar e combater a tendência, ainda existente, a uma interpretação político-judaica da sua figura. No Evangelho de Lucas, aparecem as frases comoventes segundo as quais "(...) o Reino de Deus já está no meio de vós" (17,21). São palavras que retiram o "reino" da dimensão temporal e política. O reino de Deus se realiza sobretudo no íntimo de cada homem. Encontramos a mesma tendência no Evangelho de João. No capítulo 6, depois do discurso na sinagoga de Cafarnaum, na Páscoa, alguns procuram Jesus para torná-lo rei, e ele foge. João também enxerga essa tendência política e tenta corrigi-la.

Quando os evangelistas procuram despolitizar as palavras, traem Jesus ou, pelo contrário, respeitam a sua mensagem? Se a resposta for esta última, talvez o traíssem aqueles que lhe davam uma interpretação política?

A figura de Jesus engloba esses dois aspectos. Não podemos separar a expectativa social, de certa forma político-religiosa, de Jesus da importância que ele atribuiu à conversão interior, íntima, pessoal, mística de cada homem individualmente. Jesus é, ao mesmo tempo, um místico e um grande sonhador religioso, que procura colocar a justiça no centro do mundo.

V

É MAIS FÁCIL UM CAMELO...

Podemos considerar Jesus um agitador social? Ele é um homem que procura eliminar dos indivíduos a tendência à facilidade da vida, à evasão dos compromissos e dos deveres que sabemos serem o verdadeiro estorvo que cada um carrega consigo. Se você fizer isso com uma única pessoa, será um confessor, um amigo, um confidente. Se o fizer na presença de discípulos ou, melhor ainda, publicamente, perante as multidões, então você será um agitador social. Torna-se um agitador social apesar das suas intenções, é um agitador social nos fatos e de fato. Jesus procura convencer os homens e as mulheres que encontra a se comportarem de certa forma, pretendendo assim provocar uma mudança social coletiva em série.

É um aspecto de enorme atualidade, que dá início a uma questão mais ampla e debatida há muito tempo: se o cristianismo respeitou o seu ensinamento. O retorno a Deus, assim como Jesus o expressa, deveria se originar de um movimento interior de seres humanos tocados pela graça. O cristianismo, na sua aplicação prática, hierárquica, institucionalizada, respeitou esse preceito? Há quem tenha respondido — com um remoque que às vezes adquire o amargo sabor da verdade — que, se Cristo retornasse à

Terra, não reconheceria as Igrejas que pretendem agir em seu nome. São perguntas que, mais uma vez, dão início ao eterno dilema dos instrumentos usados para se alcançar um objetivo, ainda que seja benéfico. No seu ódio anticristão, muito exacerbado, mas muito lúcido, escreve Friedrich Nietzsche, na obra *O anticristo*: "Em [São] Paulo, encarna-se o tipo oposto ao 'bom núncio', o gênio em termos de ódio, de inexorável lógica do ódio! (...) Seu desejo era o poder; em Paulo, o padre novamente quis chegar ao poder; só podia servir-se de conceitos, ensinamentos e símbolos que tiranizam as massas e formam rebanhos." Paulo é o primeiro que começa a pregar aos gentios (os não judeus) violando o preceito de Jesus que pretendia dedicar a sua palavra apenas "às ovelhas perdidas da casa de Israel".* Foi Paulo, o fariseu, o primeiro a se afastar dele?

Há quem considere que Jesus esteja completamente reprimido sob a imponente superestrutura elaborada ao longo dos séculos, tanto que toda tentativa de reencontrar a sua verdadeira mensagem estaria destinada ao imediato fracasso. Seja como for, sabemos com suficiente exatidão que ele respeitava a Lei (a Torá) e que pretendia cumpri-la a seu modo; e que para isso não hesitou em se confrontar com as hierarquias religiosas e com os lugares-comuns mais consolidados. O estudioso John Dominic Crossan, em seu *Jesus: uma biografia revolucionária*, registra vários aspectos desse seu *modus operandi*. No Evangelho de Tomé (55), Jesus diz: "Quem não odiar seu pai e sua mãe não pode ser meu discípulo. E quem não odiar seus irmãos e suas irmãs não será digno de mim." Em Lucas 12,51-53, lemos: "Julgais que vim trazer paz à terra? Não, digo-vos, mas a separação. Pois de agora em diante haverá numa mesma casa cinco pessoas divididas, três contra duas, e duas contra três; estarão divididos: o pai contra o filho, e o filho contra

---
* Mateus 15,24. (N.T.)

o pai; a mãe contra a filha, e a filha contra a mãe; a sogra contra a nora, e a nora contra a sogra." Mateus, que registra essas frases quase literalmente, acrescenta (10,36): "E os inimigos do homem serão as pessoas de sua própria casa." Em toda sociedade, em particular na sociedade mediterrânea, a família é o lugar privilegiado dos afetos (e dos interesses), mas também o primeiro núcleo da coletividade.

Qual é, então, o sentido de difundir nas aldeias frases bombásticas como essas? Os possíveis exemplos de palavras ou ações empiricamente políticas são muitos. A atitude de Jesus em favor dos pobres e dos fracos está incluída aí. "Felizes os pobres, porque vosso é o reino dos Céus" (Evangelho de Tomé, 54); "Bem-aventurados vós que sois pobres, porque vosso é o Reino de Deus!" (Lc 6,20); "Bem-aventurados os que têm um coração de pobre, porque deles é o Reino dos céus!" (Mt 5,3). As fontes são concordes, mas de que pobres ele fala? Em grego, "pobre" é *penes*, enquanto a palavra usada nos evangelhos é *ptochòs*, que não significa pessoa de pouca condição ou humilde, mas "desamparado", aquele que nada possui. O pobre de que se fala é aquele que tem de pelejar para conseguir uma refeição. É o mendigo, o andarilho, o miserável, aquele que não tem casa nem comida. Por que Jesus teria se dirigido a esses *ptochòi*? Talvez, antecipando o romantismo, por ilusão ingênua, idealizada, pelo fascínio da pobreza? Ou será que ele quis apontar nos *ptochòi* o fruto da injustiça social, as diferenças humanas que o "sistema" (como diríamos hoje) rejeita e expulsa? E não é essa uma típica ação política?

Vejamos outro aspecto dessa sua ação profundamente reformadora: o que ele diz, e faz, a respeito das crianças. No Evangelho de Marcos (10,13-14), está empenhado numa ação exemplar: "Apresentaram-lhe então crianças para que as tocasse; mas os discípulos repreendiam os que as apresentavam. Vendo-o, Jesus indignou-se e disse-lhes: 'Deixai vir a mim os pequeninos e não os impeçais, porque o Reino de Deus é daqueles que se lhes assemelham.'" Não se pode avaliar a força dessas palavras sem se levar em conta que as crianças, numa sociedade camponesa primitiva, não eram nada; eram não pessoas, assim como os miseráveis. Uma criança não tinha sequer o direito à vida. Se o pai não aceitava um filho como membro da família, podia muito bem abandoná-lo na rua e deixá-lo morrer ou cedê-lo como escravo a qualquer um.

Mais um exemplo, ainda sobre esse mesmo tema, pode ser encontrado recorrendo à famosa parábola do homem (ou do rei, segundo alguns) que, havendo preparado um banquete, manda um servo chamar os amigos. Entretanto, todos os convidados, por uma razão ou por outra, rejeitam o convite. Então, o homem diz ao servo: "Vai pelos caminhos e traze os que encontrarem, para que venham ao meu banquete; mas os compradores e os negociantes não encontrarão nos lugares do meu Pai" (Evangelho de Tomé, 64). Essa parábola está repleta de um radicalismo igualitário que não hesitaria em chamar do tipo comunista, talvez daquela qualidade particular de comunismo que, no Estado de Israel dos pioneiros, imediatamente antes e depois de 1948, praticou-se nas fazendas coletivas chamadas de *kibutzim*. Naquela comensalidade igualitária, em que os pobres e os ricos, os sadios e os doentes, reunidos ao acaso pela rua, sentam-se uns juntos dos outros e compartilham o mesmo pão, existe um desafio social tão forte que se torna quase ameaçador.

Temos, portanto, um Jesus que é um agitador social?
Agitador? Não. Por que o define como agitador?

Porque abala as consciências. Quem quer que vá por aí exortando as pessoas, procurando retirá-las da sua apatia, afastá-las do Mal, ou seja como for que queiramos definir os muitos aspectos negativos da natureza humana, é, de fato, um agitador social.
No Evangelho de Mateus, há dois aspectos que, na minha opinião, têm boas possibilidades de refletir a verdadeira orientação

de Jesus. Sobre um deles já falamos anteriormente, enfatizando que Jesus, no *Pai-Nosso*, diz, a certa altura, "perdoai-nos as nossas ofensas, assim como nós perdoamos aos que nos ofenderam" (Mt 6,12). Esboça-se uma espécie de perdão em série: eu perdoo a ti, e Deus me perdoa a mim, porque eu te perdoei, mas tu também deves perdoar ao teu próximo. Uma boa ilustração desse aspecto é a famosa parábola do servo a quem o patrão perdoa uma grande dívida. O servo, assim gratificado, encontra depois outro escravo que lhe deve uma pequena quantia e quer colocá-lo no trabalho forçado para que pague a sua dívida. Então o patrão põe o servo impiedoso no trabalho forçado. Aqui parece que Jesus imaginava uma espécie de revolução social, realizável, entretanto, apenas por meio do empenho do indivíduo. O segundo aspecto é que, nesse mecanismo de perdão em série, está implícito um grande projeto de renovação de toda a sociedade de Israel, e, na realidade, aqui se configura um verdadeiro e próprio projeto político. De qualquer maneira, trate-se da atitude de um indivíduo ou de um próprio projeto utópico geral, ele tenta alcançar esses objetivos sem organizar grupos de pressão, nem com denúncias públicas aos detentores do poder, nem com a ameaça de deslocar clientelas de um grupo político desfavorável para outro mais disposto a acolher o seu projeto.

Daí eu deveria deduzir que o cristianismo não respeitou esse preceito cada vez que, tornado religião do Estado, procurou defender os seus princípios — por exemplo, sobre o casamento, a procriação, a vida sexual — por meio de leis "cristãs" do Estado?
A sua pergunta remete à grande questão sobre se o cristianismo foi uma evolução legítima do pensamento de Jesus ou se avançou tanto que deixou de ser legítimo ou, até mesmo, em alguns casos, tornou-se uma recusa àqueles mesmos princípios. Creio que se

possa dizer que Jesus se serviu para o seu objetivo de estruturas sociais que hoje poderíamos definir como "associações voluntárias". Jesus não apelou aos núcleos familiares, domésticos, nem às sinagogas ou ao Templo. Criou um grupo de pessoas numa posição, por assim dizer, intersticial entre a organização familiar de base, as estruturas religiosas, as instituições públicas. O estudioso norte-americano Jonathan Z. Smith defendeu que algumas religiões da Antiguidade Tardia — digamos do tempo de Alexandre, o Grande, até os séculos VI ou VII — se caracterizaram por não serem nem religiões domésticas nem religiões do templo; elas são, antes, "religiões de onde quer que seja" (em inglês, religiões do *anywhere*). O seu núcleo não coincide com um lugar fixo. Quando o cristianismo tende a se tornar uma religião doméstica ou das instituições, perde a característica inicial que Jesus lhe conferira. Ele não é um fundador de sociedades, como será Maomé, nem se defronta com todos os problemas da sociedade; apenas determina questões por meio das quais a sociedade num todo pode ser repensada e, talvez, reorganizada. Quando os seus seguidores começaram a falar para os gentios, tiveram, por exemplo, de idealizar uma pregação sobre o monoteísmo, de que Jesus, com certeza, não tinha necessidade, pois ele falava para pessoas já monoteístas. Afastando-se do judaísmo originário, o cristianismo se viu obrigado a enfrentar problemas que Jesus não tinha.

Correndo todos os relativos riscos espirituais e sociais.
Certamente, o primeiro deles foi se transformar ou numa religião identificada com a estrutura social de base, isto é, a família, incluídas as lógicas de coação social que as ligações de parentesco comportam, ou numa religião que exprime simbolicamente as instituições. Em ambos os casos, perdendo o elemento fundamental: ser uma mensagem intersticial que procura derrubar as atitudes sociais costumeiras para adaptá-las à vontade de Deus.

Tento, desse modo, explicar a mim mesmo por que razão tantas vezes, talvez demasiadamente, as Igrejas cristãs têm procurado realizar a própria mensagem se servindo daquelas instituições políticas a que Jesus nunca havia recorrido. É uma diferença fundamental, uma descontinuidade, eu diria. Se quisermos, é uma traição do cristianismo em relação a Jesus.

Há uma ampla corrente de estudiosos que defende que retirar das ações de Jesus aquilo que é radicalmente subversivo, socialmente revolucionário e politicamente perigoso significa tornar incompreensíveis tanto a sua vida quanto a sua morte. Uma dessas linhas de ruptura passa pelo interior da família, corre ao longo da linha das gerações: filho contra pai, filha e esposa contra mãe e sogra.

Jesus sabia muito bem que, na base da sociedade do seu tempo e do seu país, estava o núcleo doméstico, isto é, o centro das atividades laborativas, constituído pelo pai e por toda a sua família e as famílias dos filhos, os escravos, a casa e os terrenos onde o trabalho se desenvolvia. Ele havia compreendido que uma revolução social profunda deveria investir sobretudo nessas realidades de base. Enquanto permanecessem os contrastes econômicos entre os núcleos domésticos e as alianças políticas entre eles para defender os próprios interesses contra outros, não haveria nenhuma possibilidade de mudança.

A partir dos estudos de uma antropóloga italiana, Adriana Destro, torna-se claro que os discípulos próximos de Jesus eram os membros da geração mais jovem, intermediária, pessoas criativas, mais acostumadas às mobilidades social e religiosa. Jesus queria afastar essas pessoas da lógica dos restritos interesses familiares. Ele obrigava os seus discípulos a abandonar a mulher e os filhos, o trabalho, induzia-os a vender tudo que possuíam para se tornarem pobres, afastando-os, assim, das lógicas do interesse oposto das famílias e dos grupos político-econômicos.

Quais eram as motivações para essas exigências tão radicais?
Jesus esperava o advento iminente do reino de Deus, que daria início a um período de justiça, igualdade, bem-estar e paz não apenas entre os homens mas também com a própria natureza, com os animais. Essa espera permeava o grande sonho utópico do "jubileu", de que já falei anteriormente. O reino de Deus tinha de ser instaurado pelo próprio Deus, certamente não com uma ação militar, pois não possuía uma natureza política. Apesar disso, o conteúdo político da mensagem sobre o reino de Deus permanecia enorme. O anúncio do reino, o projeto de uma revolução radical, contém um juízo severo sobre a injustiça e sobre a desordem existentes. Se não era política nos métodos, a mensagem de Jesus se tornava política nos conteúdos e nas consequências indiretas.

Uma das inovações profundas da sua mensagem naquela sociedade oligárquica (mas já existiram sociedades não oligárquicas?) é a atenção para com os humildes e os pobres. Não se tornava também essa uma mensagem fortemente política?
Outra forma, quase oposta à anterior, com que Jesus procurava derrubar a lógica egoísta dos núcleos domésticos estava na obrigação de se praticar uma hospitalidade sem retribuição. Jesus queria que as famílias hospedassem os deserdados, os que em grego se chamam, como dissemos, *ptochòi*, e também os doentes graves, reconfigurando, desse modo, radicalmente, a vida familiar. O seu sonho utópico era uma sociedade de iguais, em que se praticassem a justiça e o amor recíproco. Mas a sua atenção para com os pobres não tem nada de romântico. Não se trata da atitude típica de certas elites que exaltam a vida simples. Jesus sabe que a

doença e a extrema pobreza são terríveis, que devem ser combatidas e eliminadas; ele tenta fazê-lo como pode.

O anúncio do reino de Deus é para ele, em primeiro lugar, um anúncio de libertação para os escravos, os pobres, os doentes. Nesse anúncio da "boa-nova" aos pobres, ele se revela essencialmente político, denuncia a injustiça existente e propõe uma nova ordem. Entretanto, não é político nos métodos, insisto. Jesus não é um homem político, nem nunca o foram os grupos dos seus primeiros discípulos.

Continuando nesta divagação pelas categorias e condições humanas investidas pela sua mensagem, o que Jesus fala sobre os miseráveis pode ser estendido às crianças, como já comentamos. Também na revalorização da condição infantil ele se mostra político, ou seja, atua sobre o costume público, faz-se subversor.

As crianças representam um dos aspectos mais importantes da sua ação, tanto que, nos evangelhos, elas são frequentemente apresentadas como um modelo que o crédulo deve imitar, por exemplo, para poder entrar no reino de Deus: "Em verdade vos digo: todo o que não receber o Reino de Deus com a mentalidade de uma criança, nele não entrará". Isso é dito por Marcos (10,15), mas também Mateus o repete e de modo ainda mais solene (18,1-5): "Neste momento os discípulos aproximaram-se de Jesus e perguntaram-lhe: 'Quem é o maior no Reino dos céus?' Jesus chamou uma criancinha, colocou-a no meio deles e disse: 'Em verdade vos declaro: se não vos transformardes e vos tornardes como criancinhas, não entrareis no Reino dos céus. Aquele que se fizer humilde como esta criança será maior no Reino dos céus. E o que recebe em meu nome a um menino como este, é a mim que recebe.'" Jesus aqui até mesmo se identifica com as crianças. A revelação de Deus é concedida àqueles que são como crianças (Mt 11,25): "Eu te bendigo, Pai, Senhor do céu e da terra, porque escondeste estas coisas aos sábios e entendidos e as revelaste aos pequenos." E o dito número 4 do Evangelho de Tomé insiste no fato de que quem é criança possui uma compreensão religiosa muito maior do que quem é idoso: "Jesus disse: 'O homem idoso perguntará, nos seus dias, a uma criança de sete dias pelo lugar da vida.'"

Que tipo de mensagem é a que ele envia por intermédio das crianças?

Assim como em relação aos miseráveis, também em relação às crianças ele não tem uma visão idílica, idealizada, da sua realidade. As crianças das classes sociais mais humildes são expostas à exploração, vivem pelas ruas, são enfadonhas, talvez até mesmo perigosas. No entanto, é preciso se tornar como elas, porque o reino pertence aos últimos. Justamente por isso, ele se sente como os pequeninos; queria que os seus discípulos organizassem comunidades não para se tornarem grandes e poderosos, mas para conservarem a posição que as crianças deserdadas, os filhos das ruas, têm na sociedade. Deus revela a sua mensagem não aos ricos sapientes, mas àqueles pequenos que esperam ardentemente uma redenção concreta, o restabelecimento de uma justiça elementar.

Essa, porém, é apenas a situação social implícita; não devemos forçar os evangelhos, submetendo-os à nossa visão sociopolítica. Na realidade, a famosa repreensão de Jesus aos discípulos que procuravam não o incomodar, por causa das crianças, não deve ser interpretada como se se tratasse de bandos de crianças de rua abandonadas e ameaçadoras. São, pelo contrário, os próprios pais que levam a Jesus os seus filhos para que ele os abençoe ou os cure (Mt 19,13; Mc 10,13; Lc 18,15). Aliás, segundo Marcos (5,35-42), Jesus realiza um dos seus milagres mais extraordinários justamente ressuscitando a filha pequena de um homem que realmente não era pobre, um chefe da sinagoga.

Sabemos quanto contam as diferenças, o status, os títulos, quando se trata de se sentar à mesma mesa. Jesus, na famosa parábola do servo que não consegue encontrar comensais para o seu senhor e recebe a ordem de convidar qualquer um, abole toda hierarquia, e, quando se começa assim, pode-se muito bem chegar a invocar também a abolição de outras hierarquias para a criação de uma comunidade de crédulos iguais.

A parábola do banquete chegou até nós em três versões diferentes: a do Evangelho de Tomé (64), a do Evangelho de Lucas (14,16-24) e a do Evangelho de Mateus (22,2-14). A versão de Mateus é uma reelaboração muito distante da parábola original de Jesus. Para ele, trata-se de um banquete que um rei organiza para as núpcias do seu filho. Quando "tudo está pronto", ele manda os mesmo seus escravos avisarem os convidados. Estes, porém, recusam e até matam os próprios escravos. Portanto, o rei organiza uma expedição punitiva, e o seu exército destrói a cidade dos convidados assassinos. No regresso do exército, o banquete — de forma completamente inverossímil — ainda está pronto (22,8); então, são convidadas quaisquer pessoas, boas e más, encontradas nas encruzilhadas. Quando todos entram, o rei vai ver como estão as coisas e repara que um dos convidados não tem a veste nupcial; manda, então, que lhe atem os pés e as mãos e o expulsa. Esse é um bom exemplo de como, às vezes, os evangelhos reelaboraram profundamente e, nesse caso, até mesmo desvirtuaram as palavras de Jesus. Mateus transformou a parábola de Jesus, que falava de um homem rico que oferece um jantar aos seus conhecidos, num grande banquete para as núpcias do filho de um rei. A parábola se torna, portanto, metáfora do fato de Deus ter enviado o seu filho e muitos não apenas terem recusado a sua mensagem, mas também terem matado os seus enviados (talvez Mateus pensasse no assassinato de Estêvão e Tiago, muitos anos depois da morte de Jesus). Portanto, Deus, por vingança, destrói a cidade de Jerusalém no ano 70. Mateus também acrescenta a terrível cena do convidado sem a veste nupcial, querendo fazer os cristãos compreenderem que eles também serão julgados com extrema austeridade se não se comportarem de modo coerente com a própria fé. A veste nupcial é a metáfora de uma conduta digna da conversão.

No Evangelho de Lucas temos, pelo contrário, uma versão mais próxima da de Jesus. Ele teria pronunciado essa parábola com o objetivo de mostrar como se deve praticar a hospitalidade nos núcleos domésticos. "Quando deres alguma ceia, não convides os teus amigos, nem teus irmãos, nem os parentes, nem os vizinhos ricos. Porque, por sua vez, eles te convidarão e assim te retribuirão. Mas, quando deres uma ceia, convida os pobres, os aleijados, os coxos e os cegos. Serás feliz porque eles não têm com que te retribuir, mas ser-te-á retribuído na ressurreição dos justos" (Lc 14,12-14). O projeto de Jesus, como vimos, era transformar radicalmente a vida das famílias. Uma nova prática da hospitalidade era para ele um dos principais meios de ação visando a esse fim. As casas das pessoas ricas deviam se abrir para os deserdados; era preciso deixar de convidar os mais ricos para deles receber em troca um benefício qualquer. Na parábola, ocorre que um homem rico se vê esnobado pelos seus convidados, que preferem ficar cuidando dos próprios interesses. É como se dissessem: ir à sua casa não me proporciona nenhuma vantagem. É só nesse momento que o dono da casa muda de estratégia (Lc 14,21): "Sai, sem demora, pelas praças e pelas ruas da cidade e introduz aqui os pobres, os aleijados, os cegos e os coxos." Já não se fala em expedição militar, destruição de Jerusalém e veste nupcial obrigatória para os convidados.

Às vezes, essa parábola é lida de forma metafórica. Pensa-se que os convidados ricos representam pessoas "de bem", mas que não acreditam em Jesus, enquanto os pobres seriam os pecadores que, contudo, aceitam a sua mensagem de conversão.

Detesto essas transformações indevidas da mensagem de Jesus. A exegese atenta da mensagem do Evangelho de Lucas mostra que Jesus tinha um enorme interesse em restabelecer a justiça em favor dos mais pobres. A prática da hospitalidade devia se direcionar às necessidades deles. Mas Jesus, como já foi dito, não tinha uma visão idílica da pobreza. A extrema privação torna os homens rancorosos e malvados. Também os pobres, segundo ele, precisavam se converter, embora estando muito mais preparados para receber a sua mensagem.

Para os ricos, pelo contrário, entrar no reino de Deus era mais difícil do que um camelo passar pelo buraco de uma agulha, segundo a celebérrima frase, certamente de grande impacto, embora desprovida de qualquer lógica. Na verdade, trata-se de um evidente erro de tradução do grego: o substantivo kamilos *(corda grossa, amarra de navio) foi confundido com* kamelos, *camelo.*

Filologia à parte, ainda que importante, não há necessidade de se dar à mensagem de Jesus um objetivo predominantemente político-social. A sociedade na qual ele pensava não estava organizada de forma igualitária e coletivista. Quando Jesus convidava os chefes de família a praticar a hospitalidade em favor dos pobres, não questionava o fato de eles serem proprietários legítimos, e os hóspedes pobres ficarem em posição subordinada. Jesus nunca planejou concretamente um sistema de vida associado. Nada lhe é mais estranho do que imaginar uma sociedade organizada de modo uniforme e coercivo. Nada lhe é mais estranho do que um mosteiro, um convento ou um *kibutz*. Ele denuncia a injustiça, não propõe o igualitarismo, tampouco o seu contrário. Em poucas palavras, ele não parece levar em consideração que possam existir organizações sociais melhores do que outras. É como se inserisse cunhas destrutivas no interior de cada sistema. Se nos jantares se estabelecem hierarquias, não se trata de aboli-las;

o seu discípulo deve simplesmente ocupar o lugar mais humilde. Na última ceia, ele se veste como um escravo e lava os pés dos discípulos (Jo 13,1-14). Esse gesto não simboliza um sistema social particular; sugere uma postura praticável em todas as sociedades, mas à custa de cada um, e não à custa dos outros. O seu seguidor converte a si mesmo; não obriga os outros a se converterem. Jesus nunca procurou organizar a sociedade do futuro reino de Deus, nem a vida social do período quando o reino de Deus ainda não chegara. Ele não é um fundador de sociedades, nem um organizador de sistemas sociais, nem um legislador. Indica os pontos nevrálgicos a serem transformados para se poder entrar no reino. Toda a lei de Deus deve ser observada, a começar pelos dez mandamentos, mas a injustiça, a doença e a hipocrisia são os alvos contra os quais ele mais luta.

VI

FARISEUS E OUTRAS POLÊMICAS

Um dos temas que surgem com mais frequência nos evangelhos é a polêmica contra os fariseus, vistos como a personificação da hipocrisia, dissimulados, "sepulcros caiados". O termo "fariseu" se tornou até mesmo uma forma de indicar hipocrisia e falsidade; de "fariseu" se derivou o adjetivo "farisaico", usado, por exemplo, na expressão "atitude farisaica", que indica um comportamento ambíguo, enganador. Sabemos que os fariseus eram um dos grupos religiosos formados mais ou menos nos dois séculos antes da nossa era. Mas quais eram as culpas que eles carregavam para merecer essa má fama? Essas polêmicas, bem como outras que veremos neste capítulo, remetem, na realidade, a um período que vai desde os anos em que Jesus viveu até quando, algumas décadas após a sua morte, os evangelhos foram escritos. Portanto, trata-se de posturas que quase sempre denunciam os contrastes e as dificuldades encontradas pelo novo movimento cristão tanto em relação às outras religiões quanto no seu próprio âmbito no difícil período em que a ortodoxia estava tentando se estabilizar.

Além disso, Paulo de Tarso também provinha do movimento dos fariseus, e, segundo o estudioso Donald Harman Akenson, fariseu era o próprio Jesus. O crítico literário Harold Bloom retomou essa conjectura para acrescentar que, ironicamente, a circunstância contribuiria para explicar "o furor antifarisaico do Novo Testamento".

Ao contrário de Jesus e dos seus seguidores, que nunca pediram nem buscaram cargos de poder, muitos fariseus conseguiram alcançar posições de relevo em vários órgãos, entre os quais se deve incluir o famoso sinédrio. Do ponto de vista administrativo, poderíamos compreender "sinédrio" como "conselho" ou, talvez ainda, como "tribunal". Tratava-se da mais alta assembleia política e religiosa (mais uma vez, os dois aspectos coincidem) na região de Israel no período greco-romano. A maioria dos seus membros teve uma atitude decididamente hostil em relação a Jesus durante o "processo" a que ele foi submetido.

Os fariseus também eram muito cuidadosos no que tange à autonomia político-administrativa e religiosa do povo de Israel. De forma geral, mostram-se como pessoas profundamente envolvidas tanto no respeito pela tradição quanto na administração dos assuntos públicos. Mantiveram a sua postura, embora as responsabilidades políticas assumidas devessem conduzi-los a uma visão um tanto realista da situação. Um poder como o romano não tinha nenhuma possibilidade de ser derrubado ou igualado, a não ser firmando grandes alianças externas de dificílimo êxito. A rebeldia, ontem como hoje, difunde-se com mais facilidade e frequência entre aqueles que conhecem pouco a verdadeira importância das questões em jogo.

Após a destruição do Templo e de grande parte de Jerusalém, pelos legionários de Tito no ano 70, houve, algumas décadas mais tarde, outra rebelião importante contra Roma. Foi liderada por Simão bar Kokhba, que conseguiu enfrentar as tropas romanas durante alguns meses até que, em 135, com a sua morte e a queda de Bethar, a revolta foi sufocada. O imperador Adriano ordenou uma repressão duríssima. Foi o último episódio de resistência na região de Israel antes de 1947.

Outra grande polêmica que surge nos evangelhos, em particular no de João, não diz respeito a uma corrente, isto é, a uma confissão religiosa, mas a um indivíduo: Tomé. Esse discípulo é o incrédulo, aquele que questiona o ensinamento do Mestre, um homem várias vezes repreendido e repetidamente acusado. Alguns estudiosos levantaram a hipótese de que as acusações insistentes visassem, na realidade, desacreditar o seu ensinamento, que sabemos estar registrado no texto, já mencionado, conhecido como o Evangelho de Tomé. O tema "Tomé" apresenta alguns aspectos parecidos com as polêmicas relativas aos fariseus. Nos evangelhos, surge constantemente a necessidade de se afirmar uma linha em oposição a outras linhas. Para o leitor não especialista; para o leitor que procura nos evangelhos não um alimento para a fé, mas o homem Jesus, a sua vida, os sinais do seu tempo; para o leitor comum e apaixonado, às vezes comovido, os evangelhos surgem também como textos polêmicos, até mesmo, poderíamos dizer, como textos basilares. É como se nos encontrássemos perante um tipo de religião, pelo menos na forma que lhe foi dada por Paulo ou João, em que o esclarecimento doutrinário se torna importante, tão importante que leva a manifestações de intolerância ou de exclusão para com os não alinhados, com as consequências que a história, várias vezes, demonstrou possíveis.

Uma última polêmica que pode ser lembrada diz respeito ao apóstolo Judas. Se Tomé encarna o incrédulo, Judas é, por antonomásia, o traidor. Ora, entre as dezenas de evangelhos então em circulação, alguns dos quais chegaram até nós, existe um conhecido justamente como Evangelho de Judas, recentemente restaurado e publicado. Ele oferece uma representação do personagem e das suas motivações que modifica completamente a sua imagem habitual. Quando Judas entrega o Mestre às autoridades, ele não faz senão cumprir a ordem de Jesus, que (lê-se no texto) lhe diz: "Tu sacrificarás o homem que me reveste." O texto (sobre o qual falaremos melhor mais adiante) torna explícita a necessidade de o homem trair Jesus e enviá-lo para o sacrifício, a fim de que se cumpra o desígnio da redenção depois da queda de Adão. Do texto surge a figura — oposta em relação à habitual — de um homem consciente do seu trágico destino de ter de se fazer o instrumento desprezível da vontade divina. Além disso, um vestígio dessa versão se encontra também nos Atos dos Apóstolos, em que Pedro diz: "Irmãos, convinha que se cumprisse o que o Espírito Santo predisse na escritura pela boca de Davi, acerca de Judas, que foi o guia daqueles que prenderam Jesus." (1, 16)

Também nesse caso, segundo a tese de vários biblistas, a *damnatio memoriae** em relação a Judas e a exclusão do seu "evangelho", relegado entre os textos refutados, correspondem a um projeto meticuloso. À medida que o cristianismo se afastava das raízes judaicas originais, a polêmica entre judeus e cristãos aumentava, e, portanto, tornava-se óbvio fazer recair sobretudo nos judeus a culpa pela morte de Jesus. Judas encarnava perfeitamente a figura do judeu traidor por dinheiro. Uma versão mais frívola desse acontecimento se encontra no famoso musical *Jesus Cristo Superstar*, com a sua canção "Judas' Death" (A Morte de Judas), na qual o "pobre e velho Judas" canta, angustiado: "Fiz apenas aquilo que Tu querias", reduzindo, assim, ao essencial a sua tese de defesa.

De onde deriva historicamente e a que causas está submetida a polêmica em relação aos fariseus? Por que eles têm uma fama tão ruim?

Quando os movimentos proliferam, quer dizer que se gerou uma incerteza sobre os lugares do poder ou, até mesmo, sobre a sua legitimação. Se faltam pontos de referência amplamente reconhecidos, as classes sociais "reflexivas" elaboram hipóteses alter-

---
* "Danação da memória" em latim. (N.T.)

nativas. Em poucas palavras: nos períodos de crise, multiplicam-se os movimentos. O movimento farisaico durou muito tempo, adquiriu tradições sólidas, realizou numerosas ações. Estava difundido de maneira capilar na sociedade judaica e fora da região de Israel; baseava-se em pequenas associações, *Chavuroth*, formadas por *chaverim*, ou seja, companheiros, associados, que seguiam certo número de regras inspiradas na Torá. Entre os seus objetivos, encontravam-se não só o respeito rigoroso à tradição religiosa mas também a transformação política da sociedade judaica. Na verdade, durante o reinado de uma rainha asmoneia, Alexandra Salomé, os fariseus conseguiram obter eminentes posições de poder de grande visibilidade com uma presença localizada em vários níveis: popular, intermediário e institucional.

Falta esclarecer as possíveis razões da recorrente e, com frequência, intensa polêmica com eles.

As razões são de ordem doutrinária e histórica. Os fariseus insistiam na liberdade de escolha do homem, aproximando-se nisso, em certa medida, dos estoicos. Eles acreditavam na possibilidade de se realizar o bem, consideravam possível a obediência à vontade de Deus e à sua Lei. Segundo a opinião deles, o que qualifica a ação moral não é tanto a correção exterior, mas a intenção de quem age. A sua concepção de Deus é magnânima: Deus pode agir segundo a justiça ou segundo a misericórdia, mas, no final, a misericórdia sempre prevalece. A sua insistência na ressurreição do corpo no final deste mundo os diferenciava de outras tendências judaicas; o farisaísmo esperava, definitivamente, o fim deste mundo e o advento de um mundo novo. Muito atuantes no plano da educação do povo, eles procuravam conduzir amplas camadas da população ao respeito pela Lei tradicional.

No entanto, essas diferenças doutrinárias eram suficientes para suscitar tamanha e convicta hostilidade?

Quanto mais os movimentos são parecidos, mais eles tendem a polemizar entre si. Há claras afinidades entre o movimento de Jesus e os fariseus. A fé na ressurreição, por exemplo, amplamente difundida entre os fariseus, é também fundamental para Jesus e os seus seguidores, que parecem muito influenciados por eles em relação a esse tema. Outro motivo que pode ter aguçado o conflito é a concorrência no território, pelo menos no nível popular. Na verdade, Jesus e os fariseus procuravam atrair as mesmas pessoas. Além disso, há também razões de diferenças substanciais. Os fariseus consideravam que todos os membros do povo de Israel, incluindo os não sacerdotes, deveriam viver os três aspectos da vida cotidiana — trabalho nos campos, relações conjugais e comensalidade —, respeitando, como os sacerdotes do Templo, a pureza ritual. Em outras palavras, eles consideravam todo o povo, incluindo os laicos, uma comunidade sacerdotal. Não como Jesus, que, embora sem infringir a Lei, não dava muita importância às normas de pureza na vida cotidiana, que muitas vezes nem a Bíblia exigia. Jesus parecia mais interessado na convivência amigável entre as pessoas do que no respeito rigoroso pelas regras tradicionais. Outro motivo de atrito se encontra no fato de, após a tragédia do ano 70, os fariseus terem mantido o domínio no interior da comunidade judaica. Foi certamente algo bom para a sobrevivência do povo de Israel, mas os seguidores de Jesus se encontraram em polêmica com uma maioria favorável aos fariseus, que tendia, se não propriamente a excluí-los, a colocá-los à margem.

É no Evangelho de Mateus que a polêmica com os fariseus assume os tons mais ásperos. Não por acaso, é também o evangelho que insiste majoritariamente no respeito radical pela Torá, a lei revelada por Deus a Moisés no Monte Sinai e contida no Pentateuco, os primeiros cinco livros da Bíblia segundo a denominação dos judeus de língua hebraica.

Você mencionou anteriormente um segundo motivo de atrito, de caráter mais propriamente histórico.

Parece que, depois da queda de Jerusalém, no ano 70, um grupo de tendência farisaica percebera, realisticamente, que a sobrevivência da tradição religiosa judaica estava ligada a uma aliança com o poder político romano então vigente. Esse alinhamento é atribuído a um dos grandes mestres da tradição judaica posterior, Yochanan ben Zakai. Segundo uma lenda, este, saído da Jerusalém sitiada, teria feito um acordo com as autoridades máximas romanas para manter a existência das escolas tradicionais, apesar de fora de Jerusalém. O acordo farisaico estaria, em suma, na origem de uma reviravolta na liderança religiosa judaica nos anos em que o cristianismo estava dando os seus primeiros passos. É por isso que, diante do desastre político-religioso da Judeia, os fariseus procuraram eliminar as correntes que poderiam parecer antirromanas. Num momento tão dramático, todas as tendências, incluindo as cristãs, que falavam do fim deste mundo e de um futuro reino de Deus, pareciam politicamente perigosas. O confronto ocorre entre os fariseus, que ganhavam cada vez mais espaço nas comunidades judaicas, e os seguidores de Jesus, também eles em forte expansão.

Se admitirmos essa hipótese, não teria sido Jesus quem pronunciou as frases violentas contra os fariseus, sobre as quais escreveram os evangelistas.

Na verdade, aquelas palavras seriam, pelo contrário, expressão da polêmica dos anos 70 e 80, durante os quais os evangelhos foram escritos.

Outra polêmica recorrente é a aquela em relação a Tomé, o incrédulo. Não se trata de uma corrente nesse caso, mas de um único indivíduo. Como se explica?

Na versão copta, que difere da versão grega, as palavras que abrem o Evangelho de Tomé são: "Estas são as palavras secretas que Jesus vivo disse, e Judas Tomé, o gêmeo [Dídimo], escreveu."

Portanto, esse evangelho também é atribuído a Judas? Mas quem é esse Judas?

Judas, como se sabe, é um nome muito comum; por isso, não estamos na situação mais favorável para sabermos de quem se trata. Entretanto, pelo Evangelho de Marcos, sabemos que um dos irmãos de Jesus se chamava Judas. Em grego, Tomé deveria se escrever *Thomàs*, com o "s" no fim. Um especialista em aramaico, o jesuíta norte-americano Joseph Fitzmyer, acredita, entretanto, que se tenha criado um equívoco. *Tomà*, sem o "s", em aramaico, significa "gêmeo". Portanto, Judas recebe o nome de Tomé não porque se chamasse realmente Tomé, mas porque era o gêmeo.

Gêmeo de quem? Desculpe-me.

Muitos gostariam da hipótese de que fosse o gêmeo de Jesus, caso reconhecêssemos Judas como um dos seus irmãos. Na realidade, a questão é mais complexa. No Evangelho de João, um discípulo chamado Tomé recebe várias vezes a denominação de Dídimo: "Tomé, dito Dídimo." *Didimo*, em grego, significa precisamente "gêmeo". A circunstância poderia confirmar que a denominação de "gêmeo", atribuída a um discípulo de Jesus, tenha se transformado depois, por um erro de transcrição, no nome próprio Tomé.

Se entendi bem, o problema é tentar compreender se se trata de Judas, o gêmeo, ou de Tomé, o gêmeo.

Sim, e, segundo uma tradição protocristã, Judas, irmão de Jesus, poderia ter sido considerado seu gêmeo. O Evangelho de João não só fala em Tomé, chamado Dídimo, mas também contém uma série de palavras de Jesus muito parecidas com aquelas que se encontram no Evangelho de Tomé, e não nos evangelhos sinóticos. Coincidências que poderiam demonstrar algum tipo de ligação entre os textos de João e Tomé.

Imagino que os biblistas se tenham perguntado se o Evangelho de Tomé se baseou no de João ou vice-versa; ou se ambos se basearam numa fonte comum.

Certamente. Foram feitas, por exemplo, listas de palavras de Jesus, mencionadas por João, muito parecidas com algumas palavras de Jesus, mencionadas por Tomé, e vice-versa. Compartilho a ideia de que eles se reportam a uma mesma tradição e que dela representam duas versões diferentes, também em polêmica recíproca, apesar das afinidades em alguns pontos. No *Evangelho de Tomé*, transparecem várias vezes características joaninas. O primeiro versículo diz, por exemplo: "Jesus disse: 'Aquele que encontrar a interpretação destas palavras não provará a morte.'" Não provar a morte é um tema tipicamente joanino. No Evangelho de João, critica-se Tomé por não ter acreditado na ressurreição de Jesus. Concordo com os estudiosos que, na insistência de João em Tomé, chamado o Dídimo, veem a necessidade daquele evangelho em marcar uma diferença em relação aos "tomesianos". Tomé poderia ser um discípulo que teve dificuldade em compreender a ressurreição de Jesus; portanto, não foi um verdadeiro líder a ser posto no mesmo patamar do discípulo amado ou de Pedro.

Entretanto, há pelo menos um episódio em que Tomé parece ter uma relação especial com Jesus.

O Evangelho de Tomé pretenderia afirmar justamente essa sua primazia sobre todos os outros com a única exceção, talvez, de Tiago. O dito número 13 do Evangelho de Tomé é claro: "Disse Jesus a seus discípulos: 'Comparai-me e dizei-me com quem me pareço eu.' Respondeu Simão Pedro: 'Tu és semelhante a um anjo justo.' Disse Mateus: 'Tu és semelhante a um homem sábio e compreensivo.' Respondeu Tomé: 'Mestre, minha boca é incapaz de dizer a quem tu és semelhante.' Replicou-lhe Jesus: 'Eu não sou teu Mestre, porque tu bebeste da Fonte borbulhante que te ofereci e nela te inebriaste.' Então levou Jesus Tomé à parte e afastou-se com ele; e falou com ele três palavras. E, quando Tomé voltou a ter com seus companheiros, estes lhe perguntaram:

'Que foi que Jesus te disse?' Tomé lhes respondeu: 'Se eu vos dissesse uma só das palavras que ele me disse, vós havíeis de apedrejar-me — e das pedras romperia fogo para vos incendiar.'"

Segundo Elaine Pagels, o Evangelho de Tomé e o Evangelho de João eram, entretanto, originários de um mesmo ambiente: ambos pensavam que Jesus era "a luz de Deus em forma humana", diferentemente de Marcos, Mateus e Lucas, que o concebiam como "o agente humano de Deus".

Em que consiste, então, a diferença entre o Evangelho de João e o Evangelho de Tomé?

O fato de pertencerem a um mesmo ambiente é justamente o que nos faz compreender a sua diversidade. Se atentarmos mais uma vez para o que diz Elaine Pagels, o Evangelho de João e o Evangelho de Tomé são dois textos em conflito. João elaborou o seu evangelho para combater as ideias de Tomé; Pagels defende que João devia pelo menos conhecer-lhe o conteúdo, se não o texto integral. João e Tomé divergem radicalmente quanto à proposta religiosa: enquanto João pensa que só Jesus traz a luz de Deus ao mundo, Tomé considera que "a luz divina encarnada em Jesus é compartilhada por toda a humanidade". Na disputa entre os dois evangelhos, a vitória coube a João, escolhido pela ortodoxia cristã, que, pelo contrário, rejeitou Tomé.

Há também muitas outras diferenças. Por sua vez, o Evangelho de Tomé não relata os fatos, mas é apenas uma compilação de palavras de Jesus. Além disso, para Tomé, Jesus é essencialmente um grande mestre da sabedoria. Ele não relata a morte de Jesus nem a sua ressurreição, que, pelo contrário, têm absoluta importância para João.

Até o ponto de suprimir, diferentemente dos outros, aquele grito lancinante na cruz: "Meu Deus, meu Deus, por que me abandonaste?"*

---

* Mateus 27,46 e Marcos 15,34. (N.T.)

Na verdade, João tende a considerar a crucificação até como uma vitória sobre o Príncipe deste mundo, ou seja, Satanás. Tomé, pelo contrário, parece considerar que a ressurreição, como tal, possa ser um evento negativo. Quem chegou ao conhecimento radical de si, encontrando em si mesmo ser filho do Pai, alcançou a raiz da vida e não tem necessidade de ressurreição, porque já chegou à vida eterna que tem em si mesmo. O problema não é ressuscitar; é não conhecer a morte. Pode-se obter a anulação da morte não graças à ressurreição, mas através de um processo que Tomé, no versículo 2, descreve nestes termos: "Quem procura, não cesse de procurar até achar; e, quando achar, será estupefato; e, quando estupefato, ficará maravilhado — e então terá domínio sobre o Universo." O processo da vida espiritual é marcado por fases: procurar, encontrar, ficar estupefato — mas eu diria melhor "ficar maravilhado", alcançar, por fim, o reino entendido como repouso, paz, domínio de si. O homem que atinge esse nível de conhecimento se tornou *monachos*; está totalmente concentrado em si próprio. Pôs-se um fim à multiplicidade, à ruptura interior, já não há macho nem fêmea, a ruptura entre os sexos terminou, alcançou-se a vida. O Evangelho de João poderia criticar em Tomé a eliminação do conceito de ressurreição e a deficiente distinção entre o neófito e o Cristo. Nisso residiria uma das diferenças fundamentais entre os dois evangelhos. Há, finalmente, uma polêmica implícita em João contra as tendências que encontramos no Evangelho de Tomé, mas é como se essa controvérsia fosse interna a uma ampla corrente do cristianismo primitivo, em que também existem afinidades recíprocas. Em todo caso, essa polêmica contra Tomé se desenvolve por volta do final do século I. É no Evangelho de João, escrito naquele período, que Tomé aparece muitas vezes, ao passo que, nos evangelhos de vinte anos antes, ele estava quase ausente.

Nos evangelhos, surge continuamente a necessidade de se afirmar uma linha em oposição a outras linhas. Eles parecem querer dizer não apenas "Esta é a coisa", mas também: "Esta é a coisa contra todas as outras coisas que vocês podem ouvir".

É um aspecto crucial do cristianismo primitivo, sobre o qual todos nos interrogamos. Talvez, hoje mais do que ontem, no momento em que somos forçados a perguntar em que medida as grandes religiões mundiais contribuem para os conflitos. Alguns estudiosos têm se dedicado ao exame dos elementos conflituosos contidos no "DNA" das origens cristãs, do islã, do próprio judaísmo.

As três grandes religiões monoteístas têm sido as próprias protagonistas dos conflitos. Embora as duas primeiras muito mais do que o judaísmo, o qual, na verdade, tem sido frequentemente apenas uma vítima nas rivalidades.

Quando a pregação cristã primitiva começou a se voltar para os não judeus, para aqueles que definimos impropriamente como "pagãos", foi não só em termos de salvação mas também "contra", com uma crítica radical às religiões tradicionais e aos comportamentos morais dos não judeus, cujo valor era frequentemente subestimado. Pelo contrário, os judeus, embora não compartilhando as religiões dos "pagãos", não dirigiam críticas militantes e agressivas. O seu objetivo era conviver pacificamente nas cidades onde se haviam instalado. Entre as religiões que tiveram atitudes conflituosas, podemos incluir também o budismo, que nem sempre foi portador de paz e de reconciliação. No cristianismo das origens, a construção da identidade ocorre por meio de uma luta, frequentemente impiedosa e agressiva, pelo menos no nível doutrinário, contra outras correntes julgadas inaceitáveis ou inconciliáveis. Encontramos as atitudes conflituosas mais marcantes em Paulo e no Evangelho de João.

Pode dar algum exemplo dessa agressividade?

Há um numa carta de Paulo aos gálatas (que estavam localizados no centro da atual Turquia), escrita na primeira metade dos anos 50. Naquela região, Paulo havia fundado algumas comunidades. Em seguida, chegaram pregadores de Jerusalém, provavelmente enviados por Tiago, o irmão do Senhor que se havia tornado chefe daquela Igreja. A mensagem desses pregadores modificara a anterior, deixada por Paulo, que eles, evidentemente, haviam considerado inadequada, sobretudo no respeito pela tradição judaica. A reação de Paulo é muito dura. Ele escreve (Gl 1,6 e sgs.): "Estou admirado de que tão depressa passeis daquele que vos chamou à graça de Cristo para um evangelho diferente. De fato, não há dois (evangelhos): há apenas pessoas que semeiam a confusão entre vós e querem perturbar o Evangelho de Cristo. Mas, ainda que alguém — nós ou um anjo baixado do céu — vos anunciasse um evangelho diferente do que vos temos anunciado, que ele seja anátema [*significa:'excluído da comunidade'*]. Repito aqui o que acabamos de dizer: se alguém pregar doutrina diferente da que recebestes [*isto é, 'que eu anunciei'*], seja ele excomungado!" Mais adiante, acrescenta: "Asseguro-vos, irmãos, que o Evangelho pregado por mim não tem nada de humano. Não o recebi nem o aprendi de homem algum, mas mediante uma revelação de Jesus Cristo." O juízo de Paulo sobre os que pensam que exista uma mensagem evangélica diferente da sua é agressivo.

É uma carta não menos dura do que uma condenação a uma corrente política "desviante". Ainda mais porque se refere a pregadores enviados por Tiago, chefe da comunidade hierosolimitana e também irmão do "fundador" daquela religião.

Tiago, irmão do Senhor, era realmente um dos três pilares da Igreja de Jerusalém, como Paulo afirma nessa mesma carta. Mas também no joanismo afloravam tendências que podemos definir, sem medo, como intolerantes.

Todos os movimentos, na sua fase inicial, conhecem divergências também violentas na espera de que se forme uma ortodoxia estável.

Na verdade, uma forma de intolerância, de incapacidade de coordenar pontos de vista diferentes, estava certamente presente no cristianismo primitivo. No século XVI, encontramos tendências irenistas, por exemplo, as de Thomas More ou de Erasmo de Roterdã, segundo as quais o fundamento do cristianismo é o amor ao próximo. Isso leva, por si só, a não exacerbar os aspectos puramente doutrinários, que conduzem necessariamente às divisões entre grupos. Contudo, a dimensão doutrinária intolerante e a tolerante, fundamentada no amor, sempre conviveram na história cristã. Não raramente, a primeira delas prevaleceu.

Quais podem ser as causas e os objetivos dessa exacerbação na corrente joanista?

A minha hipótese é que se trata de grupos que pretendiam ter a revelação diretamente de Deus. Paulo escreve: "O Evangelho pregado por mim (...) não o recebi nem o aprendi de homem algum, mas mediante uma revelação de Jesus Cristo." Os joanistas pensam possuir "toda a verdade" por intermédio do Espírito Santo (Jo 16,13). Isso só pode levar a uma contraposição radical. Aqueles que afirmam ter recebido uma revelação de Deus em pessoa jamais poderão aceitar que essa revelação seja criticada ou negada, nem mesmo parcialmente. Por outro lado, também é verdade que o Evangelho de João afirma: "Nisto vos reconhecerão todos, se tiverdes amor uns aos outros." A adesão ao grupo parece, portanto, ser algo mais do que uma mera convergência intelectual. Entram em jogo a amizade interna, a paridade interna, o amor interno pelo grupo. Além da dimensão doutrinária, potencialmente conflituosa, há também a dimensão social e unificadora. É uma questão de ênfase. Não temos condições de definir muito claramente esses grupos. Eles contêm, de forma latente, a possibilidade tanto da intolerância quanto da pacificação e do compromisso. Talvez mais em Paulo do que em João.

VII

O MISTÉRIO DO NASCIMENTO

Os dois momentos centrais na existência terrena de Jesus são o nascimento e a ressurreição. O livro *Vida de Jesus*, escrito por Ernest Renan e publicado em 1863, suscitou muitas polêmicas, em virtude de sua concepção muito inconvencional. Embora seja uma obra, sob vários aspectos, superada, conserva o fascínio de um texto muito partícipe. Eis um breve exemplo:

O nome que lhe foi posto, Jesus, é uma alteração de Josué, nome bastante comum, no qual mais tarde, naturalmente, procuraram-se mistérios e alusões à sua parte de salvador. Talvez ele próprio, como todos os místicos, ficasse com o seu ânimo exaltado por causa disso. Na história, constata-se que algumas grandes vocações são por vezes originadas pelo nome dado a um menino sem segundas intenções. (...) Ele saiu das fileiras do povo. José, seu pai, e Maria, sua mãe, eram pessoas de condição humilde, artesãos que viviam do seu trabalho, naquela situação tão comum no Oriente, nem abastada, nem miserável. A vida simplíssima daquelas regiões, não deixando sentir a necessidade da abundância, torna quase inútil o privilégio do rico, onde todos se encontram numa pobreza voluntária. Por outro lado, a absoluta falta de gosto pelas artes e por tudo aquilo que contribui para a distinção da vida material, também nas casas daqueles a quem nada falta, imprime um aspecto de miséria. Deixando de lado aquele não sei quê de sórdido e de repugnante que o islamismo carrega consigo aonde quer que vá, a cidade de Nazaré, no tempo de Jesus, talvez não fosse muito diferente da de hoje. Vemos as ruas onde ele se entretinha quando criança, naqueles caminhos pedregosos ou naquelas encruzilhadas estreitas que separam os casebres. Provavelmente, o de José se assemelhava muito às pobres oficinas que recebem luz pela porta, servem ao mesmo tempo de local de trabalho, cozinha, quarto, e têm como mobília uma esteira, algumas almofadas no chão, uma ou duas vasilhas de barro e uma arca pintada. A família, quer provinda de um ou mais casamentos, era muito numerosa. Jesus tinha irmãos e irmãs, dos quais parece ter sido ele o mais velho. Todos permaneceram obscuros.

Há nessa descrição algumas imprecisões históricas, mas o *páthos* que emana, a luz e o pó daquelas aldeias, a pobre alegria daqueles passatempos infantis descrevem com precisão o que deve ter sido infância de Jesus.

Também outro grande escritor francês, François Mauriac, católico fervoroso, escreveu (em 1936) uma *Vida de Jesus*. Eis um pequeno trecho:

Sob o reinado de Tibério César, o carpinteiro Jesus, filho de José e Maria, morava naquele povoado, Nazaré, que não é mencionado em nenhuma história e que as Escrituras não denominam: algumas casas escavadas no rochedo de uma colina, diante da Planície de Esdrelon. Os vestígios dessas grutas ainda existem. E é uma delas que ocultou aquele menino, aquele adolescente, aquele homem, entre o operário e a Virgem. Lá, ele viveu trinta anos — já não num silêncio de adoração e de amor: morava no meio de uma tribo, entre as desavenças, as rivalidades, os pequenos dramas de uma parentela numerosa, dos galileus devotos, inimigos dos romanos e de Herodes; e que, à espera do triunfo de Israel, iam às festas em Jerusalém. Estavam ali, portanto, desde o início da sua vida oculta, aqueles que, na época dos seus primeiros milagres, afirmavam que ele era louco e queriam se apoderar dele.

Esses são dois possíveis retratos da família e dos lugares em que passou os seus primeiros anos Yehoshua ben Josef, Jesus filho de José — mas também Jesus "filho de Deus", denominação que tende a ser interpretada segundo as várias teologias cristãs e os dogmas elaborados nos séculos a ele posteriores. A tarefa de biblistas e historiadores das religiões é, pelo contrário, recolocar num contexto apropriado a pluralidade de significados que os termos — esse em particular — possuem: uma filologia das religiões.

O ponto de início deste tema tão debatido é a fecundação da mãe de Jesus, ocorrida sem a intervenção de sêmen humano. Num famoso trecho da Bíblia hebraica, o profeta Isaías (7,14) afirma: "Por isso, o próprio Senhor vos dará um sinal: uma virgem conceberá e dará à luz um filho, e o chamará Deus Conosco." A palavra hebraica que traduzimos por "virgem" é *almah*, que indica genericamente uma mulher jovem. Termo conceitualmente próximo do alemão *Jungfrau*, que significa "virgem" exatamente como "mulher jovem". Mateus, único entre os evangelistas, retoma a expressão, escrevendo (1,22-23): "Tudo isto aconteceu para que se cumprisse o que o Senhor falou pelo profeta: Eis que a virgem conceberá, e dará à luz um filho, que se chamará Emanuel, que significa: Deus conosco."

Muitos historiadores defendem que os eventos relativos ao nascimento de Jesus de uma "virgem" não estavam presentes na tradição oral anterior aos textos canônicos. Eles constituiriam uma inclusão posterior, motivada sobretudo pela necessidade de demonstrar que a vida de Jesus cumpria algumas profecias da Bíblia hebraica. No livro de Isaías, a palavra usada é *almah*, que, como já dissemos, significa "mulher jovem". Nos anos 70, com a grande tradução da Bíblia hebraica para o grego, a palavra *almah* foi interpretada, por um tradutor não muito preciso, como *parthenos*, "virgem", e aqui já existe uma possível fonte de equívocos. Outra possível causa poderia se encontrar na influência da cultura helênica nas jovens comunidades greco-cristãs. A história da Antiguidade clássica está repleta de figuras divinas ou semidivinas cujo nascimento teve um caráter sobrenatural. Olímpia, mulher de Filipe da Macedônia, disse ter concebido o seu filho, Alexandre, o Grande, com Zeus; Leda, também possuída por Zeus em forma de cisne, deu à luz Helena, mulher de beleza fatal; Reia Sílvia, princesa de Alba Longa, um dia se descobriu grávida, segundo se diz, pela intervenção do deus Marte em pessoa; Eneias, cuja descendência, segundo a lenda, fundou Roma, era filho de Afrodite e, por intermédio do pai, descendia do próprio Zeus; Dânae, filha de um rei de Argos, foi seduzida por Zeus sob a forma de chuva de ouro e deu à luz Perseu, o herói que cavalgava o cavalo alado Pégaso, levando na mão a cabeça de Medusa; Europa, raptada na praia fenícia por Zeus sob a forma de um touro branco, foi transportada por mar a Creta, onde se uniu ao pai dos deuses, concebendo três filhos, o mais famoso dos quais era Minos. E por aí vai. É possível que, com base nessas premissas, se tenha construído o complexo aparato teológico que fez de Maria uma divindade assunta ao céu em corpo e espírito, nascida sem a mácula do pecado original? E, se a resposta for positiva, quais razões podem ter motivado essa mobilização doutrinária?

"Filho de Deus". O que pode querer dizer "filho de Deus" na linguagem da época e nas denominações utilizadas pelos profetas?

A expressão "filho de Deus", no tempo de Jesus, era bastante comum, assim como também o era no ambiente romano. Filho de Deus é um título que se pode dar aos imperadores; por exemplo, foi aplicado a Augusto e se encontra também nos papiros que refletem as formas de falar difundidas entre a população. No cerne da literatura judaica, a denominação "filho de Deus" não tem o significado que, em seguida, assumiria para os dogmas cristãos, isto é, uma pessoa que seja homem e, ao mesmo tempo, Deus. Significa apenas uma pessoa a quem Deus confiou uma tarefa, ou uma pessoa que segue a vontade e os desígnios divinos e, nesse sentido, é seu filho, embora permanecendo integral e exclusivamente homem. Para a Bíblia hebraica, é sobretudo o rei o "filho de Deus", e nisso os antigos judeus estavam perfeitamente de acordo com o uso linguístico do Oriente Médio antigo. Numa outra acepção, é o povo de Israel, no seu conjunto, que é chamado de "filho de Deus". Flávio Josefo, que escrevia mais ou menos no tempo dos evangelhos canônicos, usava a expressão em sentido completamente humano. Os antigos gregos também usavam a expressão para um herói, ou para um homem que tivesse poderes extraordinários, ou para quem detivesse o poder político. Filósofos como Pitágoras e Platão, por exemplo, podiam também ser chamados de "filhos de Deus". Enfim, a expressão, enquanto tal, não exprime a natureza divina de Jesus.

No tempo de Marcos, a quem se atribui a redação do mais antigo dos evangelhos canônicos, a denominação "filho de Deus" era um sinônimo de messias e indicava o rei de Israel.
Por volta da metade do século I, o termo *mashiah*, messias, é usado em hebraico para indicar uma figura que, por vontade de Deus, foi dotada de poder político com o objetivo de restaurar, no fim dos tempos, o reino de Israel. Os textos judaicos desse período falam de um messias rei, de um messias sacerdote, frequentemente de dois messias. O Messias não era necessariamente considerado filho de Davi. Entretanto, a expressão "filho de Deus" não está ligada de forma privilegiada nem exclusiva ao messias nem indica, por si só, um papel messiânico. A denominação pode

ser aplicada a um rei, ao povo, a um justo, a indivíduos obedientes à vontade de Deus. A expressão "filho de Deus" não remete necessariamente a um papel messiânico, embora alguma vez possa indicá-lo. O Evangelho de Marcos é o que mais insiste em aplicar essa denominação a Jesus. O próprio Deus o proclama assim por duas vezes, e, como tal, reconhecem-no os espíritos impuros e o centurião romano que assiste à sua agonia. É interessante que Marcos diga claramente (14,61-62) que Jesus é o Messias (*christòs*), "o Filho de Deus bendito". Parece, portanto, que para ele "filho de Deus" e "messias" são equivalentes. Em outras palavras, Marcos parece dizer que Jesus é o Messias, embora não seja filho de Davi do ponto de vista genealógico. É messias como "filho de Deus". Entretanto, atenção: para Marcos, Jesus era um homem. A expressão "filho de Deus" foi interpretada como se ele quisesse de fato aludir a "Deus", somente depois que o seu evangelho, inserido no Novo Testamento, foi lido à luz do Evangelho de João, para quem Jesus era a palavra de Deus feita carne.

Volto a lhe perguntar como já fiz no início do nosso diálogo: em que família Jesus nasceu? Quem eram os seus pais?
Reconstruir historicamente a fisionomia da mãe e do pai de Jesus é difícil. Os documentos que falam do assunto estão muito preocupados em relatar o seu nascimento por meio da fé que vinha se formando ao longo das décadas. Nos textos mais antigos, por exemplo nas cartas de Paulo, em que ele se limita a dizer que Jesus "nasceu de uma mulher" (Gl 4,4), não se nota um grande interesse em quem foram sua mãe ou seu pai, nem na materialidade dos eventos em que ocorre o nascimento. O interesse começa, pelo contrário, no final do século I, por volta dos anos 70-80.

Podem-se deduzir as razões do desinteresse de Paulo pelos pais de Jesus? Em quais outros aspectos ele concentrou a sua atenção?

Sobretudo na morte e na ressurreição. Ou melhor, na ressurreição, à luz da qual ele interpreta também a morte. Paulo dá duas interpretações diferentes do nascimento: uma na Carta aos Romanos, a outra na Carta aos Filipenses. Na primeira, Jesus é um homem que adquire uma dignidade sobrenatural no fim da sua vida. A outra interpretação é, pelo contrário, que Jesus possuía uma dignidade sobrenatural ainda antes de nascer. A coexistência dessas duas ideias é importante. Paulo não inventa essas interpretações; adquire-as de tradições já existentes formadas depois da morte de Jesus. Na primeira, no início da Carta aos Romanos (1,3-4), diz: "(...) acerca de seu Filho Jesus Cristo, nosso Senhor, descendente de Davi quanto à carne, que, segundo o Espírito de santidade, foi estabelecido Filho de Deus no poder por sua ressurreição dos mortos (...)". Alguns teólogos chamam esta de uma "cristologia ascendente", no sentido de que se trata de uma teoria segundo a qual o homem Jesus é, ao nascer, descendente da linhagem de Davi e, no fim da vida, adquire a dignidade superior de filho de Deus. São ideias bastante diferentes das de Marcos. Na Carta aos Filipenses, por sua vez (2,5 e sgs.), Paulo cita, pelo contrário, um longo trecho, talvez um hino, seja como for, versos que não foi ele quem escreveu. Diz:

> Cristo Jesus:
> Que, sendo ele de condição divina,
> não se prevaleceu de sua igualdade com Deus,
> Mas aniquilou-se a si mesmo,
> assumindo a condição de escravo e
> assemelhando-se aos homens;
> E, sendo exteriormente reconhecido como homem,

humilhou-se ainda mais,
tornando-se obediente até a morte,
e morte de cruz.
Por isso, Deus o exaltou soberanamente
e lhe outorgou o nome que está acima de todos os nomes,
para que ao nome de Jesus se dobre todo joelho
no céu, na terra e nos infernos.
E toda língua confesse,
para a glória de Deus Pai,
que Jesus Cristo é o Senhor.

Há aqui uma teoria que os teólogos chamam "descendente". Jesus, um ser divino antes de nascer, assume forma humana. É uma teoria sobre o nascimento de Jesus similar à que encontramos no prólogo do Evangelho de João. Finalmente, sobre o nascimento de Jesus encontramos no próprio Paulo duas interpretações diferentes e, em alguns aspectos, divergentes.

Talvez essas tradições diferentes procurassem explicar o fato de Jesus ter aparecido como um ser no qual a força de Deus havia se manifestado de forma excepcional.
Paulo escreve na metade dos anos 50. Trinta anos depois, o Evangelho de Mateus e o Evangelho de Lucas falam do nascimento virginal de Jesus por obra do Espírito Santo. Uma das explicações, certamente não a única, foi pensar num nascimento milagroso no qual Deus, por intermédio do seu Espírito, houvesse contribuído. Ou seja, que Jesus não fosse filho de um homem, mas um verdadeiro "filho de Deus", no sentido de que Deus em pessoa o havia feito nascer de uma mulher, mas milagrosamente, sem sêmen humano, mantendo-a intacta. Esta é uma das interpretações em Mateus e

em Lucas. Também a encontramos num evangelho apócrifo que teve uma enorme influência, o *Protoevangelho de Tiago*.

Como nasce e se afirma, até se tornar dogma de fé, a teoria do nascimento virginal de Jesus?

A passagem de Isaías — "uma virgem conceberá e dará à luz um filho" — constitui um problema fundamental. Uma parte dos primeiros cristãos se dizia convencida de que as Sagradas Escrituras judaicas continham referências a Jesus e à sua vida. Interpretar textos bíblicos antigos de forma a adaptá-los à contemporaneidade era uma prática comum a todas as correntes judaicas da época. Um método exegético que o historiador dos dias de hoje certamente não poderia aceitar. O sentido histórico de um texto é aquele que o autor quis lhe dar, aquele que os seus contemporâneos podiam compreender. Nos ambientes onde os discípulos haviam-se formado, interpretavam-se algumas passagens proféticas em função da vida de Jesus. Depois da perseguição nazista e da Shoah, uma parte da teologia cristã procurou respeitar a identidade judaica da Bíblia, evitando ver nela significados cristãos ocultos. Aboliu-se, assim, uma visão negativa, frequente no passado, base teológica de tanto antissemitismo. Era uma concepção que considerava os judeus incapazes de compreender a Bíblia, porque demasiado carnais, desprovidos do Espírito Santo. Somente os cristãos podiam entender o seu sentido verdadeiro e profundo à luz de Cristo. Após a Segunda Guerra Mundial, grande parte dos intérpretes cristãos procurou voltar a uma leitura histórica dos textos, que pode se tornar comum tanto aos judeus quanto aos cristãos. Estou convencido de que o texto de Isaías, mesmo na tradução dos Setenta,* não aluda ao nascimento virginal

---

* Trata-se da *Septuaginta* (ou Versão dos Setenta), tradução do Antigo Testamento para o grego realizada em Alexandria, nos séculos III e II a.C., direcionada aos judeus de língua grega. (N.T.)

de Jesus e precise ser interpretado em sentido judaico, e não cristão. O termo *almah* usado pelo profeta não significa que a mulher de quem se fala não tenha conhecido nenhum homem. Pode significar simplesmente que se trata de uma jovem. Na verdade, em Isaías não se enfatiza tanto a virgindade, mas o filho excepcional que ela deverá dar à luz. E nem sequer se diz que vá gerar um Deus, mas apenas uma pessoa que terá um papel importante na história do povo de Israel.

Portanto, os versículos em que a tradição cristã traduz "uma virgem conceberá e dará à luz um filho, e o chamará Emanuel" deveriam ser traduzidos como "uma mulher jovem conceberá e dará à luz um filho, e o chamará Emanuel".
É certamente a interpretação mais normal. E é surpreendente que só no âmbito cristão lhe seja dada uma versão inexistente em toda a tradição judaica anterior e posterior. O significado cristão pode "aflorar" do texto de Isaías somente se alguém, lendo-o, já tinha clara a teoria do nascimento virginal de Jesus. Esse alguém, precisando encontrar alguma justificação nas Escrituras judaicas, procura as passagens que poderiam ser, bem ou mal, uma prova (*a posteriori*) daquilo que ele já acredita saber por meio da doutrina.

Na cultura judaica da época, a virgindade representa uma virtude e também um valor econômico, mas só na perspectiva nupcial, não como um valor em si.
É verdade que o fato de ainda não se ter tido relações sexuais com um homem era considerado um valor apenas em função do casamento. Contudo, também houve tendências ascéticas no cerne do judaísmo do século I. Existiam anacoretas judeus, pessoas com tendências monásticas. O judaísmo, como todos os fenômenos culturais, é fruto de múltiplos hibridismos, ainda mais porque, desde o tempo de Alexandre, o Grande, no século IV a.C., esteve culturalmente exposto a influências helênicas. Portanto, uma

valorização do celibato também podia estar presente em alguns ambientes judaicos. Nem mesmo o cristianismo primitivo, aliás, subtraiu-se às múltiplas influências culturais presentes na região de Israel e no restante do mundo antigo onde se difundiu.

Em muitas correntes cristãs, o tema da virgindade de Maria foi desenvolvido para reforçar uma visão que desconfiava da sexualidade. O modelo da virgem coroava o ideal da libertação dos vínculos do sexo, uma visão presente em algumas vocações monásticas desde o tempo dos anacoretas.

Eu não diria que a forma como os vários evangelhos, incluindo o *Protoevangelho de Tiago*, falam do nascimento virginal de Jesus tenha um significado sexofóbico. Uma avaliação negativa dos aspectos materiais e sexuais da vida se desenvolveria apenas posteriormente no interior do cristianismo, quando algumas das suas correntes foram influenciadas por concepções do tipo helenístico, que consideravam a matéria um elemento negativo, do qual convém se afastar, enquanto tudo que é positivo reside no espírito e no retorno a Deus. Será o grego Orígenes que se castra para não enfrentar uma vida sexual normal. É verdade que o cristianismo, ao longo dos séculos, tem desconfiado da sexualidade, uma atitude que no judaísmo é muito mais limitada. O sexo, até bem recentemente, foi visto pelos cristãos como uma ameaça à santidade. E também é verdade que o judaísmo tem sido extremamente cuidadoso não em relação à sexofobia, mas à exigência de se viver em estado de pureza. Entretanto, aquilo que torna impuro não é o sexo, mas o contato com fontes de impureza, em particular a menstruação. O ato sexual é bom, mas é necessário evitar o contato com o sangue menstrual.

Na verdade, o ciclo menstrual, na visão rabínica, está estreitamente ligado ao problema da impureza. A relação com uma mulher menstruada é um tabu.

A impureza diz respeito a uma condição física, e não moral; o estado de impureza impede uma pessoa de entrar num recinto sagrado. A própria literatura rabínica — para definir os textos bíblicos e, portanto, sagrados — chama-os de os livros que *contaminam* as mãos: depois de haverem tocado um livro sagrado, as mãos ficam inadequadas para um uso profano. O extremo cuidado com o estado menstrual da mulher implica um respeito igualmente extremo tanto pelo ato sexual quanto pelo sangue menstrual. Na primeira parte do *Protoevangelho de Tiago*, um texto cristão redigido num ambiente judaico insiste muito no nascimento de Maria, na sua infância, no seu parto milagroso. A pureza de Maria é continuamente realçada. Desde muito pequena, Maria é mantida distanciada de possíveis fontes de contaminação. Ela passa longos períodos no Templo e só é afastada dele por volta dos 12 anos, quando, provavelmente, teria tido a sua primeira menstruação. A menarca a impediria de ficar no Templo porque o contaminaria. A tradição cristã que se exprime nesse texto transmite a ideia de que Maria era pura, mas que possuía a normal fisiologia feminina. Que a sua fecundação tenha ocorrido sem o esperma de um homem, mas por virtude do Espírito Santo, não implica que Maria não tivesse menstruações como todas as outras mulheres.

VIII

MÃE VIRGEM

Seja qual for o modo como tenha ocorrido a fecundação de Maria, isto é, mesmo admitindo uma intervenção divina direta, o sangue do parto deriva de lacerações depois das quais continuar falando em virgindade é, por assim dizer, antinatural. Justamente devido ao estado de impureza determinado pelo sangue vertido, quarenta dias após o parto as mulheres de Israel deviam ir ao Templo para serem purificadas. Maria também está sujeita a este rito e, inclusive, até poucos anos atrás a data era celebrada, em 2 de fevereiro, mesmo nos calendários cristãos, com a expressão "Purificação da Virgem".*

E é fato que só alguns textos antigos defendem o nascimento virginal de Jesus, circunstância que nos leva a pensar como, no início do movimento, a extraordinária condição da sua mãe não era considerada bastante verossímil ou importante, ou ambas as coisas. Uma virgindade conservada após o parto está tão fora da ordem natural, que, se de algum modo houvesse sido não digamos apurada, mas apenas amplamente compartilhada, todos os textos

---

* Conhecida também como Apresentação do Senhor, a data é celebrada pelos católicos até os dias de hoje. (N.T.)

deveriam assinalá-la. Pelo contrário, o fato de que alguns mencionam isso e outros não pode significar que os primeiros fiéis concentravam a sua atenção sobretudo na excepcional importância do seu Mestre.

No *Protoevangelho de Tiago*, um dos textos excluídos do "cânone", encontra-se um relato admirável da maternidade de Maria, cheio de humanidade e fé. José, enquanto Maria está para dar à luz numa caverna, procura uma parteira. O relato começa assim: "Então a mulher que descia a montanha me perguntou: 'Aonde vais?' Respondi: 'Procuro por uma parteira hebreia.' Ela disse: 'Sois de Israel?' Respondi: 'Sim.' Então ela disse: 'Quem está dando à luz na caverna?' Disse-lhe: 'Minha esposa.' Ela replicou: 'Mas não é tua mulher?' Respondi-lhe: 'É Maria: aquela que foi criada no Templo do Senhor. De fato, foi-me dada por mulher, mas não o é, e agora concebe por obra do Espírito Santo.' Disse a parteira: 'Isso é verdade?' José respondeu: 'Vinde e vede.' Então a parteira foi com ele. Chegando à caverna, pararam, pois estava coberta por uma nuvem luminosa. Disse a parteira: 'Minha alma foi agraciada pois meus olhos viram coisas incríveis e a salvação para Israel nasceu!' Então a nuvem saiu da caverna e de dentro brilhou uma forte luz, de forma que nossos olhos não conseguiam ficar abertos. E a luz começou a diminuir e viu-se que o menino mamava no peito de sua mãe, Maria. E a parteira gritou: 'Hoje é meu grande dia! Vi com os meus olhos um novo milagre.' E, saindo da gruta, veio ao seu encontro Salomé. Disse a parteira: 'Salomé, Salomé! Preciso contar-lhe uma maravilha jamais vista: uma virgem deu à luz. Como sabes, isso é impossível para a natureza humana.' Respondeu-lhe Salomé: 'Pelo Senhor, meu Deus, não acreditarei enquanto não puder tocar os meus dedos em sua natureza para examinar-lhe.' Então a parteira entrou e disse a Maria: 'Prepara-te porque existe uma dúvida sobre ti entre nós.' E Salomé pôs seu dedo na natureza e soltou um grande grito: 'Ai de mim! Minha malícia e incredulidade são culpadas! Eis que minha mão foi carbonizada e desprendeu-se do meu corpo por tentar ao Deus vivo!' E, se ajoelhando diante de Deus, pediu: 'Ó Deus de nossos pais: recorda-te de mim, pois sou descendente de Abraão, Isaac e Jacó! Não me tornes exemplo para os filhos de Israel! Cura-me para que possa continuar a me dedicar aos pobres, pois bem sabes, Senhor, que curava em teu Nome e recebia diretamente de Ti o meu salário.' Então um anjo do céu apareceu-lhe e disse: 'Salomé, Salomé! Deus te ouviu! Toque o menino e terás alegria e prazer.' E Salomé se aproximou e pegou o menino. E disse: 'Adoro-te porque nasceste para ser o Grandioso Rei de Israel.' Sentiu-se, então, curada e pôde sair em paz da caverna. E ouviu-se uma voz que dizia: 'Salomé, Salomé! Não digas a ninguém as maravilhas que presenciaste até que o menino vá para Jerusalém.'"

Ao longo deste capítulo, perguntarei ao professor Pesce quais caminhos interpretativos podem se abrir com base nesse relato e em outros que poderiam ser citados. Contudo, também existe uma personagem dessa história que, de uma forma ou de outra, permanece um tanto na sombra: o "pai" de Jesus, José. Nessa história, ele é uma figura que permanece um tanto apagada, cercada de uma modesta consideração. A sua função é tão ambígua, que os redatores dos textos preferiram deixá-lo à margem. É mais fácil resgatar José sob o perfil de um homem honesto, trabalhador, paciente, que carrega o pesado fardo de uma paternidade tão fora do comum. Há trechos dos evangelhos em que Jesus — por exemplo quando vai a Nazaré para encontrar os seus conterrâneos — é indicado apenas como o filho de Maria. No costume semítico, particularmente no hebraico, indicar um homem apenas como filho da sua mãe pode significar que existe dúvida sobre a identidade do seu pai. Lucas escreve (3,23): "Quando Jesus começou o seu ministério, tinha cerca de trinta anos, e era tido por filho de José (...)." Marcos, ainda a propósito da visita a Nazaré, escreve

(6,2-3): "Quando chegou o dia de sábado, começou a ensinar na sinagoga. Muitos o ouviam e, tomados de admiração, diziam: 'Donde lhe vem isso? Que sabedoria é essa que lhe foi dada, e como se operam por suas mãos tão grandes milagres? Não é ele o carpinteiro, o filho de Maria, o irmão de Tiago, de José, de Judas e de Simão? Não vivem aqui entre nós também suas irmãs?' E ficaram perplexos a seu respeito." Lucas volta ao assunto, corrige a versão de Marcos e, referindo-se ao episódio de Nazaré, escreve (4,22): "Todos lhe davam testemunho e se admiravam das palavras de graça, que procediam da sua boca, e diziam: 'Não é este o filho de José?'" Em todo caso, a figura de José ou está completamente ausente ou permanece à margem ou um tanto discutível.

Ligada ao nascimento de Jesus, há em seguida, entre muitas outras, a questão, famosa também pela sua imensa repercussão popular, da presença dos magos, fossem reis ou não. Mateus é o único evangelista a citá-los quando escreve (2,7 e sgs.) que o rei Herodes, temendo o nascimento de Jesus, "chamou secretamente os magos e perguntou-lhes sobre a época exata em que o astro lhes tinha aparecido. E, enviando-os a Belém, disse: 'Ide e informai-vos bem a respeito do menino. Quando o tiverdes encontrado, comunicai-me, para que eu também vá adorá-lo.' Tendo eles ouvido as palavras do rei, partiram. E eis que a estrela, que tinham visto no oriente, os foi precedendo até chegar sobre o lugar onde estava o menino e ali parou. A aparição daquela estrela os encheu de profunda alegria. Entrando na casa, encontraram o menino com Maria, sua mãe. Prostrando-se diante dele, adoraram-no. Depois, abrindo seus tesouros, ofereceram-lhe como presentes: ouro, incenso e mirra. Avisados em sonhos de não tornarem a Herodes, voltaram para sua terra por outro caminho."

É esse o relato de Mateus. Deixando de lado as lendas posteriores, das suas palavras se percebe, de qualquer forma, que os magos não eram reis e que não sabemos nem os seus nomes, nem quantos eram. Também é possível que o termo "magos", em grego, não fosse exatamente elogioso, como poderia fazer pensar, por exemplo, a figura de Simão, o Mago (Atos dos Apóstolos). Quem eram, portanto, os magos? E qual é a sua função na nossa história?

A pergunta que tem sido formulada tantas vezes é: que necessidade tinha Maria de ser purificada se o seu parto havia sido virginal?
Se o parto de Maria ocorreu sem comprometer a virgindade física, não deveria haver nenhuma necessidade de uma purificação. O fato é que o relato do nascimento virginal de Jesus e o da purificação de Maria no templo se formaram independentemente um do outro. O relato do nascimento virginal servia para demonstrar que Jesus tinha uma natureza sobre-humana, já que nascido não de esperma masculino, mas do Espírito Santo de Deus. Sob esse ponto de vista, a virgindade de Maria era secundária; servia apenas para excluir que Jesus havia nascido de uma relação sexual humana. O relato da purificação no Templo, pelo contrário, nasce de uma preocupação muito diferente. Queria-se demonstrar que a família de Jesus era totalmente respeitosa da tradição religiosa judaica. Como escreveu François Bovon, professor da Universidade Harvard, o Evangelho de Lucas quer mostrar que o extraordinário acontecimento da vida de Jesus se situa no final de uma série de ações que cumprem rigorosamente os preceitos da Lei judaica. Uma mulher judia *devia* se apresentar no Templo para a purificação depois do parto. No entanto, quem escreveu esse relato parece que não conhecia o relato do parto virginal. Juntando-os, Lucas não percebeu a contradição, também porque as narrações lendárias, mitológicas ou simplesmente religiosas não seguem uma lógica científica. Quem relatou o nascimento virginal de Jesus não se questionou se, durante o parto, fora vertido sangue.

Esta pergunta, pelo contrário, parece que havia sido colocada por aqueles que transcreveram o texto de Lucas. Tanto é verdade, que alguns manuscritos desse evangelho especificam que a purificação não dizia respeito a Maria, mas a Jesus, outros sustentam que a purificação era "dela"; outros ainda falam de uma purificação "deles", ou seja, de ambos. Outros, finalmente, para se livrarem do problema, limitaram-se a dizer que se tratava de uma purificação, sem determinar de quem se tratava. Em suma, também no cristianismo antigo não parecia congruente que o parto virginal exigisse uma purificação. O detalhado relato de Lucas quer simplesmente dizer que Maria era completamente obediente à Lei judaica, e que o nascimento do seu filho se deveu a uma intervenção divina, e não à fecundação por parte do marido. Este é o sentido do texto; não é justo lê-lo como se fosse um documento histórico e pedir-lhe que siga uma lógica.

Como os historiadores explicam a coexistência, na época, de textos que no seu conteúdo se mostram tão contrastantes?
O significado histórico de ideias distintas sobre o nascimento de Jesus no cristianismo primitivo é simples: na condição inicial do movimento, um possível nascimento virginal era considerado de importância secundária. Mateus e Lucas, nos seus primeiros capítulos, insistem no nascimento virginal de Jesus. Esses evangelhos foram escritos provavelmente por volta dos anos 80 do século I. A sua visão se torna majoritária somente quando a ortodoxia cristã que estava se formando começou a considerá-los mais importantes do que outros evangelhos. A partir do início do século III, o fato de Mateus e Lucas haverem sido incluídos entre os quatro evangelhos que a ortodoxia nascente considerava mais importantes implicou uma reviravolta notável. Os seus textos continham relatos amplos e detalhados sobre o nascimento de Jesus; os outros textos, que continham apenas indícios esporádicos

a outras hipóteses sobre aquele evento, vieram pouco a pouco, a ser interpretados à luz das suas concepções. Outro motivo pelo qual a teoria do nascimento virginal acabou por prevalecer foi o cristianismo haver afastado progressivamente da matriz cultural judaica, que considerava positivamente a sexualidade. A mensagem de Jesus foi repensada no interior de concepções helenísticas que, como já abordado, tendiam a desvalorizar os aspectos materiais da existência, incluindo a sexualidade, em favor de uma dimensão incorpórea do homem. Por conseguinte, tornou-se desejável que Jesus não houvesse nascido de uma união sexual normal, que, na sua materialidade e na ligação com a concupiscência, parecia excessivamente relacionada a uma dimensão inferior do ser. Somente as Igrejas posteriores, entretanto, fizeram do nascimento virginal um elemento tão central da doutrina, impelindo muitas vezes a se medir a ortodoxia dos fiéis quase apenas em relação a esse elemento. Certamente, não "apenas" em relação a esse elemento, ainda que ele tenha acabado por se tornar, também no nível popular, um dos mais importantes.

O Protoevangelho de Tiago contém, sobre a maternidade de Maria, um relato belíssimo, cheio de humanidade e mistério, que faz lembrar o de Tomé, ou seja, do incrédulo que somente acredita depois de uma constatação direta. Existe até mesmo um gesto idêntico: enfiar o dedo na natureza de Maria, assim como Tomé enfiou o seu dedo na chaga aberta de Jesus.

Além de ser um relato apologético, que quer provar o nascimento virginal recorrendo a pessoas estranhas à família, o de Tiago também é um apólogo de conversão; reinsere-se, assim, no filão do incrédulo convertido. Existiam, certamente, tradições análogas aplicáveis, de um lado, a Salomé, no *Protoevangelho de Tiago*, e, de outro, a Tomé, no Evangelho de João. O historiador fica fascinado não apenas com esses córregos que transportam uma tradição reconhecível, mas também com a constatação de como a mesma tradição aflora em textos diferentes sob formas diferentes.

A frase final do relato — "Não digas a ninguém as maravilhas que presenciaste até que o menino vá para Jerusalém" — impõe a Salomé uma proibição precisa. O seu objetivo é explicar como o nascimento virginal de Jesus permaneceu ignorado durante todo o decurso da sua vida pública.

Existe também outro relato do nascimento virginal, antiquíssimo, que se encontra no apócrifo chamado *Ascensão de Isaías*, escrito talvez em Antioquia, na Síria, por volta do final do século I ou início do século II. Segundo esse texto, Maria, "quando estava noiva, ficou grávida, e José, o carpinteiro, queria rejeitá-la. E o anjo do Espírito Santo apareceu neste mundo e depois disso José não rejeitava Maria e cuidava dela. E da sua parte ele não revelava a ninguém sobre esse assunto. E não se aproximava de Maria e a protegia como a uma virgem santa, mas que estava grávida. E não coabitou com ela durante dois meses. E, após dois meses, José estava em casa e também Maria, sua mulher, mas estavam os dois sós. E aconteceu que, enquanto estavam sós, Maria olhou adiante dela e viu um pequeno menino e ficou perturbada. E, depois de ficar perturbada, o seu ventre se encontrou como anteriormente, antes de ter concebido. E, quando o seu marido José lhe perguntou 'O que está te perturbando?', os seus olhos se abriram e viu o menino e glorificou o Senhor, porque o Senhor tinha surgido no seu destino. E uma voz chegou até eles: 'Não conteis a ninguém essa visão!' (...) E circulavam boatos sobre o menino, em Belém. Havia aqueles que diziam: 'Nasceu de Maria, a virgem, dois meses antes de ter casado', e muitos diziam: 'Não deu à luz, nem veio uma parteira, nem ouvimos gritos de dor.' E todos estavam cegos em relação a ele e não acreditavam nele e não sabiam de onde vinha" (11,2-14).

Aqui, o parto virginal acontece sem que seja vertido sangue. Nem mesmo Maria percebe que está parindo. O menino sai do seu ventre de forma milagrosa, após somente dois meses de gestação. Não há uma parteira nem muito menos Salomé, como, pelo contrário, acontece no *Protoevangelho de Tiago*. Em suma, o cristianismo primitivo possuía relatos diferentes também sobre o nascimento virginal de Jesus.

Também nesse relato, assim como em todos os outros, permanece, seja como for, na sombra, a figura um tanto apagada de José.
Não me parece que as fontes protocristãs façam de José uma figura debatida. É verdade que Jesus é chamado filho de Maria, mas isso não implica que houvesse dúvidas sobre sua paternidade. Significa apenas que Maria tinha um papel relevante no cerne dos primeiros grupos cristãos. Também se dá o mesmo com a mãe de João e de Tiago, cujo marido, Zebedeu, não desempenha nenhum papel, enquanto a mulher tem uma grande relevância no grupo: segundo Mateus, é ela, de fato, quem pede a Jesus que os seus dois filhos ocupem uma função importante no futuro reino de Deus (20, 21): "Ordena que estes meus dois filhos se sentem no teu Reino, um à tua direita e outro à tua esquerda." De forma geral, podemos dizer que, no grupo de Jesus, o papel das mulheres é significativo. O fato de José não aparecer não deve levar a se pensar que tivesse morrido; mesmo que estivesse vivo, era normal que não lhe fosse reconhecido um grande papel. Algumas mães tinham uma importância bem maior.

O que você diz contrasta nitidamente com a opinião difundida sobre o papel que os homens tinham no movimento de Jesus.
Segundo a análise da antropóloga italiana Adriana Destro, verifica-se entre os seguidores de Jesus certa ausência dos pais. Não apenas do pai de Jesus, mas também dos pais de todos os outros. Nota-se, pelo contrário, uma forte presença das mães. Do ponto de vista antropológico, o fenômeno pode ser explicado

pelo fato de o movimento ser caracterizado, como já foi dito, por uma geração intermédia de jovens. Trata-se frequentemente de homens casados, frequentemente envolvidos em grupos de pescadores, representantes, portanto, de uma classe social emergente, protagonista de um conflito com a geração anterior. Uma análise de caráter sociológico explica a ausência de José no movimento de Jesus melhor do que as teorias de alguns evangelhos sobre o nascimento virginal. Além disso, nem todos os evangelhos, nem mesmo os canônicos, abordam a questão da mesma forma. É verossímil, por exemplo, que João considere Jesus um verdadeiro filho de José. No capítulo 6, versículos 41-42, ele escreve: "Murmuravam então dele os judeus, porque dissera: Eu sou o pão que desceu do céu. E perguntavam: Porventura não é ele Jesus, o filho de José, cujo pai e mãe conhecemos? Como, pois, diz ele: Desci do céu?" É um texto de extraordinária importância. Ele demonstra, na minha opinião, que João não dá todo esse crédito e talvez nem conheça os relatos de Lucas e Mateus ou do *Protoevangelho de Tiago* ou da *Ascensão de Isaías* sobre o nascimento virginal. Do Evangelho de João vem à tona que aquele ambiente considerava Jesus um filho normal de José e de Maria, porque todos conheciam o pai e a mãe, e ninguém parece fazer de José um juízo difamatório. João registra críticas até mesmo violentas contra Jesus por parte dos seus adversários: se houvesse dúvidas quanto ao seu nascimento, teria sido óbvio recorrer a acusações difamatórias para desacreditá-lo. Pelo contrário, não há nenhum sinal disso. A teoria do nascimento virginal é simplesmente ignorada.

Ainda em João, entretanto, Jesus afirma ter uma natureza especial; de fato, o autor o define como o Logos, *ou seja, a palavra* presente *ab aeterno* no mundo.

Afirmar que Jesus é um ser divino preexistente não implica necessariamente o nascimento milagroso de que falam os textos recém-citados. A natureza sobrenatural de Jesus é afirmada com base em concepções e esquemas mentais distintos daqueles do nascimento virginal. Quanto a José, estou convencido de que Mateus e Lucas não o desvalorizam de forma alguma, assim como não desvalorizam a sexualidade. Defender um nascimento virginal não equivale a se tornarem defensores de uma repressão sexual. Até porque — que fique claro — trata-se de relatos, de certa forma, lendários.

Ligado ao nascimento de Jesus existe também o célebre relato da visita dos magos. Por que essas figuras foram inseridas?

Mateus é o único dos quatro evangelistas canônicos que fala sobre os magos. O *Protoevangelho de Tiago* também o acompanha nessa narrativa e ainda outro apócrifo, o *Evangelho do Pseudo-Mateus*. Trata-se de uma evidente lenda, não de um fato histórico. Mesmo assim, é importante o motivo pelo qual Mateus insere esse relato. A palavra *magos* (no plural, *magoi*), segundo Heródoto, significava um homem sábio ou também um sábio sacerdote (persa ou babilônio) especialista em astrologia, interpretação dos sonhos e outras artes ocultas. O historiador Flávio Josefo, judeu contemporâneo do Evangelho de Mateus, utiliza frequentemente o termo em sentido positivo. Por exemplo, no episódio em que Daniel (2,31 e sgs.), na corte de Nabucodonosor, consegue interpretar o sonho do rei que os seus profetas e magos (*magoi*, a mesma palavra usada por Mateus) não haviam conseguido decifrar, mesmo sendo sábios e estando encarregados disso. O episódio dos magos é, sob alguns pontos de vista, uma "contra-história" do episódio de Daniel. O rei babilônio, responsável pela destruição do Templo de Jerusalém (não esqueçamos isso!), tem um sonho em que é pressagiada a monarquia de Israel, que dominará o mundo depois dos impérios dos gentios (os chamados pagãos). O rei Herodes, pelo contrário, não recebe nenhuma revelação, nem por um sonho, nem pelos teólogos de Jerusalém. Por outro lado, essa revelação chega justamente aos sucessores daqueles *magoi* que haviam sido incapazes de interpretar o sonho de Nabucodonosor referente ao advento do reino de Deus e ao fim do reino dos pagãos. Aquele sonho se realiza agora. Mateus diz, de fato, claramente que o Jesus recém-nascido é o "rei dos judeus" e o "messias". E não é só Herodes quem se preocupa com o nascimento do rei dos judeus, mas "toda a Jerusalém". Mateus insiste no fato de que "toda" a Jerusalém é contrária a que Jesus se torne o rei dos judeus e é corresponsável pela matança dos inocentes que Herodes ordena para impedir o possível reino.

Ainda segundo Mateus, um episódio análogo parece se repetir durante a paixão de Jesus, quando "todo" o povo de Jerusalém pede a Pilatos que o crucifique ao custo de ter de sofrer a vingança de Deus.

Na verdade, também aquela versão dos fatos não é digna de confiança, incluindo a terrível concepção de um Deus vingativo. Mateus também tem outro objetivo ao citar o episódio dos magos: ele quer mostrar que a revelação referente a Jesus como rei dos judeus e messias foi confiada a sacerdotes e sábios não judeus. Desse modo, ele justifica o fato de que aquela mensagem, que Jesus havia endereçado apenas aos judeus, depois da sua morte podia ser difundida a todas as pessoas. No final do evangelho, está escrito exatamente assim: "Ide, pois, e (...) batizai-as (...)." A história dos magos teve grande ressonância na tradição cristã. Francesco Scorza Barcellona, da Universidade de Roma, dedicou muitos estudos ao assunto, demonstrando, entre outros aspectos, que também Marco Polo, tendo chegado a determinada região da Ásia Central, lá encontrou um relato da história dos magos elaborado e modificado por alguns cristãos para justificar a sua presença no âmago de populações dedicadas a uma religião diferente.

IX

JESUS E OS SEUS IRMÃOS

A questão dos irmãos de Jesus, repetidamente citados nos textos, é delicada e complicada. Fala-se neles com muitos pormenores e nomes em alguns evangelhos e nas cartas de Paulo. Num dos textos, diz-se, até mesmo, que Tomé também era irmão de Jesus. Numa passagem do Evangelho de Marcos, que já se mencionou, mas por um motivo diferente, encontra-se ainda uma lista detalhada dos seus parentes. Jesus, acompanhado dos discípulos, retornou a Nazaré, sua aldeia natal. As pessoas conhecem bem tanto ele quanto a sua família. Chegado o sábado, Jesus começa a ensinar, e todos parecem muito surpreendidos com a sua sabedoria. Escreve Marcos (6,2-3): "Quando chegou o dia de sábado, começou a ensinar na sinagoga. Muitos o ouviam e, tomados de admiração, diziam: Donde lhe vem isso? Que sabedoria é essa que lhe foi dada, e como se operam por suas mãos tão grandes milagres? Não é ele o carpinteiro, o filho de Maria, o irmão de Tiago, de José, de Judas e de Simão? Não vivem aqui entre nós também suas irmãs?" Portanto, é uma longa lista que inclui até mesmo quatro irmãos, nomeados um a um, assim como "as suas irmãs", no plural, que, portanto, são pelo menos duas. No total, entre irmãos e irmãs, fala-se de pelo menos seis pessoas. Isso é impressionante, porque, obviamente, essa lista numerosa vai incidir não só na vida pessoal de Jesus, mas também na declarada virgindade da sua mãe. Como conciliar essas referências insistentes com aquela condição extraordinária? Ao longo do tempo, foram dadas várias explicações, graças às quais se tentou manter as várias exigências dentro de uma única lógica que as abrangesse num todo. A credibilidade dessas hipóteses foi deixada ao juízo de cada um: de um ponto de vista racional (para quem quiser examiná-las com esse único critério), os esforços têm sido mais generosos do que convincentes.

A análise desse assunto permite também compreender outros aspectos dos modos de viver e conceber a união entre um homem e uma mulher no início do movimento cristão. Na Primeira Carta aos Coríntios, Paulo escreve (9,3-6): "Esta é a minha defesa contra os que me denigrem. Não temos nós porventura o direito de comer e beber? Acaso não temos nós direito de deixar que nos acompanhe uma mulher irmã, a exemplo dos outros apóstolos e dos irmãos do Senhor e de Cefas? Ou só eu e Barnabé não temos direito de deixar o trabalho?" Nessas linhas, explica o professor Pesce, Paulo se defende, em primeiro lugar, de quem o acusa de trabalhar para se manter. De fato, Jesus havia ordenado que os discípulos abandonassem toda atividade para viver pobremente do sustento de quem os acolhia. Paulo, contudo, reivindica o seu direito de trabalhar e de circular acompanhado por mulheres, ainda mais porque muitos outros o fazem, a começar pelos irmãos do Senhor. Muitas outras passagens das Escrituras reforçam a presença desses familiares. Por exemplo, João escreve (7,6-10): "Disse-lhes Jesus: 'O meu tempo ainda não chegou, mas para vós a hora é sempre favorável. O mundo não vos pode odiar, mas odeia-me, porque eu testemunho contra ele que as suas obras são más. Subi vós para a festa. Quanto a mim, eu não irei, porque ainda não chegou o meu tempo.' Dito isto, permaneceu na Galileia. Mas, quando os seus irmãos tinham subido, então subiu também ele à festa, não em público, mas despercebidamente." Este trecho também parece confirmar a presença de irmãos sobre os quais a doutrina não se detém com um trabalho de omissão justificado somente à luz dos dogmas posteriores cuja defesa se fará necessária.

Por outro lado, esses irmãos e as reações que Jesus tem diante do seu comportamento aumentam tanto a sua humanidade quanto o significado da missão que pesa sobre os seus ombros muito tempo antes do insuportável peso da cruz. Em vários momentos dos evangelhos, percebemos que ele antepõe a sua pregação a todo restante. Por exemplo, no episódio, também já mencionado, no qual, enquanto está pregando no interior, de uma casa, Jesus é avisado de que, do lado de fora, diante da porta, estão os seus irmãos e a sua mãe, ele responde: "Aquele que faz a vontade de Deus, esse é meu irmão, minha irmã e minha mãe,"* ou seja, aqueles que escutam a palavra de Deus.

Na vida de Jesus, aparecem muitas mulheres que acompanham alguns dos seus momentos felizes, os da fé profunda, assim como a longa dor da agonia. Mulheres diversamente a ele ligadas por vínculos de parentesco, por afeto, por veneração. Em seguida, existem também outras mulheres, que ele não conheceu, porque, distantes no tempo, foram as suas antepassadas, e, portanto, figuram apenas na longa lista da sua genealogia. São nomes conhecidos, personagens femininas da Bíblia hebraica tão específicas, com uma história e uma função tão precisas, que algumas delas se tornaram até mesmo protagonistas de romances e filmes. De fato, na lista compilada por Mateus, encontramos, entre os outros, quatro inquietantes figuras de mulheres com comportamento decididamente discutível, cuja presença é não apenas fonte de curiosidade mas também motivo de interrogações prementes. Por que essas mulheres se encontram lá? Será que Mateus as incluiu com algum objetivo? Ele queria demonstrar alguma coisa? Caso sim, o quê? A vida de Jesus é cheia de enigmas;

---

* Marcos 3,35. (N.T.)

a presença, na sua genealogia, dessas quatro antepassadas licenciosas não é o último deles.

Mateus, em particular, insere, além de Maria, quatro mulheres, todas muito marcadas também do ponto de vista sexual. Uma é Tamar, que se finge de prostituta e se deita com o seu sogro, Judá (Gn 38). Tamar combina o preço antes de ir para o leito e fica grávida dele; outra Raabe, uma meretriz que se prostitui na própria casa; depois, Rute, a moabita, também antepassada de Davi. Ela consegue arranjar um segundo marido, Boaz, após tê-lo seduzido com os licenciosos conselhos da mãe do seu primeiro marido, digamos, da sua sogra. Esta lhe disse (Rt 3,3-4): "Lava-te, unge-te, põe tuas melhores vestes e desce à eira, mas não te deixes reconhecer por ele antes que ele tenha acabado de comer. Quando for dormir, observa o lugar em que dorme. Entra, então, levanta a cobertura de seus pés e deita-te; ele mesmo te dirá o que deves fazer." Outra antepassada é Betsabé, cuja relação com Davi começa com uma verdadeira e peculiar cena de concupiscência e adultério. No Segundo Livro de Samuel (11,2 e sgs.), lemos: "Uma tarde, Davi, levantando-se da cama, passeava pelo terraço de seu palácio. Do alto do terraço avistou uma mulher que se banhava, e que era muito formosa. Informando-se Davi a respeito dela, disseram-lhe: 'É Betsabé, filha de Elião, mulher de Urias, o heteu.' Então Davi mandou mensageiros que lha trouxessem. Ela veio e Davi dormiu com ela. Ora, a mulher, depois de purificar-se de sua imundície menstrual, voltou para a sua casa, e, vendo que concebera, mandou dizer a Davi: 'Estou grávida.'" Em seguida, Betsabé dará à luz Salomão,* mas, no início da relação, há um inequívoco adultério consumado pelas costas do marido, o pobre Urias. Por que incluir na genealogia de Jesus mulheres de comportamento tão discutível? E quais foram as relações de Jesus com as numerosas pessoas da sua família?

---

* Na verdade, não é a Salomão que essa passagem se refere, mas ao filho que Deus, contrariado com o adultério ocorrido, fez com que morresse. Posteriormente, eles tiveram um segundo filho, que, nesse caso, sim, foi Salomão. (N.T.)

Gostaria de começar pela questão colocada em relação aos muitos irmãos e irmãs de Jesus.

Textos considerados apócrifos, como o *Protoevangelho de Tiago* e o *Segundo Apocalipse de Tiago*, que chegaram até nós em copta, falam em irmãos de Jesus, referindo-se, em particular, a Tiago. Outro texto cristão antigo, o *Livro de Tomé, o Atleta*, considera Tomé irmão de Jesus. A existência de irmãos e irmãs é mencionada não só no Evangelho de Marcos mas também no de João (2,12; 7,3.5.10), embora, na verdade, Marcos fale apenas em irmãos, e não em irmãs. O escritor mais antigo entre os seguidores de Jesus, Paulo, na sua Carta aos Gálatas (1,19), fala em "Tiago, o irmão do Senhor", e, na Primeira Carta aos Coríntios (9,5), menciona que os "irmãos do Senhor", viajando para pregar o evangelho, levam consigo uma mulher, provavelmente a esposa. Parece-me significativo que Paulo mostre a existência desses irmãos, sem nunca especificar de alguma forma que não se tratasse de verdadeiros filhos de Maria. Como já foi observado, Paulo não dá grande importância à tese apresentada por Mateus e por Lucas, segundo a qual Jesus teria nascido milagrosamente de uma virgem.

A virgindade de Maria foi sendo explicada, ao longo do tempo, com uma série de hipóteses. Uma delas, extremada, sustentava que Jesus teria saído de uma orelha da sua mãe.

De fato, também existem explicações desse tipo. Por exemplo, no *Livro de João Evangelista*, usado pelos cátaros, na Idade Média, lê-se que Jesus, procedendo do Pai celeste, desce à Terra e entra numa orelha de Maria para sair pela outra. Mas se trata de concepções secundárias e tardias. Em todos os textos mais antigos, incluindo os de Paulo, Marcos e João, recém-citados, nunca encontramos comentários que ponham em dúvida a natureza desses "irmãos" como verdadeiros irmãos e irmãs carnais de Jesus. Um esclarecimento que seria obviamente necessário se esses autores houvessem conhecido a teoria de Mateus e Lucas sobre o nascimento virginal. Deduzo daí que eles consideravam os irmãos e as irmãs de Jesus verdadeiros filhos de Maria.

Como se justifica, então, continuar a afirmar, apesar de toda a verossimilhança humana, a virgindade de Maria, fazendo disso até mesmo um dogma da fé?

A partir do século III, os evangelhos de Mateus e Lucas passam a ficar no mesmo *corpus* com as cartas de Paulo e o Evangelho de João, e os autores cristãos começam a elaborar uma teologia que harmonize as diversas tradições. Procura-se salvar tanto a afirmação dos textos que falam de irmãos e irmãs quanto a dos evangelhos de Lucas e Mateus, que falam de um nascimento virginal. Começa, enfim, a se delinear a hipótese de que se trata, sim, de irmãos e irmãs de Jesus, mas não nascidos de Maria. Levanta-se a hipótese, por exemplo, de um casamento anterior de José, no qual ele teria tido filhos e filhas. Iria tratar-se, nesse caso, de "meios-irmãos". É a tese do *Protoevangelho de Tiago* (9,2; 17,1). Como alternativa, afirma-se que poderia se tratar de filhos e filhas de um parente de Maria: irmão, portanto, mas não carnal, podendo também se supor que, com o termo grego *adelfós* ou *adelfé*, irmão e irmã, faça-se referência àqueles parentes que hoje chamamos de primos. A mim e a muitos estudiosos parece mais razoável pensar que existam diversas hipóteses sobre o nascimento de Jesus e que a ideia da concepção e do nascimento virginal, defendida não só por Mateus e por Lucas, mas também pelo *Protoevangelho de Tiago* e pela *Ascensão de Isaías*, fosse uma das maneiras para reforçar a convicção dos primeiros seguidores de que Jesus possuía uma natureza extraordinária.

Na Primeira Carta aos Coríntios, Paulo, para se defender da acusação de querer trabalhar, fala "[d]os outros apóstolos" e "[d]os irmãos do Senhor e de Cefas".

---

* I Coríntios 9,5. (N.T.)

Paulo não apenas se defende da acusação, mas também diz: eu teria o direito de não trabalhar, mas renuncio a ele para não ser um peso a ninguém; portanto, trabalho e me mantenho. É importante, aqui, observar que os irmãos do Senhor não são personalidades secundárias, mas verdadeiros missionários que, juntamente com os outros apóstolos, difundem a mensagem de Jesus. São pessoas casadas, como, aliás, também são casados os outros apóstolos que se deslocam para pregar com as suas mulheres. Vivem do evangelho, fazem-se hóspedes, dormem e se alimentam nas casas de quem os acolhe e se converte à sua mensagem. Também nesse caso Paulo não sente a necessidade de especificar que se trata de irmãos não nascidos de Maria. É verdade, além disso, que esse é um dos assuntos que os historiadores definem "pelo silêncio"; o fato de Paulo não dizer uma coisa não autoriza necessariamente a se concluir que não a pense.

Ainda por volta da metade dos anos 50 do século I, Paulo, na Carta aos Gálatas, escreve (1,18-19): "Então, depois de três anos, subi a Jerusalém para visitar a Cefas e com ele me demorei quinze dias; mas dos apóstolos não vi a nenhum, senão a Tiago, irmão do Senhor."

Paulo define Tiago como "irmão do Senhor" sem necessidade, também nesse caso, de esclarecer se se trata de um irmão verdadeiro ou de um primo, e, em todo caso, esse Tiago parece ser o mesmo Tiago mencionado no Evangelho de Marcos como o primeiro dos quatro irmãos de Jesus. Além disso, esse Tiago, irmão do Senhor, teve grande relevância em Jerusalém. No capítulo 2 da Carta aos Gálatas, Paulo escreverá que "Tiago, Cefas e João pareciam ser colunas".* Parece, em suma, que na Igreja de Jerusalém havia formado uma espécie de triunvirato liderado por

---

* Gálatas 2,9. (N.T.)

responsáveis encarregados das decisões mais importantes. No capítulo 7 do Evangelho de João, os irmãos de Jesus reaparecem numa posição um tanto estranha. Parecem coadunarem-se ao mesmo grupo dos discípulos e com o próprio Jesus, tanto que gostariam de acompanhá-lo na peregrinação a Jerusalém para a Festa dos Tabernáculos. Por outro lado, entretanto, parecem manifestar alguma forma de incredulidade, de incerteza, talvez até mesmo de crítica em relação a ele. Convidam-no a ir junto com eles a Jerusalém. Ele responde que não irá. Depois, no entanto, ele vai, escondido e em particular. No capítulo 7, João escreve que Jesus tinha medo de ir à Judeia, onde temia ser morto.

João escreve (7,1 e sgs.): "Depois disto andava Jesus pela Galileia; porque não queria andar pela Judeia, visto que os judeus procuravam tirar-lhe a vida. Ora a festa dos judeus, que é a dos tabernáculos, estava próxima. Disseram-lhe, então, seus irmãos: Sai daqui e vai para a Judeia, a fim de que também teus discípulos vejam as obras que fazes."

Essas palavras fazem supor que ele tinha discípulos também na Judeia.

João prossegue: "Pois quem deseja ser conhecido em público não faz coisa alguma ocultamente. Já que fazes essas obras, revela-te ao mundo. Com efeito, nem mesmo os seus irmãos acreditavam nele."

Essas últimas palavras representam uma informação à margem, ou seja, são um comentário do redator do Evangelho de João. No que diz respeito ao cerne do assunto de que estamos tratando, poderíamos encontrar numerosas outras citações, confirmando o que foi dito; o ponto essencial não muda. Conforme digo e repito, nem no Evangelho de Marcos, nem no Evangelho de João, encontro sinais do conceito de um nascimento virginal; creio que os autores desses evangelhos consideravam os irmãos e irmãs de Jesus filhos de Maria, e não primos ou filhos de um casamento anterior de José.

Na genealogia de Jesus compilada por Mateus, aparecem quatro figuras de mulheres de comportamento bastante discutível. Por quê?
O objetivo da Bíblia hebraica não é apresentar personagens que representem modelos de moralidade. O tema do relato é a relação de Deus com o seu "povo eleito". Portanto, aquilo que deve ser imitado é a ação de Deus, e não a ação de Davi adúltero e de outras personagens discutíveis. A Bíblia tem uma ampla visão da história humana escrita por profetas que procuravam relatar acontecimentos à luz da vontade de Deus. Acrescento que, como você sabe muito bem, é típico da tradição hebraica não apresentar o povo eleito como santo. O que conta é a santidade de Deus. Os hebreus são representados como um povo que é infiel à vontade, aos chamados, aos planos de Deus. A Bíblia também é a explicação de por que Deus se comportar de uma determinada forma com o "seu" povo. Quando Mateus escreveu essa genealogia, raciocinava seguramente com categorias de modelo judaico; não pensava no problema da moralidade das personagens incluídas na lista. Se considerássemos, além dessas quatro mulheres, as personagens masculinas da genealogia, encontraríamos situações análogas, embora talvez não do ponto de vista sexual. Por outro lado, o uso da sexualidade como instrumento de poder é, no mundo antigo, não raramente característica das mulheres das classes altas, e não somente.

A genealogia de Mateus contempla 14 gerações desde Abraão a Davi, 14 de Davi até o cativeiro babilônico do povo hebreu, 14 até Jesus. O objetivo é demonstrar que o nascimento de Jesus entra num plano que Deus conduziu ao longo dos séculos, realizando-o segundo um ritmo temporal harmônico.
O estudioso Edmondo Lupieri, recorrendo a um jogo numerológico, mostrou que 3 vezes 14 equivale a 6 vezes 7, ou seja, um

período de seis semanas. Com Jesus, iria ser inaugurada, portanto, a sétima semana, aquela que indica o fim do mundo. Na genealogia de Lucas, pelo contrário, as gerações seriam 77. Jesus se encontra, assim, no final do décimo primeiro período de sete gerações. Além disso, Mateus quer mostrar que Jesus é descendente de Abraão e, portanto, verdadeiro membro do povo hebreu, que tem em Abraão o seu fundador; que descende do rei Davi e, portanto, pode ser o messias davídico, enviado por Deus ao seu povo. Para demonstrar que Jesus é filho de Davi, Mateus usa o critério de legitimidade do seu tempo, isto é, a descendência através dos antepassados masculinos. Ao mesmo tempo, contudo, afirma o nascimento virginal; portanto, o fato de José ser descendente de Davi não prova que Jesus também o seja. A tradição posterior procurou fugir dessa contradição, afirmando que também Maria era descendente de Davi, pois, em geral, um homem casava com uma mulher escolhida no interior da sua própria tribo. Esta, porém, não é a única contradição. A genealogia de Mateus, por exemplo, não concorda com a de Lucas também num ponto relevante: o avô de Jesus se chama Eli, em Lucas, enquanto em Mateus se chama Jacó. As quatro mulheres citadas não qualificam diretamente Jesus, tanto quanto as pessoas com quem estão em relação direta. Nem é justo colocar todas no mesmo plano. Betsabé é vítima de um estupro por parte de um poderoso; portanto, é uma figura muito nobre. Rute é uma mulher humilde que Deus enaltece. É preciso examinar sem hipocrisia as relações homem-mulher no antigo Oriente Médio, ao qual pertence a Bíblia hebraica. O que resulta de uma análise atenta é a situação de profunda subordinação social das mulheres, cujo único poder estava na fecundidade, no ato de gerar, embora, por fim, também isso fosse administrado por autoridades masculinas por meio de trocas de alianças entre as famílias.

O uso do instrumento sexual para a obtenção de um objetivo é uma constante na história do mundo.

Justamente por isso, não creio que se possa concluir alguma coisa a partir da conduta dessas antepassadas de Jesus. Quem escreveu a genealogia nem sequer vislumbrou a ideia de que certos antepassados pudessem prejudicar a sua reputação.

Permanece o fato de que Mateus, criando uma genealogia tão complicada, certamente escolheu uma por uma as personagens a serem incluídas, avaliando as suas respectivas índoles.
Intérpretes e teólogos têm se questionado sobre essas quatro mulheres desde os primeiros tempos do cristianismo. Também porque Lucas, na sua genealogia, não as menciona. Levantou-se a hipótese de que Mateus pudesse ter um objetivo particular. A resposta muitas vezes dada diante da escolha de Mateus é que o texto seja interpretado alegoricamente. Aquele que tinha vindo eliminar os pecados desejava nascer de pecadores, simbolizados por essas quatro pecadoras. Talvez, porém, a escolha de Mateus esteja, pelo contrário, no fato de que nenhuma dessas mulheres é hebreia. Tamar e Raabe são cananeias, Rute é moabita e Betsabé é, provavelmente, hitita. Para o evangelista, isso talvez signifique que também os não judeus estão destinados a herdar a salvação trazida por Jesus. De qualquer forma, não foi Mateus quem criou essa genealogia: ele utilizou listas que circulavam nos ambientes do cristianismo primitivo. Por sua vez, essas listas utilizavam genealogias disponíveis na Bíblia hebraica, por exemplo, no Primeiro Livro das Crônicas ou no Livro de Rute, em que essas mulheres são mencionadas. Seja como for, também nesse caso vale o que eu já disse a propósito da contradição entre o relato do nascimento virginal e o da purificação no Templo. Não é necessário procurar a todo o custo uma lógica em cada aspecto de um relato religioso.

X

AQUELES HOMENS, AQUELAS MULHERES

A tradição e a iconografia preponderantes apresentam Jesus rodeado por homens, os seus discípulos, os doze apóstolos. As mulheres aparecem apenas esporadicamente para realizar uma ação precisa, para fazer um gesto. Depois, desaparecem. Em vez disso, no grupo que o acompanhava, a presença feminina era considerável, embora seja necessário dizer que as suas relações com a primeira dessas mulheres, a sua mãe, Maria, em mais de uma ocasião pareçam um tanto estranhas. Um exemplo disso está num episódio relatado por Marcos e já mencionado. Certo dia, Jesus se encontra numa casa com uns seguidores para os quais está pregando; Marcos escreve (3,31 e sgs.): "Chegaram sua mãe e seus irmãos e, estando do lado de fora, mandaram chamá-lo. Ora, a multidão estava sentada ao redor dele; e disseram-lhe: 'Tua mãe e teus irmãos estão aí fora e te procuram'. Ele respondeu-lhes: 'Quem é minha mãe e quem são meus irmãos? E, correndo o olhar sobre a multidão, que estava sentada ao redor dele, disse: Eis aqui minha mãe e meus irmãos. Aquele que faz a vontade de Deus, esse é meu irmão, minha irmã e minha mãe'." Também no célebre episódio das Bodas de Caná, a atitude de Jesus em relação a Maria é curiosa, e também nessa ocasião estão presentes os seus irmãos. Relata João (2,2 e sgs.): "Também foram convidados Jesus e os seus discípulos. Como viesse a faltar vinho, a mãe de Jesus disse-lhe: 'Eles já não têm vinho.' Respondeu-lhe Jesus: 'Mulher, que tenho eu contigo? Ainda não é chegada a minha hora'." Uma resposta ríspida, embora o milagre, afinal, seja realizado e, embora, quando Jesus novamente se dirige à sua mãe a chamando de "mulher", faça isso de forma muito mais carinhosa. É a cena pungente ao pé da cruz, quando ele a confia aos cuidados do "discípulo que amava" (Jo 19,26-27).

A companhia dos homens também deu origem, sob alguns aspectos, a equívocos e boatos. Ao longo deste capítulo, examinaremos as principais teses que foram levantadas, procurando avaliar-lhe o grau de credibilidade. Comenta-se, sobretudo nos últimos tempos, que entre os homens reunidos à sua volta até a última ceia, fossem os discípulos casados ou solteiros, poderiam existir relações homossexuais. A hipótese tem sido reforçada por alguns episódios e textos.

Mesmo excluindo algumas suspeitas, o grupo de homens e mulheres que acompanha o Mestre nas suas peregrinações, as modalidades da sua convivência e das suas relações colocam uma série de questões não limitadas àqueles anos e, pelo contrário, deles prolongadas nos séculos futuros. Um exemplo: aqueles discípulos eram, às vezes, homens casados, e Jesus os exortava a abandonar parentes e bens para o seguir. Podemos atribuir ao seu convite um significado hostil em relação à família? Ou, de qualquer forma, de uma preferência pelo celibato? O seu convite, na realidade, também poderia ter uma motivação diferente. A liberdade dos vínculos, das preocupações que uma família pode impor, assim como das alegrias que oferece, podia permitir aos seus discípulos que concentrassem todo o seu empenho na difusão da palavra divina. Todavia, ao se aceitar essa hipótese, como explicar, portanto, que os primeiros sacerdotes e os *episcopoi** (aqueles

---

* "Bispos". (N.T.)

que dirigiam uma comunidade local) fossem, pelo contrário, casados? O celibato imposto ainda hoje aos sacerdotes da Igreja católica é consequência daquela imposição? Sabemos também que aqueles discípulos não estavam todos no mesmo plano. Um deles, cuja identidade ignoramos, era considerado o "predileto", o "mais amado". Essa predileção encobre uma verdadeira e peculiar *amitié amoreuse* entre dois homens, frequente também na Antiguidade clássica e na mitologia, embora nem sempre completada por uma relação explicitamente erótica? É esse o nosso caso? O próprio número dos discípulos, fixado pela tradição em doze, poderia ter caráter esotérico. Doze é um número significativo, mágico, segundo algumas crenças, e corresponde, entre outras coisas, ao número das tribos de Israel.

Mudemos a perspectiva sobre esse grupo. Alguns versículos de Lucas descrevem as pessoas que seguiam Jesus nos seus deslocamentos (8,1-3): "Depois disso, Jesus andava pelas cidades e aldeias anunciando a boa-nova do Reino de Deus. Os Doze estavam com ele, como também algumas mulheres que tinham sido livradas de espíritos malignos e curadas de enfermidades: Maria, chamada Madalena, da qual tinham saído sete demônios; Joana, mulher de Cuza, procurador de Herodes; Susana e muitas outras, que o assistiram com as suas posses." Quem eram essas mulheres? De qual classe, com que renda? Sobretudo: que necessidade as impelia a uma vida errante, certamente desconfortável? Esse tema nos coloca num terreno sobre o qual muito se tem discutido: a possível relação que Jesus poderia ter tido com pelo menos uma dessas mulheres, a famosa Maria de Magdala, que uma tradição mais tardia identificou com a prostituta redimida, aquela que, segundo alguns, humilhou-se orgulhosamente ao lavar os pés do Mestre. Sobre essa figura, baseia-se uma tradição que vai até a emigração de Madalena após a morte de Jesus, a sua chegada a Marselha, a lenda do Santo Graal: toda uma florescência de histórias da Antiguidade e da Alta Idade Média de que se conhecem também os últimos e clamorosos desenvolvimentos romanescos. O que existe de verdadeiro ou ainda de hipoteticamente verossímil numa relação entre Jesus e Maria Madalena? Não houve entre eles nem mesmo um beijo na boca, de que fala o Evangelho de Filipe? Nele se lê: "A Sofia, a quem chamam a estéril, é a mãe dos anjos. A companheira de Cristo é Maria Madalena. O Senhor amava Madalena mais que todos os discípulos e muitas vezes a beijava na boca. Então, os outros discípulos disseram: 'Por que a amas mais do que a todos nós?' O Salvador respondeu dizendo-lhes: 'Por quê? Não vos amo a todos como a ela?.'" São muitos os assuntos que as relações entretecidas por Jesus e à sua volta oferecem à análise histórica. Importantes por aquilo que foram à época, mas também pelo que podem significar ainda hoje.

Jesus parece ter, às vezes, uma atitude hostil em relação à família. É uma impressão fundamentada? Se sim, como se pode explicá-la?
O seu movimento tem características intensamente revolucionárias. Isso comporta uma forte ruptura com o *éthos* familiar habitual. Hoje, alguns estudiosos tentam reavaliar a influência do ambiente doméstico no seu movimento e nos primeiros cristãos. Pelo contrário, creio mais correto manter a abordagem dada nos anos 70, segundo a qual existe uma contraposição radical entre o movimento de Jesus e as famílias. Isso também implica que a lógica normal da família, mãe, irmãos, pai, seja por ele descartada e combatida. Aqui também está o motivo fundamental da ausência, no movimento, do seu pai, José, e de tantos outros pais de discípulos. Vejo Jesus como uma pessoa substancialmente sozinha, capaz de ir buscar quase exclusivamente em si mesmo as motivações da sua própria ação; um homem que se confidencia pouco com quem lhe está próximo, que mantém oculto o poderoso segredo da sua personalidade. Essa atitude provoca muitas vezes

reações polêmicas e exacerbadas em relação às pessoas com quem ele está em contato, incluindo os discípulos mais próximos e até mesmo a sua mãe.

As relações com Maria parecem realmente ríspidas em algumas ocasiões.
A polêmica também bastante intensa com a sua mãe pode, entretanto, coexistir com certa dependência dele em relação a ela. Do ponto de vista histórico, a figura de Maria parece ter grande relevo tanto para Jesus quanto para a primeiríssima geração cristã. Após a morte do filho, reencontramo-la em Jerusalém junto ao grupo mais íntimo de seguidores, os Onze. Os Atos dos Apóstolos (1,14) são explícitos: "Todos eles perseveravam unanimemente na oração, juntamente com as mulheres, entre elas Maria, mãe de Jesus, e os irmãos dele."

Conhecemos o papel de Maria após a morte do filho?
O discípulo amado, aquele que no Evangelho de João não tem nome, acolhe-a na sua casa, provavelmente em Jerusalém, e Maria, na minha opinião, constituiu uma importante fonte de informações para alguns dos primeiros escritores cristãos. Embora não possa confirmar isso, penso particularmente no autor do evangelho chamado "de Lucas". Maria parece ficar no mesmo grupo dos irmãos de Jesus, assumindo um papel de guia para eles. Acredito também que, pelo menos no início, tivesse uma influência importante sobre o filho. O Evangelho dos Nazarenos, por exemplo, que provém dos seguidores judeus de Jesus, diz que foi Maria com os seus irmãos quem aconselhou Jesus a ser batizado por João Batista. A oposição à mãe, evidente na passagem citada de Marcos (3,31 e sgs.), explica-se bem com a subordinação da lógica familiar à lógica do movimento. Jesus impôs aos seus discípulos que rompessem com os interesses da família, pois ele próprio o havia feito:

"Se alguém vem a mim e não odeia seu pai, sua mãe, sua mulher, seus filhos, seus irmãos, suas irmãs e até a sua própria vida, não pode ser meu discípulo" (Lc 14,26).

O círculo de homens, casados ou solteiros, reunido em volta de Jesus levou à hipótese de relações homossexuais entre eles.

Não tenho confirmações para suspeitas desse tipo para os séculos passados. É provável que, graças ao surgimento dos *gay studies*, sobretudo nos Estados Unidos, se tenha desenvolvido certa atenção para com essa temática, debatida não apenas por estudiosos homossexuais. Penso que, se as estudiosas mulheres foram capazes de perceber aspectos geralmente negligenciados pelos homens, o mesmo pode acontecer graças a estudiosos homossexuais. Pessoalmente, considero essa hipótese infundada. Um pesquisador holandês, Sjef van Tilborg, autor de um ensaio intitulado *Imaginative Love in John* (Amor imaginativo em João), entretanto, levantou a hipótese de que a família de Jesus fosse estruturalmente típica para a formação de um homossexual.

Quais são os elementos que levam a tal hipótese?

Segundo Van Tilborg, que trata esse tema difícil com muita delicadeza, na família de Jesus se verifica uma ausência do pai e, ao contrário, um excesso de presença da mãe. Nessas condições, o filho mais velho (abrindo parênteses: se Maria teve realmente vários filhos, não se entende por que Jesus teria de ser o primogênito) desenvolveria uma relação particular com a mãe, e essa seria a situação típica em que pode se formar um jovem homossexual. O discípulo amado do Evangelho de João teria com Jesus uma ligação amorosa, mas não completada por uma relação sexual. Tudo isso me parece sem fundamento.

O jovem que na noite da paixão foge, nu, é um episódio perturbador, para o qual não foram dadas explicações seguramente plausíveis.

No Evangelho de Marcos é dito que, no momento da prisão de Jesus, "(...) seguia-o um jovem coberto somente de um pano de linho; e prenderam-no. Mas, lançando ele de si o pano de linho, escapou-lhes despido" (14,51-52). Alguém insinuou que aquele rapaz havia passado o entardecer e parte da noite antes da prisão no Jardim de Getsêmani com Jesus, mas é um absurdo. Se existisse alguma suspeita a esse respeito, Marcos teria evitado relatá-lo. Pelo contrário, ele se refere ao episódio com a certeza de que ninguém possa se equivocar.

Do mesmo modo, não se deve interpretar como uma preferência sexual o fato de que, no grupo dos discípulos, houvesse um definido por João como "o discípulo amado". A ele o evangelho não dá nome, mas a tradição o identifica com João, irmão de Tiago e filho de Zebedeu. O fato de que, na última ceia, ele estivesse deitado, ainda segundo João, com outros três ou quatro discípulos no mesmo triclínio em que estava deitado Jesus e de que tivesse apoiado a cabeça no seu peito significa apenas (se a coisa não foi casual) que ele estava destinado a um lugar de honra, segundo a etiqueta helenística. Que depois ele fosse chamado de "amado" apenas significa que tinha com Jesus uma relação particular de amizade e de fidelidade. A ele, de fato, Jesus confia até mesmo a sua mãe no momento da morte.

Podemos dizer, em suma, que os elementos para alimentar interpretações ambíguas são escassos e incertos.
Os mestres da filosofia antiga, sobretudo no período clássico, mantinham relações eróticas com os seus discípulos. Mas Jesus pertence à cultura semítica, muito diferente da cultura grega nesse ponto. Muitas décadas após a sua morte, ambientes embebidos de

cultura helenística, como os carpocracianos ou alguns grupos gnósticos, puderam equivocar-se sobre certos aspectos do cristianismo primitivo, mas isso não autoriza a lhes atribuir propensões que certamente lhes eram estranhas.

Do seu séquito faziam parte não apenas homens mas também muitas mulheres. Que relações podemos aventar?

Também o assim chamado séquito feminino de Jesus foi interpretado como um possível sinal da sua homossexualidade, no sentido de que para as mulheres aquela companhia não representava um perigo sexual. Mas a presença de Maria Madalena, de Joana, de Susana e das outras mencionadas por Lucas também foi vista num sentido diametralmente oposto, isto é, como prova de que Jesus manifestasse um interesse para as mulheres impróprio a um mestre religioso. Ambas as interpretações me parecem erradas, fruto de uma sensibilidade de caráter contemporâneo.

Lucas dá uma conotação a essas mulheres também do ponto de vista social. De que classes sociais elas procedem?

Parecem ser mulheres um tanto ricas. Joana é a mulher de Cuza, administrador de Herodes. O evangelho também fala em "Susana e muitas outras que o assistiram com as suas posses". São mulheres que pertencem às classes altas, capazes de andar ao redor de um pregador sem pedir permissão e que, aliás, dispunham de dinheiro e podiam financiar, em parte, o movimento. O historiador Flávio Josefo escreve que, em várias cidades do Império Romano, havia mulheres não judias das classes altas que aderiam ao judaísmo para satisfazer uma intensa necessidade de religiosidade. Considero que o séquito feminino de Jesus era formado por mulheres em busca de uma resposta religiosa profunda e autêntica. No movimento, não prevaleciam figuras patriarcais da geração mais antiga. Isso dava às mulheres a possibilidade de desempenhar mais livremente um papel ativo e criativo. Um período de trinta anos de estudos sobre esse papel revolucionou a forma tradicional de compreender a sua posição no cristianismo primitivo.

O senhor, contrariamente à opinião mais difundida, delineia uma comunidade sexualmente mista. Aconteciam relações sexuais no seu interior?
A sexualidade é concebida por Jesus apenas no casamento. Além disso, Jesus parece ter sido contrário ao divórcio. Segundo Mateus, Marcos e Lucas, ele pedia aos seus que se afastassem da família, aos homens casados que deixassem a própria mulher e, a partir de alguns trechos de Lucas, pode-se concluir que também pedisse às mulheres que se afastassem dos maridos. Mas certamente Pedro era casado e, mais em geral, não há nenhuma afirmação em que Jesus estimule as pessoas a não se casarem. Na Primeira Carta aos Coríntios (7,12), Paulo parece dizer que não é Jesus, mas ele mesmo, quem aconselha que não se casem; Mas nos encontramos agora fora do pensamento do Mestre. Naquela mesma carta, lê-se que Cefas e os irmãos do Senhor pregavam levando consigo mulheres, que talvez fossem as suas esposas, talvez colaboradoras subordinadas. Algumas décadas depois, o autor da Primeira Carta a Timóteo, que não é Paulo, mas alguém que escreve em seu nome, diz (3,1): "Eis uma coisa certa: quem aspira ao episcopado saiba que está desejando uma função sublime. Porque o bispo tem o dever de ser irrepreensível, casado uma só vez (...)". Daqui se deduz que, para o *episcopos*, é preferível ter uma mulher.

Não se temia que as ânsias e as alegrias de uma família pudessem distrair o homem da Igreja dos seus deveres sagrados?
A preferência pelo casamento deriva do fato de que, na tradição judaica, o estado conjugal oferece maiores garantias de estabilidade.

A Carta a Timóteo exige do *episcopos* que ele seja "sóbrio, prudente, regrado no seu proceder, hospitaleiro".* A hospitalidade é importante. Estamos numa fase em que os seguidores de Jesus ainda não dispõem de edificações institucionalmente dedicadas a objetivos religiosos. Os pregadores itinerantes têm necessidade de ser hospedados nas casas dos novos adeptos. O *episcopos* deve ser, além disso, "hospitaleiro, capaz de ensinar. Não deve ser dado a bebidas, nem violento, mas condescendente, pacífico, desinteressado; deve saber governar bem a sua casa, educar os seus filhos na obediência e na castidade. Pois quem não sabe governar a sua própria casa, como terá cuidado da Igreja de Deus?" (1 Tm 3,2-5). Como se vê, não há nenhuma desconfiança em relação ao casamento, pelo contrário.

O celibato dos padres, inclusive amplamente violado na prática, é portanto apenas uma instituição regulamentar, de ocasião, sem fundamento na prática do cristianismo primitivo.
A Igreja latina, que defendeu e continua a defender incansavelmente o celibato dos sacerdotes católicos, nunca afirmou — e aliás nem poderia fazê-lo — que o celibato seja uma característica necessária ao sacerdócio. Por si só, o sacerdote, como o apóstolo dos tempos de Jesus e das primeiras gerações cristãs, poderia muito bem ser casado. Aos sacerdotes do rito grego, ademais, o casamento é consentido.

Jesus pedia a quem quisesse segui-lo que deixasse a família. Episcopoi e sacerdotes são, pelo contrário, casados. Não há uma contradição?
O estímulo de Jesus para abandonarem casa e bens, mulher e filhos era imposto pela confusão, considerada iminente, que se

---
* 1 Tm 3,1. (N.T.)

verificaria quando o reino de Deus, derramando-se sobre o povo de Israel, salvaria aqueles que houvessem mudado de vida, condenando, pelo contrário, quem não se houvesse convertido. Quando os seus seguidores começaram a perceber que o fim deste mundo demorava, também se tornou menor para os pregadores itinerantes a necessidade de permanecerem numa provisória situação de espera. A pregação se concentrou, portanto, na vida normal do mundo de sempre, longe do sonho de um reino de Deus, cujo advento se encontrava num futuro distante. Uma mudança posterior ocorreu quando a maioria dos seguidores já não era formada por judeus, mas por pessoas com uma cultura religiosa helenístico-romana. Por trás da prática paulatinamente introduzida do celibato do clero, vislumbra-se a inserção pelo cristianismo antigo de concepções estranhas ao judaísmo e, portanto, também à cultura de Jesus: a renúncia ao casamento se tornou, assim, um ideal superior em relação à vida familiar. Por outro lado, sabemos pouquíssimo sobre a vida privada de Jesus. Até mesmo se levantou a hipótese, mas sem verdadeiro fundamento, de que pudesse ter se casado e depois ficado viúvo.

Uma figura feminina se sobrepõe às outras, exceto, obviamente, à sua mãe: Maria de Magdala, ou Madalena. Tem-se fantasiado muito sobre ela. Qual era a sua relação com Jesus?

Na tradição latina, Madalena se tornou um dos símbolos daquilo que podemos definir como "machismo religioso". Fantasiou-se sobre ela, vendo-a como uma mulher capaz de emanar uma fortíssima carga sexual, também simbólica. As imagens medievais a representam com uma longa cabeleira loura, que a envolve completamente. Já isso lança alguma suspeita sobre certas imaginações. Nos últimos tempos, a necessidade de se criar de alguma forma uma biografia sexual e psicológica de Jesus reforçou ainda mais a sua figura. Já no musical *Jesus Cristo Superstar*, dissimulava-se uma cuidadosa, e diria casta, relação entre os dois. Filmes mais recentes, alguns romances e ensaios romanescos transformaram essa relação numa verdadeira convivência ou num casamento.

Existe a possibilidade de se avaliar bem a natureza e a consistência dessa relação com base nos textos?
Os evangelhos não mencionam que Madalena era uma prostituta. Somente na interpretação posterior à sua figura foi sobreposta à da prostituta que realiza um extraordinário gesto de veneração em relação a Jesus. Lucas escreve: "Uma mulher pecadora da cidade, quando soube que estava à mesa em casa do fariseu, trouxe um vaso de alabastro cheio de perfume; e, estando a seus pés, por detrás dele, começou a chorar. Pouco depois suas lágrimas banhavam os pés do Senhor e ela os enxugava com os cabelos, beijava-os e os ungia com o perfume" (7,37-38). Dessa mulher não se menciona o nome. O evangelho acrescenta que Jesus lhe perdoa os pecados. Poucos versículos depois, o mesmo evangelho, nomeando algumas mulheres que seguiam Jesus, menciona que entre elas se encontrava Maria de Magdala e destaca que dela Jesus havia tirado sete demônios, o que não quer dizer que fossem demônios de caráter sexual. Para Lucas, as duas mulheres são certamente diferentes, e Madalena não é uma prostituta. A sua transformação em prostituta só ocorreu a partir do século VI no Ocidente.

Seja como for, Maria Madalena tem um papel relevante nos evangelhos; a sua presença é mencionada em momentos muito significativos.
Segundo Marcos, Mateus e Lucas, ela assiste à crucificação, ao sepultamento e à descoberta do túmulo vazio. Para João, ela é a

primeira a presenciar a aparição de Jesus ressuscitado. São circunstâncias que explicam por que essa mulher se tornou um forte símbolo na fé cristã primitiva.

Maria de Magdala assume papel e dimensão importantes em numerosos textos cristãos antigos não incluídos no Novo Testamento.

De fato, não poucas vezes, essa mulher é considerada, espiritualmente superior a discípulos famosos. No final do Evangelho de Tomé, Jesus a defende de Pedro, que queria excluí-la: "Simão Pedro disse: 'Seja Maria afastada de nós, porque as mulheres não são dignas da vida.' Respondeu Jesus: 'Eis que eu a atrairei, para que ela se torne homem, de modo que também ela venha a ser um espírito vivente, semelhante a vós, homens. Porque toda mulher que se fizer homem entrará no Reino dos céus.'" A competição espiritual entre Pedro e Madalena reaparece no *Pistis Sofia*, um texto do século III. Outro exemplo se encontra no *Diálogo do Salvador*, obra que não deve ser confundida com o *Evangelho do Salvador*,* um texto em copta já citado, descoberto nos anos 1940 no Egito, em Nag Hammadi. Nesse texto, Maria de Magdala se mostra destinatária, juntamente com Tomé e Mateus, de um ensinamento particular por parte de Jesus e parece superior aos outros em conhecimento. No *Evangelho de Maria* (de Magdala), em copta, lê-se: "Pedro disse a Maria: 'Irmã, sabemos que o Salvador te amava mais do que qualquer outra mulher. Conta-nos as palavras do Salvador, as de que te lembras, aquelas que só tu sabes e nós nem ouvimos.' Maria Madalena respondeu dizendo: 'Esclarecerei a vós o que está oculto.' E ela começou a falar essas palavras: 'Eu', disse ela, 'eu tive uma visão do Senhor e contei a Ele: Mestre, apareceste-me hoje numa visão.'" No fim da visão, Pedro sente-se humilhado: "Será que ele realmente

---

* Conhecido também como *Papiro Egerton 2* ou *Evangelho Desconhecido de Berlim*. (N.T.)

conversou em particular com uma mulher e não abertamente conosco?" Mas outro discípulo, Levi, censura Pedro: "(...) se o Salvador a fez merecedora, quem és tu para rejeitá-la? Certamente o Salvador a conhece bem. Daí a ter amado mais do que a nós." Alguns especialistas, como, por exemplo, Elisabeth Schüssler Fiorenza, pensam que a tradição eclesiástica masculina havia ocultado o papel religioso de Madalena, presente, entretanto, também nos evangelhos canônicos. Somente o Evangelho de Filipe, datável do século II e tendo chegado até nós em tradução copta, contém afirmações que podem fazer pensar numa relação amorosa entre Jesus e Maria Madalena. No entanto, eu as considero interpretações erradas do texto.

E o beijo na boca sobre o qual fala justamente o Evangelho de Filipe?

Trata-se de um beijo sagrado, um dos atos praticados nas reuniões litúrgicas da Igreja primitiva. Ainda hoje, inclusive, o beijo na boca é típico de muitas culturas, sem que tenha um significado sexual específico. O beijo de Jesus em Madalena também não tem um caráter erótico; poderia muito bem ser trocado com os discípulos homens. Ele revela a intenção de dar ao gesto uma particular intensidade religiosa parecida com o ato descrito no capítulo 20 do Evangelho de João, quando Jesus sopra sobre os discípulos para lhes transmitir o Espírito Santo. Pergunto-me se, também no Evangelho de Filipe, não se pensa num ato de caráter ritual, para confirmar uma comunicação espiritual intensa. O trecho parece contrapor a figura mítica de Sofia, religiosamente estéril, à de Madalena, que, pelo contrário, por meio da união espiritual, é fecunda.

XI

JESUS TAUMATURGO

Para onde quer que ele fosse, uma casa particular, uma sala, um caminho, a praça de uma aldeia, juntava-se uma grande multidão. Essas aglomerações eram ocasionadas não só pela força da sua pregação e do seu exemplo, mas também pelo fato de que ele era precedido e rodeado pela fama de poderoso realizador de curas, dotado da capacidade de sanar várias doenças e de expulsar os demônios, sintomatologia sob a qual se ocultavam vários distúrbios nervosos e psiquiátricos. Relata Marcos (6,56): "Onde quer que ele entrasse, fosse nas aldeias ou nos povoados, ou nas cidades, punham os enfermos nas ruas e pediam-lhe que os deixassem tocar ao menos na orla de suas vestes. E todos os que tocavam em Jesus ficavam sãos." A experiência clínica ensina que doenças como surdez, mutismo, cegueira, paralisia são sintomas de males que podem ser enfrentados com um tratamento psicoterápico. Também sabemos que existem pessoas dotadas do extraordinário poder de aplacar a histeria, fazendo desaparecer os seus sintomas. O ilustre estudioso Morton Smith dedicou um volume inteiro a esse aspecto da personalidade de Jesus: no ensaio *Jesus the Magician* (Jesus, o Mago).

Alguns fenômenos de cura ou até mesmo de ressurreição realizados por Jesus permanecem inexplicáveis à luz da ciência.

Sabemos, porém, que, num plano geral, naquela época como hoje, toda terapia é facilitada se o paciente tiver muita confiança no médico ou na "medicina", seja qual for a natureza desta. Jesus também necessitava, para os seus milagres, de uma grande fé por parte de quem o ouvia, circunstância confirmada, *a contrario sensu*, por um episódio célebre. Quando ele volta a Nazaré, sua aldeia natal, a incredulidade dos seus ex-concidadãos é tamanha que não lhe permite fazer milagres. Mateus escreve explicitamente (13,58): "E, por causa da falta de confiança deles, operou ali poucos milagres." É nessa mesma ocasião que Jesus pronuncia a frase que se tornaria proverbial: "*Nemo propheta acceptus est in patria sua*", ninguém é aceito como profeta na sua própria terra (Lc 4,24). Quando percebe essas suas capacidades extraordinárias, Jesus procura compreender de onde elas vêm e até que ponto é capaz de controlá-las; aquilo que nos outros suscitava admiração desperta nele uma profunda perturbação: nós o vemos recorrer à oração na tentativa de obter um esclarecimento.

Os realizadores de curas, de vários tipos e de diferente credibilidade, sempre existiram, em todos os lugares, e ainda continuam atuantes. No entanto, a sua importância muda em relação às condições higiênicas e culturais do lugar onde atuam. Nos anos sobre os quais estamos falando, a situação sanitária na região de Israel, como, aliás, no restante do mundo, era deplorável. Naquela época, não existiam hospitais, muito menos asilos para os loucos. Os conhecimentos clínicos eram imprecisos e assim permaneceram até quase o início da modernidade. A cirurgia se limitava a poucas intervenções realizadas de maneira rudimentar em meio a sofrimentos indizíveis. Frequentemente, aqueles que diziam ser médicos não passavam, na realidade, de algo muito mais parecido com um feiticeiro. Os doentes, os histéricos, os insanos representavam quase sempre um peso insustentável para a mísera renda das famílias e eram realmente expulsos, obrigados a vagar como abandonados. Em todo o Oriente Médio, e em geral na região inteira do Mediterrâneo, essa situação se prolongou até o final do século XIX. Na Palestina, durante a primeira colonização judaica,* ainda se podiam ver esses pobres dementes perambular desnorteados, ou deitados num canto a dormir, agachados nos próprios excrementos ou no próprio vômito, num estado de desumana abjeção. No tempo de Jesus, o espetáculo dos abandonados que circulavam pelas aldeias devia ser frequente e muito penoso. Uma esperança enorme se difundia, portanto, ao se ver alguém que parecia capaz de curar aqueles males, aliviando tanto sofrimento. Os evangelhos nos dizem que, ao anúncio da chegada de Jesus, todos os doentes da aldeia visitada eram retirados das casas para que ele pudesse vê-los; alguns desses infelizes conseguiam, de fato, tocar nele ou mesmo apenas roçar "na orla de suas vestes", como escreve o evangelista.** A presença desse homem — cuja chegada era cercada de tanta esperança que todos diziam estar certos de que muitas doenças seriam curadas — devia suscitar tamanho arrebatamento que, por si só, era a premissa de um possível alívio.

Conhecemos pelo menos um caso em que Jesus percebe que uma parte dessa sua "força" lhe é subtraída, isto é, sai dele de forma inconsciente. O relato é de Marcos (5,25 e sgs.): "Ora, havia ali uma mulher que já havia doze anos padecia de um fluxo de sangue. Sofrera muito nas mãos de vários médicos, gastando tudo o que possuía, sem achar nenhum alívio; pelo contrário, piorava cada vez mais. Tendo ela ouvido falar de Jesus, veio por detrás, entre a multidão, e tocou-lhe no manto. Dizia ela consigo: Se tocar, ainda que seja na orla do seu manto, estarei curada. Ora, no mesmo instante se lhe estancou a fonte de sangue, e ela teve a sensação de estar curada. Jesus percebeu imediatamente que saíra dele uma força e, voltando-se para o povo, perguntou: 'Quem

---
* Ocorrida de 1882 a 1903. (N.T.)
** Marcos 6,56. (N.T.)

tocou minhas vestes?' Responderam-lhe os seus discípulos: 'Vês que a multidão te comprime e perguntas: Quem me tocou?' E ele olhava em derredor para ver quem o fizera."

Entretanto, existe também um aspecto ameaçador desse imenso apoio popular, do qual nos ocuparemos mais amplamente a seguir, mas que já pode ser mencionado: as mesmas multidões que acompanhavam os seus deslocamentos, seduzidas pelos prodígios de que o consideravam capaz, abandonaram-no quando, apesar do seu poder, ele parece à mercê dos seus perseguidores, que o queriam morto. A sua força de persuasão, o fascínio que ele emanava certamente se baseavam em grande parte nessa sua capacidade de realizador de curas, de taumaturgo, que Morton Smith chama de "mago". Essa força, porém, se transforma em fraqueza no momento em que ele se torna um prisioneiro acorrentado, derrotado, zombado, humilhado pelos seus algozes, e parece despojado daquela força. Uma atitude tão hesitante por parte das multidões corresponde, além disso, àquilo que quase sempre acontece. Um líder é aclamado, ovacionado, espera-se dele certa quantidade de benefícios, mas, quando, por um motivo qualquer, as razões da sua força e, consequentemente, os benefícios esperados e, portanto, o seu fascínio diminuem, com muita rapidez a multidão se afasta, deixando sozinho aquele homem até pouco antes idolatrado. Jesus também compartilhou esse destino imutável e duríssimo.

Como avalia a milagrosa capacidade taumatúrgica de Jesus?

Um dos meus mestres, Jacques Dupont, um beneditino infelizmente já falecido, conhecido pelos seus acurados estudos sobre parábolas e trechos individuais dos evangelhos, afirmava que o surpreendente em Jesus não é que tenha feito milagres, mas que tenha feito tão poucos. As grandes personagens religiosas da época eram todas famosas por fazer muitos milagres. Uma das suas características seria, portanto, fazer menos milagres do que os outros. Daí poderia deduzir-se que, no fundo, essa capacidade era nele relativamente limitada. Existe certa tendência de caráter racionalista que procura negar por princípio a possibilidade de fenômenos "inexplicáveis" à luz da razão. Hoje, no entanto, essa extrema confiança na racionalidade diminuiu um pouco; eu mesmo estou convencido de que é necessário admitir a existência de pessoas capazes de realizar autênticas curas consideradas "milagrosas", para as quais não existe uma explicação cientificamente verificável. No caso de Jesus, por exemplo, não existem apenas curas de distúrbios predominantemente psíquicos, mas também episódios muito mais difíceis de interpretar. Ressuscitar um morto, como no caso de Lázaro, ou intervir sobre forças naturais, ou multiplicar os alimentos: pão, peixes, vinho. Tenho convicção de que esses episódios não foram inventados, mas que os seus seguidores estavam realmente convencidos de haverem assistido àqueles fatos extraordinários.

É muito provável que Jesus, ao constatar esse seu poder, tenha se interrogado sobre o que estaria ocorrendo com ele, qual seria a fonte dessas capacidades. Sendo um judeu religioso, ele podia atribuir esse poder somente a Deus. A sua efetiva capacidade taumatúrgica poderia ser um dos fatos que mais nos aproximam do segredo da sua experiência individual.

A certa altura da sua vida, portanto, ele percebe que possui poderes extraordinários, sobre os quais tem apenas um controle parcial.

Poderia dizer-se que Jesus foi um mistério não apenas para os outros mas também para si mesmo. A sua capacidade de fazer milagres poderia ser um dos caminhos para se compreender que experiência teve e que questões levantou para si mesmo. Muitos dos seus contemporâneos se perguntavam se ele era realmente um enviado de Deus, mas ele próprio provavelmente procurou esclarecer o mistério da intervenção divina na sua vida. Fazia-o recorrendo frequentemente à oração, pedindo a Deus que o iluminasse. É uma hipótese minha, e, além disso, os textos evangélicos não permitem muito mais, embora Lucas, no episódio da transfiguração, pareça sugerir que ele havia invocado Elias e Moisés para que o esclarecessem sobre a sua atividade futura.

O fascínio que a sua presença emanava dependia das suas capacidades de realizador de curas, de "mago"?
É verdade que a atração que ele exercia sobre as multidões que se juntavam em volta dele dependia também da sua capacidade de curar. Além disso, ele se sentia capaz de transmitir esse poder aos seus discípulos, como se pode deduzir dos testemunhos que possuímos. O capítulo 16, o derradeiro do Evangelho de Marcos, chegou até nós em várias versões, e é de grande interesse comparar as diferentes redações dessas páginas. Leio-lhe um trecho na edição da Conferência dos Bispos Italianos, que reflete a posição oficial da Igreja Católica. Marcos escreve (16,15-17): "E disse-lhes: 'Ide por todo o mundo e pregai o Evangelho a toda criatura. Quem crer e for batizado será salvo, mas quem não crer será condenado. Estes milagres acompanharão os que crerem: expulsarão os demônios em meu nome, falarão novas línguas, manusearão serpentes e, se beberem algum veneno mortal, não lhes fará mal; imporão as mãos aos enfermos e eles ficarão curados.'"

Parecem efetivamente as exortações de um realizador de curas, de um exorcista.
São as promessas que ele faz aos seus discípulos. No momento da despedida, parece querer transmitir-lhes o seu poder, ou parte do poder, por ele possuído. É típico de certas figuras religiosas ser capaz de transmitir os próprios poderes aos seus adeptos.

Se ele possuía um poder divino, não há dificuldade em acreditar que ele pudesse transmiti-lo aos discípulos, mas, numa ótica "histórica", como interpretar aquelas palavras?

A explicação que prefiro é de caráter histórico-antropológico, também porque é a que nos permite entrar mais profundamente no segredo, no mínimo em alguns aspectos do segredo, da sua personalidade. O ponto fundamental poderia ser que o poder, a capacidade que Jesus pensava possuir, era algo que ele próprio considerava não ter origem nele.

Há o episódio da mulher que, apenas por lhe tocar o manto, sente-se curada das suas hemorragias.

A forma como Marcos o menciona revela a sua interpretação. Uma mulher toca não o seu corpo, mas o manto que cobre o corpo de Jesus; isso basta para desencadear uma força que, independentemente da vontade de Jesus, transmite-se para o corpo da mulher. Ele sente apenas que uma energia sai dele sem que possa controlá-la. Se esse fenômeno correspondesse à verdade histórica, ele nos mostraria um dos segredos da sua personalidade. Na visão de Marcos, encontramo-nos diante de uma pessoa que se tornou veículo de uma força que somente em parte ele sabe controlar. Um poder tão extraordinário que o intimida, levando-o a se interrogar sobre a natureza de tal força, sobre como usá-la, sobre as possíveis consequências. De fato, também merecem muita atenção as suas contínuas tentativas de limitar o seu uso, de disfarçar essa capacidade. Ainda no Evangelho de Marcos, ele exorta várias vezes a não se referir ao que aconteceu.

Um elemento posterior de reflexão nos vem do Evangelho de João, que parece considerar insuficiente a sua ação taumatúrgica para os objetivos da missão religiosa. No capítulo 12, versículo 37, escreve: "Embora tivesse feito tantos milagres na presença deles, não acreditavam nele." Na verdade, é como se, no final do capítulo 12, Jesus decidisse mudar de estratégia. Não mais a pregação pública nem os milagres, mas um método de comunicação diferente é o que vemos a partir do capítulo seguinte: o 13. Essa nova forma é simbolizada pelo fato de ele se vestir e agir como um escravo. Os escravos vestiam uma túnica e lavavam os pés dos hóspedes quando estes entravam em casa. É isso que ele faz, levando à cintura uma toalha de linho exatamente como os escravos. No *Romance de Esopo*, mais ou menos contemporâneo do Evangelho de João, encontramos a mesma cena quase com as mesmas palavras e quase com os mesmos instrumentos. É como se, a partir daquele momento, Jesus escolhesse usar não o sistema da força e, portanto, dos milagres, mas o da fraqueza, como se o sistema da força, dos grandes milagres, da pregação pública não houvesse proporcionado um resultado satisfatório. É por meio do caminho do fracasso e da fraqueza que ele pensa agora alcançar o resultado a que se propõe. Mas a multidão, apesar dos milagres, na hora do fracasso se dispersa e o abandona.

Que benefícios imediatos, antes do abandono, aquela multidão de miseráveis ou infelizes esperava dele?
A minha hipótese é que o séquito mais próximo de Jesus não era composto de gente pobre, mas de pessoas de uma classe um tanto abastada. Era necessário que Jesus lhes dissesse: "Vendam tudo o que possuem e deem-no aos pobres", o que, evidentemente, quer dizer que havia algo para ser vendido. É um tanto importante destacar que o círculo dos seus seguidores mais próximos não era composto por deserdados. Os motivos pelos quais estes o seguiam eram, em primeiro lugar, de caráter religioso, isto é, ligados não aos seus milagres, mas à mensagem e às totais esperanças que ele sabia suscitar. As cenas nas quais os discípulos decidem seguir Jesus ou Jesus os chama para o seguirem nunca são cenas de cura. Somente no caso de Maria Madalena, o Evangelho de Lucas (8,2) menciona que Jesus havia expulsado dela sete demônios.

Não há dúvidas, entretanto, de que eram sobretudo os pobres e os infelizes que se aglomeravam em volta dele nas praças das aldeias.

Jesus teve um cuidado particularíssimo com as camadas mais humildes da população. A palavra grega utilizada é, como já dissemos, *ptochòi*, que designa os mais pobres, aqueles que estão abaixo do mínimo para a subsistência. A sua preocupação era com esses abandonados, pessoas que não tinham sequer condições para trabalhar, que nunca haveriam tido a possibilidade de possuir uma casa de verdade. E, entre eles, os doentes, tantas vezes citados: mutilados, cegos, aleijados, surdos, mudos; em alguns casos, pessoas que o Evangelho de Marcos chama de "endemoninhados", nos quais ele faz "exorcismos". É sobretudo Marcos quem se refere a essas práticas, ao contrário de João, que jamais fala nelas. Marcos registra bem quatro episódios desse gênero, enquanto João parece quase querer afastar de Jesus semelhantes ações, como se quisesse negá-las. Todavia, independentemente das diferenças entre os evangelhos, não há dúvidas de que Jesus tivera com os mais infelizes um cuidado incessante e que, consequentemente, direcionou sobretudo para eles o seu poder taumatúrgico. O reino de Deus, que ele imaginava iminente, devia ser, nas suas expectativas, um período em que os pobres se alimentariam até se satisfazerem, as suas doenças desapareceriam, a abundância e a justiça reinariam, em que até mesmo a oposição entre homens e animais se atenuaria. As suas curas representaram certamente uma grande esperança para as classes mais humildes da população.

Ainda hoje, quando parece se manifestar algum poder "prodigioso", imediatamente se reavivam não apenas grandes expectativas mas também enormes interesses.

Exatamente isso permite compreender melhor a razão pela qual Jesus procurou sempre se esquivar das aglomerações de pessoas que se reuniam em volta dele. Os evangelhos destacam esse seu constante afastamento da multidão para se refugiar em lugares isolados. Ele evitava qualquer forma de exploração econômica dos seus dons religiosos e taumatúrgicos. Impôs aos discípulos que vendessem os próprios bens, que pregassem nas aldeias da região de Israel sem levarem consigo dinheiro ou roupas para se trocarem. Nada está mais longe da sua prática do que construir santuários nos lugares onde se verificaram milagres ou onde reside um santo que realiza curas. Esses lugares se tornam, necessariamente, também centros de acumulação de dinheiro, bens, poder, superstições, todos fenômenos radicalmente estranhos ao seu ensinamento. Isso deveria levar as autoridades eclesiásticas que os apoiam a uma reflexão.

Não me parece que, quanto a isso, haja grandes esperanças. Pelo menos por enquanto.

XII

AS CAUSAS DA PRISÃO

A fase crucial e mais dramática começa com a prisão de Jesus. Do ponto de vista histórico, a pergunta fundamental é: por que o rabino, o messias judeu, é preso para depois ser condenado à morte? Pode-se abrir a discussão com um trecho do Evangelho de Marcos, já citado no capítulo anterior a propósito de outro aspecto, quando o evangelista relata (6,56): "Onde quer que ele entrasse, fosse nas aldeias ou nos povoados, ou nas cidades, punham os enfermos nas ruas e pediam-lhe que os deixassem tocar ao menos na orla de suas vestes. E todos os que tocavam em Jesus ficavam sãos." Esse versículo ilustra a ação de Jesus taumaturgo, realizador de curas.

No entanto, podemos examinar os mesmos acontecimentos do ponto de vista da ordem pública. Podemos imaginar a cena descrita pelo evangelista pensando no que acontece também hoje durante certas manifestações de fanatismo: doentes enfileirados ao longo da rua, que imploram a cura gritando e empurrando uns aos outros, multidões enormes e entusiastas que se pisoteavam na convicção de poder receber algum benefício ou instigadas pela curiosidade ou pelo simples instinto de imitação. Uma situação certamente preocupante para as autoridades; de fato, os sacerdotes do Templo deviam ficar um tanto alarmados, quer por motivos do seu ministério, quer, digamos também, por medo da concorrência. O Templo representava, como já lembramos, o centro do sentimento nacional e religioso de Israel; o seu controle era fundamental também de um ponto de vista político. Além disso, Israel era uma região ocupada, e os romanos eram muito desconfiados em relação aos judeus, considerados um povo indócil e difícil de governar. Se algum rebelde, instigado pela multidão, viesse a se apropriar do Templo, os romanos poderiam desencadear uma dura ação repressiva, e toda a coletividade sofreria com isso.

A situação se agrava depois de Jesus haver ressuscitado Lázaro, morto havia quatro dias. Marta, irmã do falecido, disse-lhe: "Senhor, ele já cheira mal, pois é o quarto dia." Isso convence o sumo sacerdote daquele ano, Caifás, a convocar os sábios do sinédrio para uma consulta. João escreve (11,47-48): "Que faremos? Esse homem multiplica os milagres. Se o deixarmos proceder assim, todos crerão nele, e os romanos virão e arruinarão a nossa cidade e toda a nação." Esta, portanto, numa interpretação exclusivamente "histórica", parece ser a situação: repleta de perigos que realmente se concretizarão em 66, quando eclodirá uma revolta sangrenta, durante a qual a guarnição romana será massacrada. Ocorrerá depois o cerco realizado por Tito em 70; Jerusalém será reconquistada, incendiada, arrasada, incluindo o Templo.

Uma reconstrução o mais precisa possível dos movimentos de Jesus nos últimos dias pode nos ajudar a discernir melhor os acontecimentos e as suas causas.

A sua chegada a Jerusalém, triunfalmente recebido, não sabemos exatamente em qual dia da semana ocorre, porque os evangelhos não são concordantes. São dias de grande intensidade espiritual e de movimentos frequentes. Os dois primeiros dias, segundo os evangelhos de Marcos e de Mateus, encerram-se com dois pernoites em Betânia. Depois do pôr do sol da quinta-feira, começa o dia mais longo de Jesus, que termina de noite, com a prisão e os primeiros maus-tratos. Na sexta-feira, ocorre o "julgamento" diante de Pilatos, se assim podemos chamá-lo, imediatamente seguido da condenação e da execução no Gólgota.

Existem algumas discordâncias nos evangelhos sobre essa sucessão de acontecimentos. A diferença mais importante, entretanto, é de conteúdo doutrinário. O texto de João, de fato, apesar de dedicar exatamente cinco capítulos aos últimos momentos, na narração da última ceia omite um episódio que os três evangelistas sinóticos consideram fundamental: aquele em que Jesus ensina aos discípulos e aos crédulos em geral a celebração da "ceia do Senhor". É a passagem em que ele exorta os comensais a comer o pão como se fosse o seu corpo e beber o vinho como se fosse o seu sangue. A doutrina transformará isso num gesto sacramental de altíssimo significado. João, ao contrário, narra um episódio totalmente diferente, escrevendo que Jesus se levanta da mesa, retira as vestes e se cinge com uma toalha; depois, deita água numa bacia e começa a lavar os pés dos discípulos. A lavagem dos pés também se tornaria posteriormente um gesto ritual em várias confissões cristãs, incluindo a católica.

Marcos, no seu texto, faz do ritual do pão e do vinho o momento central da ceia, escrevendo (14,22-25): "Durante a refeição, Jesus tomou o pão e, depois de benzê-lo, partiu-o e deu-o aos discípulos, dizendo: 'Tomai, isto é o meu corpo.' Em seguida, tomou o cálice, deu graças e apresentou-lho, e todos dele beberam. E disse-lhes: 'Isto é o meu sangue, o sangue da aliança, que é derramado por muitos. Em verdade vos digo: já não beberei do fruto da videira, até aquele dia em que o beberei de novo no Reino de Deus.'"

Lembro, por acaso, que a Páscoa hebraica (*Pessach*) não tem o significado, que depois lhe darão os cristãos, de festa da "ressurreição"; ela celebra, pelo contrário, a libertação dos judeus da escravidão no Egito, como se lê no Êxodo (12,14): "Conservareis a memória daquele dia, celebrando-o com uma festa em honra do Senhor: fareis isso de geração em geração, pois é uma instituição perpétua."

Voltando à ceia de Jesus, os textos dão testemunhos diferentes sobre o episódio. Nem o Evangelho de Tomé nem a fonte das suas palavras chamada "Q" fazem menção a uma tradição relativa à última ceia. Por outro lado, falam nela Paulo, na Primeira Carta aos Coríntios (11, 23-25) e os evangelhos de Marcos, de Lucas e de Mateus. O que alguns biblistas deduziram dessas diferenças, incluindo a curiosa omissão de João, é que, depois da sua morte, alguns grupos cristãos criaram o ritual da Última Ceia em imitação àquilo que ele havia praticado e para comemorá-lo. Esse ritual seria difundido, lentamente e em tempos diversos, nas várias comunidades, não se tratando, contudo, de um acontecimento histórico, nem de uma instituição formal estabelecida por Jesus.

Com base nos textos existentes, a prisão de Jesus foi por questões religiosas ou por motivações políticas?

As razões da prisão e da posterior condenação são um dos temas que mais apaixonam os historiadores. Não há opiniões concordantes a esse respeito, até porque os próprios evangelhos proporcionam reconstruções discordantes sobre os acontecimentos. Segundo Marcos (14,58), as motivações são as seguintes: "Ouvimo-lo dizer: 'Eu destruirei este templo, feito por mãos de homens, e em três dias edificarei outro, que não será feito por mãos de homens.'" A certa altura, Jesus é interrogado pelo sumo sacerdote, que lhe diz: "Não respondes nada? O que é isto que dizem contra ti? Mas Jesus se calava e nada respondia. O sumo sacerdote tornou a perguntar-lhe: 'És tu o Cristo, o Filho de Deus bendito?' Jesus respondeu: 'Eu o sou. E vereis o Filho do Homem sentado à direita do poder de Deus, vindo sobre as nuvens do céu.' O sumo sacerdote rasgou então as suas vestes. 'Para que desejamos ainda testemunhas?!', exclamou ele. 'Ouvistes a blasfêmia! Que vos parece?' E unanimemente o julgaram merecedor da morte" (Mc 14,60 e sgs.). Se julgarmos por esta cena, o motivo seria a afirmação de Jesus de ser o Messias; portanto, uma razão que podemos definir como político-religiosa. No entanto, também existe a afirmação de ser filho do homem, uma criatura sobrenatural sentada até mesmo à direita de Deus. Esse "filho do homem", segundo Daniel (7,13-14), deveria dominar para sempre o reino de Israel:

> Olhando sempre a visão noturna,
> vi um ser, semelhante ao filho do homem,
> vir sobre as nuvens do céu:
> dirigiu-se para o lado do ancião, diante de quem
> foi conduzido.
> A ele foram dados império,
> glória e realeza, e todos os povos,
> todas as nações e os povos de todas as línguas serviram-no.
> Seu domínio será eterno; nunca cessará
> e o seu reino jamais será destruído.

E o que dizer sobre a posterior reedificação do Templo?
A acusação a esse respeito é, ao mesmo tempo, de reforma religiosa e de revolta político-militar.

Portanto, segundo Marcos, as motivações da prisão também envolvem um aspecto político.
De fato, o Messias deve restaurar o reino de Israel, provocando, consequentemente, perturbações também políticas.

Passemos para o mérito dos fatos ocorridos nos últimos dias da sua vida, reconstruindo da melhor maneira possível aquela jornada dramática.

Sobre as últimas horas não há total coincidência nos relatos de que dispomos. Nos evangelhos canônicos, distinguem-se fundamentalmente duas tendências: a de Marcos e a de João (resumo para simplificar, pois Lucas e Mateus, embora divirjam em algum ponto, repetem substancialmente Marcos). A elas se deve juntar a versão, incompleta, do Evangelho de Pedro, que, segundo alguns estudiosos, seria o texto mais antigo sobre a paixão de Jesus.

Vejamos, então, como essas fontes narram a sequência dos fatos.

Segundo Marcos, quando Jesus chega a Jerusalém, na sua única viagem à capital, teve uma recepção triunfal. A sua entrada é descrita como tendo um caráter messiânico, potencialmente carregado de consequências públicas. No final do dia, ele deixa o Templo e a cidade, a fim de se retirar para Betânia. No dia seguinte, Jesus volta a Jerusalém, onde executa o ato violento de expulsar os vendilhões do templo. Duas ações intensas, de caráter público, no primeiro e no segundo dia, com possíveis consequências políticas. Também no final do segundo dia, Jesus regressa a Betânia; no terceiro dia, volta a Jerusalém, onde enfrenta uma jornada muito intensa. Para começar, há uma discussão sobre João Batista, mediante a qual Marcos destaca a continuidade entre Jesus e João, mas são as próprias autoridades religiosas, ainda segundo Marcos, que fazem essa ligação. Depois, vem a parábola da vinhas com a famosa frase: "Dai a César o que é de César." Em seguida, ocorrem muitas coisas: um debate sobre a ressurreição; a discussão sobre qual é o mandamento mais importante; outra sobre se o Messias deve ser filho de Davi. Há uma crítica aos escribas; uma palavra importante sobre quem tem mais mérito ao dar o óbolo, que valoriza os pobres; há, finalmente, o famoso discurso sobre a destruição de Jerusalém e o fim do mundo, feito em privado aos discípulos. Um dia intenso, no fim do qual ele volta mais uma vez a Betânia, na casa de Simão, o leproso.

Na manhã de quinta-feira, Jesus e os seus, ainda segundo Marcos, preparam-se para a ceia pascal. Conforme a tradição judaica, o novo dia, nesse caso a sexta-feira, começa ao anoitecer da quinta-feira. Ao final da ceia, em plena noite (e, portanto, já na sexta-feira), Jesus atravessa o vale, sobe o Monte das Oliveiras e entra num jardim chamado Getsêmani, onde prega com Pedro, Tiago e João. Em seguida, é preso e interrogado pelo sinédrio ao longo da noite. Na manhã seguinte, sexta-feira, é conduzido até Pilatos, seguem-se a cena de Barrabás, a coroação de espinhos, a condenação à crucificação, a morte.

A sucessão cronológica dos acontecimentos abrange, ao todo, sete dias, desde a entrada triunfal em Jerusalém até a ressurreição. A versão de João, no entanto, apresenta diferenças significativas.
No capítulo 12 do Evangelho de João é dito que, seis dias antes da Páscoa, Jesus se encontrava em Betânia, não na casa de Simão, o leproso, mas na de Lázaro, ressuscitado. Lá, Maria, irmã de Lázaro, unge-o com um bálsamo caríssimo: cena maravilhosa, narrada muitas vezes nos evangelhos e atribuída a diferentes mulheres. No dia seguinte, ocorre a entrada triunfal em Jerusalém (Jo 12,12). Depois, verifica-se um evento especial. Enquanto está, talvez, realizando um ritual de oração, Jesus ouve uma voz vinda do céu, episódio extraordinário durante o qual ele parece querer aceitar o destino que o aguarda. Nesse momento, ele se afasta, escondendo-se da multidão. Reaparece somente para passar a noite com os discípulos, durante a qual realizam a última ceia.

João descreve essa última noite em exatamente cinco capítulos. Existe um significado teológico, de fé, nessas contradições ou se trata apenas de diferenças de redação?
A grande diferença é que a última ceia narrada por João não é a ceia pascal; na verdade, ela se realiza um dia antes de o cordeiro pascal ser degolado e 24 horas antes da ceia da Páscoa. Para com-

preender a diferença, é necessário levar em consideração que a Páscoa judaica ocorre, segundo o calendário lunissolar da maioria da população, sempre no dia 15 do mês primaveril de Nisan e, por isso, pode cair em qualquer dia da semana. Para o Evangelho de João, a Páscoa, naquele ano, parece haver caído num sábado, enquanto para Marcos, seguido por Lucas e Mateus, caiu numa sexta-feira. Nos quatro evangelhos, a última ceia de Jesus ocorre numa noite de quinta-feira, quando a sexta-feira — segundo o costume judaico — já tivera início, mas apenas para Marcos, Lucas e Mateus se trata de uma sexta-feira de Páscoa. No fundo, para João, Jesus morre antes da Páscoa, enquanto para Marcos, Lucas e Mateus ele morre na Páscoa. Para João, a ceia pascal de todos os judeus ocorre depois da morte de Jesus; para Marcos, Lucas e Mateus, antes da morte de Jesus, que a celebra com os seus discípulos. De qualquer forma, para João se trata da última ceia e deveria incluir também a chamada "instituição" da eucaristia. Alguns estudiosos deduziram daí que o grupo de seguidores que se exprimem no Evangelho de João não conheceram esse ritual. Na realidade, uma leitura cuidadosa de outra parte do Evangelho de João revela que os "joanistas" conheciam o ritual. No capítulo 6, versículos 48-58, lê-se: "Eu sou o pão da vida. Vossos pais, no deserto, comeram o maná e morreram. Este é o pão que desceu do céu, para que não morra todo aquele que dele comer. Eu sou o pão vivo que desceu do céu. Quem comer deste pão viverá eternamente. E o pão, que eu hei de dar, é a minha carne para a salvação do mundo. A essas palavras, os judeus começaram a discutir, dizendo: 'Como pode este homem dar-nos de comer a sua carne?' Então Jesus lhes disse: 'Em verdade, em verdade vos digo: se não comerdes a carne do Filho do Homem, e não beberdes o seu sangue, não tereis a vida em vós mesmos. Quem come a minha carne e bebe o meu sangue tem a vida eterna; e eu o ressuscitarei no último dia. Pois a minha carne é verdadeiramente uma comida e o meu sangue, verdadeiramente uma bebida. Quem come a minha carne e bebe o meu sangue permanece em mim e eu nele.'"

Permanece a estranheza de o texto de João, apesar de ser o que mais detém sobre esses momentos, omitir justamente o episódio mais significativo.
O episódio é mencionado por muitas fontes, que transmitem tradições independentes uma da outra. As palavras da última ceia com que se pensa que Jesus tenha instituído o ritual da eucaristia são transmitidas por Paulo na Primeira Carta aos Coríntios, pelos evangelhos de Mateus, Marcos e Lucas, pela *Didaquê*, ou Ensinamento dos Apóstolos, obra muito antiga, cuja redação é provavelmente independente dos evangelhos canônicos. Acredito que seja impossível negar que Jesus tenha realizado uma ceia especial antes da sua prisão, celebrando nela um ritual em torno do pão e do vinho.

Ao pão e ao vinho, símbolos centrais da ceia judaica, incluindo a ceia pascal, ele parece atribuir um significado relacionado à sua morte iminente. Jesus devia ter refletido sobre a possibilidade de ser preso pelas autoridades romanas e judaicas. Já havia ocorrido com o seu mestre, João Batista, e as fortes reações à sua mensagem fizeram certamente com que ele temesse um fim violento. Nesse contexto, não é de se estranhar que, durante a última ceia, ele tenha tornado simbólica a bênção do pão e do vinho, referindo-se ao advento próximo do reino de Deus e a uma possível violência em relação a ele.

É legítimo supor que as suas palavras tenham sido mais ou menos modificadas pelos seus discípulos com o passar do tempo?
É possível que isso tenha ocorrido. Paulo e Lucas insistem no fato de que a taça de vinho simboliza o sangue de Jesus para a

"nova" Aliança. Já Mateus afirma que Jesus viu na taça o seu sangue derramado pela remissão dos pecados (26,22-23): "E, tomando o cálice, e dando graças, deu-lho, dizendo: 'Bebei dele todos; porque isto é o meu sangue; o sangue da nova aliança, que é derramado por muitos, *para remissão dos pecados* (...).'" Francamente, essas diferenças, por consideráveis que sejam, não me parecem decisivas. É muito mais significativo o fato de que Mateus, no seu evangelho, evita determinar que o batismo de João Batista era para a remissão dos pecados, para poder dizer depois que é o sangue de Jesus que redime os pecados. Aqui vejo uma transformação relevante.

O Evangelho dito "de João" é uma complexa construção literária além de doutrinária. Sabemos quantas vezes o texto foi redigido?
Muitos estudiosos consideram que o Evangelho de João foi reescrito por diversos autores muitas vezes ao longo das décadas; com base em certa tradição, ele poderia até mesmo remontar ao "discípulo amado", ou seja, o discípulo que nunca é nomeado no evangelho. Partindo daí, os grupos joanistas teriam reescrito muitas vezes diversas partes dele.

Portanto, devemos presumir que a omissão da eucaristia durante a última ceia não foi fruto de uma "distração", mas que foi longamente meditada e discutida.
Talvez os "joanistas" considerassem que o ritual houvesse sido instituído em outras ocasiões. Ninguém autoriza a se pensar que a versão dos evangelhos sinóticos seja mais confiável do que a de João. Outra possível razão é que, devendo escrever sobre muitas coisas, tenha-se preferido destacar aquilo que naquele dado momento parecia mais importante: por exemplo, a lavagem

dos pés. Com base numa hipótese científica não desprezível, não devemos considerar os cinco capítulos sobre a última noite à maneira de uma narrativa histórica; eles representam, antes, um modelo de iniciação para os futuros discípulos, segundo a tese que Adriana Destro e eu havíamos formulado alguns anos atrás. No cerne do ritual, a lavagem dos pés alude a um novo modo de se relacionar na comunidade joanista após a morte do Mestre.

Voltemos à cronologia dos acontecimentos conforme são marcados na versão de João.
Após o primeiro dia em Betânia (com a ceia e a unção por parte de Maria, irmã de Lázaro), no segundo dia se assiste à entrada triunfal em Jerusalém com o extraordinário episódio da voz vinda do céu. No dia seguinte, a quinta-feira, ocorre a última ceia, que, entretanto, como havíamos dito, não é uma ceia pascal. No final dessa ceia, quando já escureceu, Jesus atravessa a Torrente do Cédron, situada no centro do vale, ao leste de Jerusalém, sobe o Monte das Oliveiras e entra no Jardim de Getsêmani, onde é preso.

A partir desse momento, as versões coincidem?
Elas coincidem ao dizer que Jesus foi preso na noite de quinta-feira (isto é, quando, segundo o costume judaico, a sexta-feira já havia iniciado), logo após ter realizado uma última ceia com os seus discípulos. O Evangelho de João, porém, não relata a cena, fundamental nos evangelhos sinóticos, que acontece no Jardim de Getsêmani antes da prisão, isto é, a amargurada oração quando Jesus pressente a iminência do fim. Depois da prisão, ele é conduzido a Anás, episódio não mencionado por Marcos. Anás é um sumo sacerdote que o interroga e depois o manda para o outro sumo sacerdote, Caifás.

Esses deslocamentos acontecem todos ao longo da noite.

Sim. Ao mesmo tempo, mas, em duas fases distintas, Jesus é renegado por Pedro, que não ousa se declarar seu discípulo. Ao amanhecer do dia seguinte, Jesus é levado ao pretório, onde é interrogado por Pilatos. Há um fato enigmático. João escreve que, naquela noite, o discípulo sem nome entra com Jesus no pátio do sumo sacerdote, porque "era conhecido do sumo sacerdote", e, graças a essa amizade, consegue que Pedro também entre. Quando Pedro, mais tarde, interrogado pelos servos dos sacerdotes, renega Jesus, o discípulo sem nome já não está mais lá (Jo 18,15-27). Onde estava? Assistia ao processo? Em todo caso, é interessante que os relatos da prisão, do processo e da paixão não fazem menção a negociações nos bastidores para se chegar a uma solução não violenta, como ocorre frequentemente em situações dramáticas e conflituosas como essa.

Estamos agora no alvorecer da sexta-feira, um dia em que os acontecimentos se sucedem rápida e dramaticamente.

Depois do primeiro interrogatório de Pilatos, Jesus é flagelado e coroado de espinhos. Segue-se um segundo interrogatório de Pilatos, que se conclui com a sentença de morte. Na cruz, será colocada uma placa com a inscrição que motiva a condenação: "Jesus Nazareno, Rei dos Judeus". Os soldados disputam entre si, sorteando a túnica do condenado. Ao pé da cruz estão o discípulo sem nome, a mãe de Jesus, Maria, além de Maria de Cléofas, que poderia ser a irmã de Maria, e Maria Madalena. Jesus morre. Para se certificar da morte, é-lhe enfiada uma lança no peito. José de Arimateia, como nos outros evangelhos, e Nicodemos, um discípulo que nos outros relatos não aparece, obtém de Pilatos a autorização para sepultá-lo. O dia seguinte é sábado, e nada acontece.

Segundo Marcos, as motivações da prisão estariam relacionadas à presunção da messianidade, com consequências também políticas, pois o Messias deve restaurar o reino de Israel.

Por outro lado, a versão de João apresenta razões completamente diferentes. Já a partir do capítulo 5, observamos setores da população da Judeia, ou pelo menos alguns dos seus líderes, que pedem a morte de Jesus por causa de suas afirmações de caráter religioso. João insiste na vontade de "matar" Jesus por onze vezes! Aquilo que leva as autoridades de Jerusalém a condená-lo parece ser a ressurreição de Lázaro. Este episódio não é mencionado pelo texto de Marcos, em que a decisão da prisão é tomada depois da expulsão dos vendilhões do templo. João, por sua vez, situa a expulsão dos vendilhões no início da atividade de Jesus e deve, portanto, atribuir a prisão a uma causa diferente. Também em João, aliás, coexistem e se entrelaçam várias motivações, incluindo a política. É como se uma parte das autoridades religiosas não fosse, no fundo, contrária àquilo que ele faz, mas apenas estivesse preocupada com as possíveis consequências políticas e militares indiretas.

João escreve (11,45 e sgs.): "Muitos dos judeus, que tinham vindo à casa de Maria e viram o que Jesus fizera, creram nele. Alguns deles, porém, foram aos fariseus e lhes contaram o que Jesus realizara. Os pontífices e os fariseus convocaram o conselho e disseram: 'Que faremos? Esse homem faz muitos sinais.'"

Até esse ponto, há uma relação com a ressurreição de Lázaro, pois, segundo a linguagem desse evangelho, Lázaro é um "sinal" portentoso.

O texto continua: "Se o deixamos assim, todos crerão nele, e virão os romanos, e tirar-nos-ão o nosso lugar e a nação."

Por que os romanos deveriam destruir o Templo e toda a nação? Somente porque muitos acreditavam em Jesus? Não faz sentido. Provavelmente, o evangelista quer dizer que as autoridades judaicas temiam um movimento popular tão amplo a ponto de preocupar os romanos, embora os objetivos do movimento não fossem propriamente políticos. A não ser que o Evangelho de João não acredite que as autoridades judaicas houvessem atribuído realmente a Jesus um plano político explícito. Isso, entretanto, não é mencionado. Na verdade, a afirmação que João tem mais interesse em fazer é a posterior.

Continuo: "Um deles, chamado Caifás, que era o sumo sacerdote daquele ano, disse-lhes: 'Vós não entendeis nada! Nem considerais que vos convém que morra um só homem pelo povo, e que não pereça toda a nação.' E ele não disse isso por si mesmo, mas, como era o sumo sacerdote daquele ano, profetizava que Jesus havia de morrer pela nação."

Existe aqui uma evidente interpretação "cristã" da frase atribuída a Caifás. Certamente, o trecho não é histórico. Trata-se de uma construção teológica do redator do evangelho, uma das muitas interpretações de que o texto de João está repleto. Seja como for, segundo João o verdadeiro e profundo motivo da morte de Jesus é outro. Consiste num embate de caráter cósmico com o "príncipe deste mundo", isto é, Satanás, o líder das forças do mal. O resultado do embate entre Jesus e Satanás é que Jesus morre, mas como, depois de morto, ele ressuscita, o "príncipe deste mundo" é expulso e perde, assim, a batalha definitiva. Portanto, ainda segundo João, o motivo real e mais profundo da morte de Jesus não é de caráter político nem religioso; é de caráter cósmico — um embate que, em termos filosóficos, poderíamos definir como entre o Bem e o Mal.

O historiador depara, de qualquer maneira, com grandes dificuldades quando tenta compreender quais foram as verdadeiras motivações da condenação.

Isso mesmo; ainda mais porque, se lermos o Evangelho de Pedro, verificamos que a principal responsabilidade é atribuída a Herodes ou, mais exatamente, a Herodes e Pilatos.

XIII

O PROCESSO

Qual foi a atitude de Jesus durante o processo, que se concluiu com uma sentença de morte? Até que ponto somos capazes de responder a essa pergunta? Baseando-se em textos do judaísmo profético, alguns historiadores destacaram que a reconstrução da paixão de Jesus poderia ser, mais do que uma verdadeira crônica dos fatos, o resultado de uma inserção elaborada posteriormente. Poucos ou ninguém põem em dúvida que um homem com esse nome tenha sido torturado e crucificado, mas relatos tão minuciosos teriam a sua fonte não tanto na lembrança das testemunhas quanto nos antigos textos bíblicos selecionados e utilizados, mais uma vez, para dar fundamentação profética, valor histórico e finalidades divinas à terrível morte de um profeta judeu chamado Yeshua.

Aquele processo teve um protagonista absoluto, o procurador romano da Judeia, Pôncio Pilatos, e auxiliares importantes. Comecemos pelo primeiro: Pilatos. Desde 4 a.C. até 44 d.C., quando o território inteiro fica sob o controle direto dos romanos, o centro e o sul da região são dirigidos por sete procuradores, que têm como superior direto o governador (legado) da Síria com uma força de quatro legiões, cerca de 25 mil homens. Uma legião era constituída, na maior parte das vezes, por soldados de infantaria munidos "de armas pesadas", mas que também desempenhavam tarefas de engenharia, ou seja, eram capazes de realizar obras importantes, como a construção de pontes, estradas e fortes. Completavam as fileiras um esquadrão de cavalaria e umas 50 peças que chamaríamos "de artilharia", isto é, máquinas para lançar flechas e pedras.

Para governar sem muitos problemas, um procurador como Pilatos precisava da colaboração das classes superiores judaicas e, em primeiro lugar, dos altos sacerdotes do Templo. Entre Pilatos (que governou de 26 a 36 d.C.) e o sumo sacerdote Caifás (no cargo de 18 a 36 d.C.) parece que houve uma colaboração um tanto próxima. Provavelmente, não por acaso as datas das suas destituições coincidem. Sabemos por Flávio Josefo que Pilatos havia provocado diversos incidentes graves nas relações com a população. Ele introduzira em Jerusalém, por exemplo, os estandartes (ou medalhões em relevo) com a efígie do imperador, violando, assim, a lei judaica que proíbe a exibição de imagens. O protesto foi tão veemente que o incauto Pilatos não pensou em usar a força, pois teria de ordenar um massacre. Em outra oportunidade, ele provocou mais um violento tumulto ao utilizar o tesouro sagrado para a construção de um aqueduto. E ainda: quando os samaritanos marcharam em massa rumo ao seu monte sagrado (o Garizim) para uma cerimônia religiosa, Pilatos organizou postos de bloqueio "com um destacamento de cavalaria e infantaria pesada que, no encontro com aqueles que haviam chegado primeiro à aldeia, deixaram alguns mortos durante um combate premeditado e obrigaram os demais à fuga" (segundo Flávio Josefo). Esse último incidente parece ter posto fim ao seu encargo. Os samaritanos foram protestar ao governador da Síria, Vitélio, que era seu superior, e o governador ordenou que Pilatos fosse a Roma explicar o seu comportamento desastrado diante do imperador Tibério. Flávio Josefo acrescenta que Vitélio também afastou do seu posto o sumo sacerdote José, chamado Caifás. A história de Pilatos tem um final curioso e inquietante que vale a pena contar. Sabemos que ele embarcou para Roma, talvez para conferenciar com o imperador Tibério. Desembarcou em Óstia, e a partir daquele momento não se teve mais notícias dele: simplesmente desaparece das páginas da História. No entanto, o que sabemos sobre ele traça o perfil de um administrador brutal, desprovido de respeito pela sensibilidade religiosa judaica, pronto a usar a força contra desordens e revoltas.

Nos relatos do Novo Testamento, por outro lado, o procurador é visto como um homem generosamente indeciso, tentado a libertar Jesus, por cuja personalidade é evidentemente fascinado. Finalmente, ele decide pela condenação, mas quase contra a sua vontade, sob a pressão da multidão. Muitos historiadores julgam inverossímil essa conduta por parte de um administrador que, em outras ocasiões, havia adotado comportamentos muito diferentes. Um segundo elemento de perplexidade, destacado por John Dominic Crossan, diz respeito ao procedimento que se segue. De fato, acontece que uma anistia concedida por ocasião da Páscoa, decidida pela gritaria de uma multidão em tumulto, acaba contrariando toda sabedoria administrativa. Não é impossível que a reconstrução dessa parte da paixão tenha sido amplamente manipulada pelos redatores dos evangelhos.

Um coadjuvante de notável importância é o "ladrão" Barrabás, que a multidão escolhe libertar no lugar de Jesus. É nele que se encontra a origem da atitude cristã em relação aos judeus, julgados responsáveis coletivos pela morte de Jesus. Marcos relata, assim, esse episódio (15,6-15): "Ora, costumava ele soltar-lhes em cada festa qualquer dos presos que pedissem. Havia na prisão um, chamado Barrabás, que fora preso com seus cúmplices, o qual na sedição perpetrara um homicídio. O povo que havia subido começou a pedir-lhe aquilo que sempre lhes costumava conceder. Pilatos respondeu-lhes: 'Quereis que vos solte o rei dos judeus?' Porque sabia que os sumos sacerdotes o haviam entregado por inveja. Mas os pontífices instigaram o povo para que pedissem de preferência que lhes soltasse Barrabás. Pilatos falou-lhes outra vez: 'E que quereis que eu faça daquele a quem chamais o rei dos judeus?' Eles tornaram a gritar: 'Crucifica-o!' Pilatos replicou: 'Mas que mal fez ele?' Eles clamavam mais ainda: 'Crucifica-o!' Querendo Pilatos satisfazer o povo, soltou-lhes Barrabás e entregou Jesus, depois de açoitado, para que fosse crucificado." Alguns historiadores consideram que todo esse episódio seja uma invenção de Marcos, em virtude da grande inverossimilhança do procedimento adotado por Pilatos. Quanto a Barrabás, ele não era um ladrão, mas um "sedicioso", isto é, um camponês rebelde, numa palavra, um "fora da lei" com importantes conotações sociopolíticas. Marcos escreveu depois do final da terrível guerra judaico-romana, encerrada no ano 70 com a destruição de grande parte de Jerusalém e do Templo. Foi levantada a hipótese de ele ter atribuído ao episódio de Barrabás um valor simbólico: Jerusalém havia escolhido Barrabás, em vez de Jesus; um rebelde armado, em vez de um Salvador sem armas.

Ao longo do processo, há outro episódio discutível. Lucas narra que Pilatos, a certa altura, manda Jesus para Herodes Antipas, que "(...) justamente naqueles dias se achava em Jerusalém" (23,7). Segue-se a cena de um humilhante escárnio em relação ao pobre Jesus e à sua devolução a Pilatos. Somente Lucas narra essa cena. Os vários Herodes que surgem nos evangelhos pertencem a uma poderosa família judaica cujos membros, de 37 a.C. até o final do século I, governaram alguns principados em nome dos romanos: numa linguagem moderna, poderíamos definir esse Herodes Antipas como um colaboracionista. Levantou-se a hipótese de Lucas haver inserido esse episódio apenas para justificar, mais uma vez, o apelo às profecias, retomadas, com efeito, também nos Atos (4,27): "Pois na verdade se uniram nesta cidade contra o vosso santo servo Jesus, que ungistes, Herodes e Pôncio Pilatos com as nações e com o povo de Israel, para executarem o que a vossa mão e o vosso conselho predeterminaram que se fizesse."

Para completar o quadro e "desculpar" parcialmente os romanos por terem cometido esse erro trágico, pode-se lembrar que um estado de rebelião latente era crônico naquela região. Os ocupantes sabiam que tinham de governar um povo que não tolerava a sua presença. Houvera embates, e outros ainda ocorreriam, como o de 66, já lembrado, e mais outros. Portanto, é compreensível o nervosismo dos romanos em relação às consequências que certos movimentos populares poderiam exercer na ordem pública. Como sempre fazem as autoridades e as tropas de ocupação, num país dócil se soltam as rédeas; num país rebelde, visivelmente intolerante em relação aos estrangeiros, as medidas se tornam mais rígidas.

E ele, Jesus, que atitude toma? Qual é a estratégia do réu quanto às acusações que lhe são dirigidas? Quais são as suas respostas mais significativas?

Que comportamento ele escolhe ao longo do processo?
Os evangelhos, mais uma vez, transmitem não tanto o relato estenográfico daquilo que aconteceu quanto uma interpretação religiosa; até porque nenhum dos discípulos históricos estava presente nos interrogatórios. Alguns teólogos defendem que a garantia de veracidade é dada pela inspiração divina direta. Aliás, uma explicação desse tipo não é incomum. O historiador judeu Flávio Josefo, na sua obra *Contra Ápion*, quase contemporânea de alguns evangelhos, afirma que os livros da Bíblia escritos pelos profetas judeus são mais fidedignos do que as obras históricas

escritas por não judeus, sejam romanos ou gregos, porque aqueles profetas eram diretamente inspirados por Deus. Uma condição que permite ao profeta conhecer com exatidão o passado e, portanto, relatá-lo com fidelidade.

É uma interpretação de caráter teológico, que obviamente vale apenas em relação aos crédulos. Historicamente, o que sabemos sobre a atitude de Jesus ao longo daquelas horas dramáticas?

O que os evangelhos de Marcos e João compartilham quanto às respostas de Jesus é a sua absoluta firmeza. As suas respostas não contêm concessões. Sobretudo em Marcos, Jesus é representado como uma pessoa que não responde quando não quer responder, mas que, quando responde, declara a sua verdade sem se preocupar com as possíveis consequências. Por outro lado, no Evangelho de João, que possui um aspecto literário, teológico e ideológico diferente, as suas respostas tendem a possuir um caráter enigmático, ou seja, só podem ser compreendidas por meio de uma interpretação adequada e profunda. Isso é típico do sistema religioso de João.

João escreve (18,33-36): "Pilatos entrou no pretório, chamou Jesus e perguntou-lhe: 'És tu o rei dos judeus?' Jesus respondeu: 'Dizes isso por ti mesmo, ou foram outros que to disseram de mim?' Disse Pilatos: 'Acaso sou eu judeu? A tua nação e os sumos sacerdotes entregaram-te a mim. Que fizeste?' Respondeu Jesus: 'O meu Reino não é deste mundo. Se o meu Reino fosse deste mundo, os meus súditos certamente teriam pelejado para que eu não fosse entregue aos judeus. Mas o meu Reino não é deste mundo.'"

Aqui, Jesus responde com clareza, enquanto, na primeira parte do diálogo, ele tendia a confundir o seu interlocutor. João — concordando nesse ponto com Marcos — apresenta-nos Jesus como uma pessoa sem medo.

Prossigo: "Disse-lhe, pois, Pilatos: 'Logo tu és rei?' Jesus respondeu: 'Tu dizes que eu sou rei.'"

A frase é enigmática e pode ser interpretada de muitas formas: tu o dizes, mas não é verdade; ou: tu o dizes, porque é verdade. Ou ainda: até tu conseguiste chegar a esta verdade.

"Respondeu Jesus: 'Sim, eu sou rei. É para dar testemunho da verdade que nasci e vim ao mundo. Todo o que é da verdade ouve a minha voz.'"

A resposta, que deveria dizer respeito à sua realeza, na verdade negligencia o assunto para passar ao tema da verdade, segundo um mecanismo literário joanista que tende a desnortear o adversário, mudando o discurso para um tema aparentemente distinto, mas, na realidade, relacionado com o primeiro.

A passagem mais famosa do diálogo é a pergunta de Pilatos: "Quid est veritas?" — o que é a verdade? Ela revela uma atitude "relativista" do procurador romano?

Eu não a definiria como uma pergunta "relativista". Se se tratasse de relativismo, Pilatos deveria ter demonstrado maior coerência, salvando um réu sobre cuja culpa não havia nenhuma certeza. Essas considerações valeriam se se tratasse de uma reconstrução histórica. Sabemos, porém, que não se trata de um relato histórico. A frase, ao que me parece, manifesta apenas certa tendência antirromana do Evangelho de João.

Um dos princípios centrais do Direito Romano era "In dubio pro reo":* Pilatos, na dúvida, deveria ter absolvido o réu.

---

* "Na verdade, absolva-se o réu." (N.T.)

Pilatos não considera que Jesus possa constituir um perigo de revolta. Pelo contrário, ele está convencido de que é inocente. Apesar disso, condena-o à morte. Sobre ele recaem a responsabilidade e a culpa por ter condenado Jesus, quando poderia não o ter feito. João fornece uma versão dos fatos lendária e não histórica, segundo a qual o procurador se comporta não com base num princípio jurídico, mas apenas no realismo político. Ele apoia os grupos mais influentes para eliminar possíveis ameaças à estabilidade. Mandando escrever na cruz "Jesus Nazareno, Rei dos Judeus", Pilatos divulga uma espécie de motivação da sentença. Na prática, acusa Jesus de querer comandar uma revolta para instaurar um reino judaico no lugar da autoridade romana. Entretanto, João nos faz compreender que Pilatos estava consciente da falsidade da acusação. O redator do Evangelho de João parece considerar as pessoas envolvidas nessa condenação quase incapazes de resistir a uma perversa força superior que, em última instância, move-as. O seu ponto de vista é, obviamente, apenas religioso e teológico. O embate final não é entre Jesus e as autoridades judaicas ou romanas, mas sim, como já dissemos, entre o Filho do Homem e Satanás, príncipe deste mundo.

Relatos tão minuciosos teriam a sua fonte não nas lembranças transmitidas por testemunhas, mas, sim, nos antigos textos bíblicos selecionados mais uma vez para fundamentar os fatos.
Jesus era um judeu que respeitava a tradição, convencido de ter uma missão a cumprir em nome do Deus de Israel, o Pai, como ele o chama. A sua mente estava repleta de ideais proféticos. Claro, ele também era uma pessoa capaz de elaborar uma visão própria das coisas. Poderia dizer-se, entretanto, que não houve palavra que ele havia pronunciado na qual não ressoassem imagens, ideais e expectativas da profecia hebraica, de Moisés a Isaías. Era inevitável que os autores dos evangelhos interpretassem

a sua paixão e morte como vontade de Deus, e, já que a vontade de Deus está escrita na Bíblia, era óbvio procurar nos livros proféticos sinais ou presságios para tudo que ocorrera durante o processo e a morte. Está, por exemplo, no Salmo 22,* o grito de Jesus na cruz: "Meu Deus, meu Deus, por que me abandonaste?" Trechos como este se tornaram o enredo a partir do qual se escreveria ou se interpretaria a paixão.

Os relatos da paixão são apenas interpretações da fé com base num núcleo histórico.

Como nenhum autor dos evangelhos foi testemunha dos fatos, é possível que eles tenham sido intencionalmente falsificados?

Os redatores não queriam falsificar os fatos e os mencionavam com base nas próprias convicções; isso os levou a introduzir elementos historicamente não ocorridos. Jesus vivenciara e interpretara a sua morte à luz de uma fé e de uma mentalidade religiosas. Ele se sentia enviado por Deus, compreendia o seu destino trágico como um ato da vontade divina, um acontecimento relevante na história do povo judeu e de toda a humanidade. É normal que os evangelhos, escritos por pessoas que acreditaram nele, embora não o houvessem conhecido, representem a sua paixão e a sua morte à luz de convicções religiosas análogas. Os autores certamente transformaram ou criaram uma série de episódios que, na verdade, não ocorreram. Além da fé, o ódio em relação aos responsáveis por aquela morte também desempenhou um papel fundamental, que suscitou a criação de elementos não críveis do ponto de vista histórico.

---

* Mais precisamente, Salmo 22,1. (N.T.)

Existe algum exemplo indicativo dessa atitude hostil em relação aos judeus por parte dos redatores dos evangelhos?

Entre os fatos historicamente inventados, encontra-se certamente a cena em que a multidão quer a libertação de Barrabás e pede que seja derramado sobre ela o sangue inocente (Mt 27,24-26): "Pilatos viu que nada adiantava, mas que, ao contrário, o tumulto crescia. Fez com que lhe trouxessem água, lavou as mãos diante do povo e disse: 'Sou inocente do sangue deste homem. Isto é lá convosco!' E todo o povo respondeu: 'Caia sobre nós o seu sangue e sobre nossos filhos!' Libertou então Barrabás, mandou açoitar Jesus e o entregou para ser crucificado." Mateus escreve "todo o povo", palavras que terão, na história cristã, consequências terríveis: todo o povo de Israel será considerado culpado pela morte de Jesus, algo radicalmente falso. A cena não corresponde à verdade; mesmo que houvesse ocorrido, o espaço em frente do palácio de Pilatos era, entretanto, exíguo e não podia caber "todo" o povo, no máximo um pequeno grupo. Somente poucas pessoas, e não todos os habitantes de Jerusalém, muito menos "todo o povo", foram responsáveis pelas frases ocasionalmente pronunciadas. Em particular, a frase "Caia sobre nós o seu sangue e sobre nossos filhos" é imposta apenas pelo ódio do evangelista. Também a célebre cena narrada por Mateus em que Pilatos "fez com que lhe trouxessem água, lavou as mãos diante do povo e disse: 'Sou inocente do sangue deste homem'" não é um relato histórico, mas uma posterior tentativa de compreender o comportamento de Pilatos à luz de um particular costume bíblico. Quando se encontrava um homem assassinado fora da cidade, sem se poder saber a que aldeia pertenciam os assassinos, as autoridades se reuniam e cumpriam o ritual de lavar as mãos, como também explica a *Mishná*, texto-base do judaísmo rabínico.

O que pensar daquela espécie de "anistia" representada pela libertação de um prisioneiro pelo furor do povo?

É difícil estabelecer a veracidade do episódio de Barrabás, porque, como única fonte, possuímos os evangelhos. Normalmente, sustenta-se que, nas fontes antigas, não existe nenhuma referência à libertação de prisioneiros por ocasião da Páscoa. Num ensaio de 1985, o pesquisador Richard L. Merritt garante, pelo contrário, que, no mundo antigo, era bastante difundido o costume de libertar algum prisioneiro por ocasião de festas. Parece-me que o episódio de Barrabás é adequado à tendência dos evangelistas a acentuar as responsabilidades de algumas autoridades político-religiosas judaicas e do próprio "povo" em relação às responsabilidades dos romanos. Sob esse ponto de vista, considero que se trata de uma reconstrução lendária.

Afinal, entre os vários protagonistas desse drama, sobre quem recaem as maiores responsabilidades?

Todos os relatos mencionam que, na prisão, no processo, nos maus-tratos e na morte, estiveram envolvidos as autoridades romanas (soldados, Pôncio Pilatos), um discípulo proscrito (Judas), algumas autoridades políticas judaicas (Herodes), algumas personalidades políticas e religiosas judaicas de Jerusalém (sacerdotes, membros do sinédrio, componentes do movimento dos fariseus). Todas as narrativas concordam sobre o fato de que a decisão de crucificar Jesus foi tomada por Pôncio Pilatos sob a sua responsabilidade direta. Os relatos diferem apenas em atribuir a um ou a outro dos quatro grupos envolvidos no evento um peso menor ou maior na decisão de executar o condenado. Temos de levar em conta, porém, que muitos dos autores de evangelhos, por volta do final do século I, foram redatores não judeus, residentes no interior do Império Romano, que nutriam simpatia pelos romanos e certa aversão pelos judeus. Os evangelhos, não podendo negar que fora Pilatos quem condenou Jesus à morte, procuraram dizer que, na realidade, ele foi obrigado a isso por pressão de Herodes e de algumas autoridades religiosas judaicas.

É possível que, descrevendo um Pilatos relutante em ordenar uma condenação, os redatores dos evangelhos quisessem também deixar entender que os cristãos não tinham nada contra o Império Romano?

É uma hipótese a se levar em consideração. Poderia ser uma das razões pelas quais os relatos evangélicos procuram esconder as dimensões políticas da mensagem de Jesus, que poderiam parecer perigosas para o Império. Os textos parecem deixar entender que as autoridades romanas, tradicionalmente tolerantes em relação às religiões dos povos subjugados, não podiam ter sido inimigas de Jesus, assim como não podiam sê-lo, portanto, dos seus seguidores. Após a rebelião de 66-70 contra os romanos e depois da destruição do Templo, era quase óbvio atribuir as maiores responsabilidades às autoridades judaicas envolvidas. João, entretanto, embora mostrando a incerteza interior de Pilatos, denuncia claramente a responsabilidade romana também na prisão noturna de Jesus no Jardim de Getsêmani.

No entanto, também não é crível que os romanos tenham feito tudo sozinhos, sem ajuda por parte das autoridades locais.

É certo que os romanos não fizeram tudo sozinhos. Um setor das autoridades de Jerusalém deve ter favorecido a sua decisão. Essa corresponsabilidade que alguns quiseram definir, anacronicamente, como "colaboracionismo" não deve, entretanto, levar à tese antijudaica que tem atormentado durante tanto tempo a história do Ocidente. Refuto a hipótese de uma oposição radical do judaísmo, e dos judeus enquanto tais, à vontade expressa por Deus no seu filho. Trata-se de uma deformação que, na história do Ocidente, tem conotado a hostilidade da maioria cristã contra a considerável minoria judaica.

Essa contraposição que tem durado séculos, causa de calamidades e tormentos, foi originada por um erro de tipo histórico ou por uma mudança de caráter teológico?

Atenho-me aos fatos e a algumas hipóteses que me parecem razoáveis. Algumas das autoridades judaicas simpatizantes dos romanos certamente atiçaram fogo, a fim de convencer os ocupantes de que o movimento de Jesus representava um perigo para a ordem pública. Isso não quer dizer que todas as autoridades de Jerusalém fossem da mesma opinião nem que o fossem todos os habitantes judeus de Jerusalém ou todos os habitantes judeus da região de Israel; muito menos todos os judeus que nasceriam no futuro. Por outro lado, a teologia cristã, infelizmente, tem sustentado há muito tempo exatamente essa tese, ou seja, que os judeus em geral, todos os da época de Jesus e todos os das épocas posteriores, foram corresponsáveis por aquela morte. A partir dessa afirmação errônea, derivou-se a consequência de que a culpa religiosa dos judeus merecia uma punição de caráter político, isto é, a subtração da região de Israel, que deveria passar, por direito, para a Igreja

Relata Lucas (23,7) que Pilatos, a certa altura, envia Jesus a Herodes Antipas. Que veracidade e que função tem essa passagem?

Na minha opinião, a menção a Herodes por parte de Lucas remete à tentativa de utilizar no texto todas as tradições ao seu alcance. Não se trata de uma criação de Lucas, mas de uma "notícia" já existente.

Dela nos dá testemunho, por exemplo, o Evangelho de Pedro, que ilustra amplamente a relação entre Pilatos e Herodes. Esse evangelho, escrito em grego, provavelmente na região de Antioquia da

Síria, foi utilizado durante muito tempo nas Igrejas cristãs. Diz: "Mas nenhum dos judeus lavou as mãos, nem Herodes, nem qualquer de seus juízes. Como não quisessem eles lavar-se, Pilatos se levantou. Mandou, então, o rei Herodes que levassem o Senhor para fora, dizendo-lhes: 'Fazei tudo o que vos ordenei que fizésseis.'" Aqui, a função de Herodes é muito mais intensa do que em Lucas. Prossegue o Evangelho de Pedro: "Encontrava-se ali José, amigo de Pilatos e do Senhor. Quando soube que o crucificariam, dirigiu-se a Pilatos e lhe pediu o corpo do Senhor para ser sepultado. Pilatos, de sua parte, mandou-o a Herodes para que lhe pedisse o corpo. Disse Herodes: 'Irmão Pilatos, ainda que ninguém o tivesse pedido, nós o teríamos sepultado, pois se aproxima o sábado. E está escrito na lei: 'Não se ponha o sol sobre o justiçado.' E o entregou ao povo no dia antes dos ázimos, a festa deles." Em suma, no Evangelho de Pedro, Herodes desempenha um papel muito importante.

XIV

A MORTE

Não é fácil acreditar que apenas motivações de caráter religioso tenham levado as autoridades judaicas a condenar Jesus. Não porque se possa atribuir a uma autoridade, seja ela qual for, mais sentimento de misericórdia do que ela possa ter, mas, pelo contrário, com base numa consideração histórica. Naquele tempo (e, aliás, também hoje), a multiplicidade de posições no interior do judaísmo era tamanha que as opiniões diferentes, incluindo as mais extremas, desfrutavam de certa liberdade de circulação, eram bem ou mal toleradas, embora não suscitassem a destruição física do adversário. O debate sobre esse tema, além disso, tem se prolongado ao longo dos séculos, e os textos existentes não ajudam a dissipar de forma convincente todas as dúvidas.

A imagem dominante da paixão é a cruz, instrumento de tortura transformado num grande símbolo religioso. Martin Hengel, que estudou o assunto, escreve que a crucificação era uma punição aplicada de formas diferentes em vários povos do mundo antigo, incluindo os gregos. Ela representava um castigo para crimes nos âmbitos político e militar. Entre os persas, era infligida em particular aos altos oficiais, aos comandantes e aos revoltosos; entre os romanos, destinava-se, antes de tudo, aos indivíduos de baixas condições, aos escravos e aos violentos, e aos indivíduos ingovernáveis das províncias rebeldes, incluindo a Judeia. Segundo Hengel, a principal razão da ampla aplicação desse suplício era a sua eficácia dissuasiva. Estava geralmente associada a outras formas de tortura, incluindo a flagelação. A exposição pública da vítima nua, num local visível — uma encruzilhada ou um lugar elevado —, visava humilhar mais ainda o condenado. Hengel acrescenta que a crueldade da punição era aumentada pelo fato de os corpos das vítimas, muitas vezes, não serem sepultados. Os cadáveres permaneciam pendurados naquele terrível patíbulo, à mercê das feras e das aves de rapina que deles faziam um estrago. Dessa forma, a sua degradação era total.

Entre os dados históricos que confirmam a análise de Hengel está a maneira com que o governador da Síria, Públio Quintílio Varo, reprimiu as revoltas na região de Israel após a morte de Herodes, o Grande, em 4 a.C. Quatro legiões cuidaram da tarefa: completada a operação, escreve Flávio Josefo, 2.000 rebeldes foram crucificados. Crucificações em massa se seguiram à revolta de Espártaco e ao incêndio de Roma sob o governo de Nero. O biblista John Dominic Crossan escreve que a crucificação era um verdadeiro terrorismo de Estado e concorda com o fato de que os corpos eram de costume deixados pendurados para serem devorados pelas feras.

À luz dessas considerações, é possível, entre outros fatores, avaliar melhor a importância do fato de que amigos influentes haviam obtido a autorização para sepultar o corpo de Jesus, como veremos em breve.

O suplício da cruz consistia num sofrimento terrível, também porque a agonia era muito longa. Quais eram, de fato, as causas pelas quais se morria na cruz? As feridas causadas pelos pregos não eram, por si sós, letais: serviam apenas para prender o condenado ao seu instrumento de tortura, e também o sangramento era moderado; os pregos podiam, certamente, causar uma infecção de caráter tetânico, mas isso não resultava numa morte rápida. Na realidade, na cruz se morria por sufocamento. A terrível posição do homem crucificado implicava uma intensa e crescente dificuldade respiratória. A debilidade provocada pelo sofrimento e pela parcial perda de sangue retirava as forças; o moribundo tendia, portanto, a esmorecer, apoiando-se nos pés. Essa posição comprimia o tórax e os pulmões, tornando a respiração difícil e curta. Para aliviar a asfixia progressiva, o condenado tinha espasmos musculares: reagia ao esmorecimento, tentando voltar à posição ereta, mas, para isso, tinha de forçar as feridas dos pés, acrescentando à dor outras dores. Quando, por piedade, queria-se abreviar a sua agonia, partiam-lhe os fêmures a pauladas para que não lhe fosse possível se erguer, a fim de respirar bem fundo, e para que a morte por asfixia sobreviesse mais rapidamente. Isso explica o gesto de quebrar as pernas dos supliciados, também aplicado aos dois ladrões crucificados juntamente com Jesus. O golpe de lança desferido no seu tórax pode ter sido uma atitude piedosa para encurtar-lhe o sofrimento, em vez de lhe quebrarem as pernas.

O relato dos evangelhos canônicos sobre as circunstâncias em que o corpo de Jesus foi sepultado diferem de texto para texto. Começando pelo texto mais antigo, o de Marcos, lemos (15,42-46): "Quando já era tarde — era a Preparação, isto é, a véspera do sábado —, veio José de Arimateia, ilustre membro do conselho, que também esperava o Reino de Deus; ele foi resoluto à presença de Pilatos e pediu o corpo de Jesus. Pilatos admirou-se de que ele tivesse morrido tão depressa. E, chamando o centurião, perguntou se já havia muito tempo que Jesus tinha morrido. Obtida a resposta afirmativa do centurião, mandou dar-lhe o corpo. Depois de ter comprado um pano de linho, José tirou-o da cruz, envolveu-o no pano e depositou-o num sepulcro escavado na rocha, rolando uma pedra para fechar a entrada."

Mateus e Lucas utilizam Marcos como fonte, mas modificando em parte o relato, sobretudo no que diz respeito à ambígua personagem de José de Arimateia, que aparece como um secreto seguidor de Jesus, mas também como membro daquele sinédrio pelo qual foi condenado.

Mateus escreve (27,57-60): "À tardinha, um homem rico de Arimateia, chamado José, que era também discípulo de Jesus, foi procurar Pilatos e pediu-lhe o corpo de Jesus. Pilatos cedeu-o. José tomou o corpo, envolveu-o num lençol branco e o depositou num sepulcro novo, que tinha mandado talhar para si na rocha. Depois rolou uma grande pedra à entrada do sepulcro e foi-se embora."

Aqui, José é apresentado como um discípulo de Jesus, mas não como membro do sinédrio. Ele consegue, igualmente, ter uma conversa com Pilatos, mas somente porque é um "homem rico", o que também explica o fato de possuir um sepulcro pessoal e novo.

Lucas escreve (23,50-53): "Havia um homem, por nome José, membro do conselho, homem reto e justo. Ele não havia concordado com a decisão dos outros nem com os atos deles. Originário de Arimateia, cidade da Judeia, esperava ele o Reino de Deus. Foi ter com Pilatos e lhe pediu o corpo de Jesus. Ele o desceu da cruz, envolveu-o num pano de linho e colocou-o num sepulcro, escavado na rocha, onde ainda ninguém havia sido depositado."

Para Lucas, portanto, José de Arimateia volta a ser um membro do sinédrio, mas — como diríamos hoje — da "minoria", ou seja, do grupo dos que não votaram pela condenação de Jesus. Essa sua colocação "política" justifica o fato de que pudesse ser discípulo de Jesus e membro do organismo que o condenou.

Finalmente, João escreve (19,38-42): "Depois disso, José de Arimateia, que era discípulo de Jesus, mas ocultamente, por medo dos judeus, rogou a Pilatos a autorização para tirar o corpo de Jesus. Pilatos permitiu. Foi, pois, e tirou o corpo de Jesus. Acompanhou-o Nicodemos — aquele que anteriormente fora de noite ter com Jesus —, levando umas cem libras de uma mistura de mirra e aloés. Tomaram o corpo de Jesus e envolveram-no em panos com os aromas, como os judeus costumam sepultar. No lugar em que ele foi crucificado havia um jardim, e no jardim um sepulcro novo, em que ninguém ainda fora depositado. Foi ali que depositaram Jesus por causa da Preparação dos judeus e da proximidade do túmulo."

José aparece, aqui, como um discípulo secreto de Jesus e é acompanhado por uma nova personagem, certo Nicodemos. O sepulcro está situado num jardim, o corpo martirizado é aspergido com fragrâncias e bálsamos, sepultado — poderíamos dizer — com todas as honras; uma cerimônia muito diferente do modesto ritual descrito por Marcos.

Nenhum símbolo como a cruz conheceu uma reviravolta tão radical: de sinal de infâmia e morte a sinal de esperança e vida. Ocorre que, como instrumento de tortura, era terrível.

A crucificação era um suplício atroz e aviltante. Os antropólogos poderiam defini-lo como um ritual de degradação: o condenado era humilhado publicamente. O objetivo era não apenas matá-lo, mas também retirar-lhe toda honra e apagar na sociedade toda a sua avaliação positiva. Não bastava aniquilar o culpado; era preciso mostrar a toda a coletividade que as suas ações e as suas palavras mereciam ser anuladas. A execução em público era um elemento constitutivo do ritual de degradação. Todos aqueles que ainda eram solidários ao condenado perdiam qualquer possibilidade de sucesso social.

Então, é razoável pensar que os discípulos de Jesus — José de Arimateia e Nicodemos —, pertencentes às classes altas, até mesmo à própria liderança religiosa judaica, procuraram obter a autorização para retirar, o mais rápido possível, o corpo de Jesus, a fim de atenuar a degradação. Os primeiros cristãos continuaram por muito tempo a considerar a cruz um símbolo aviltante. Com base em pesquisas recentes sobre o nascimento do movimento, considera-se que a cruz se tornou um símbolo glorioso apenas a partir da segunda metade do século II. Nas cartas de Paulo, que são os documentos mais antigos entre os que foram escritos pelos seguidores de Jesus, a cruz é o sinal da humilhação máxima sofrida voluntariamente por Jesus. Ser submetido ao suplício — e àquele tipo de suplício — parece a Paulo o evidente sintoma de que o anúncio evangélico propõe uma inversão radical dos valores do homem. Daí por que os escritos de Paulo se tornam o "evangelho da cruz", o anúncio da cruz que torna necessário abandonar qualquer outro sistema de juízo. Na Primeira Carta aos Coríntios, Paulo escreve (1,18-25): "A linguagem da cruz é loucura para os que se perdem, mas, para os que foram salvos, para nós, é uma força divina. Está escrito: Destruirei a sabedoria dos sábios, e anularei a prudência dos prudentes. Onde está o sábio? Onde está o erudito? Onde está o argumentador deste mundo? Acaso não declarou Deus por loucura a sabedoria deste mundo? Já que o mundo, com a sua sabedoria, não reconheceu a Deus na sabedoria divina, aprouve a Deus salvar os que creem pela loucura de sua mensagem. Os judeus pedem milagres, os gregos reclamam a sabedoria; mas nós pregamos Cristo crucificado, escândalo para os judeus e loucura para os pagãos; mas, para os eleitos — quer judeus quer gregos —, força de Deus e sabedoria de Deus. Pois a loucura de Deus é mais sábia do que os homens, e a fraqueza de Deus é mais forte do que os homens."

A crucificação é um método de execução não judaico, mas romano; isso, para os historiadores, tem um peso na atribuição das responsabilidades? Não pode fazer pensar que os verdadeiros mandantes da execução tenham sido não as autoridades judaicas, mas as romanas?

O próprio Credo cristão destaca que Jesus "padeceu sob Pôncio Pilatos", afirmando, assim, a responsabilidade romana na sua morte. Também é compreensível que, com a difusão do cristianismo no âmbito romano, a lealdade para com as autoridades tenha levado a atenuar as responsabilidades romanas na morte de Jesus, exasperando, por outro lado, as judaicas. O próprio João, além disso, destaca a presença dos romanos na cena da prisão de Jesus muito mais do que o fazem os evangelhos sinóticos.

Paradoxalmente, os romanos, condenando Jesus ao suplício da cruz, contribuíram para o nascimento de um pilar da futura teologia cristã.

Condenando Jesus à degradação da cruz, Pôncio Pilatos nunca esperaria que o movimento dos discípulos reagisse com tamanha força. Em vez de se dispersarem e de sucumbirem à humilhação coletiva, os discípulos de Jesus responderam com a fé na sua ressurreição. Aquele movimento demonstrava uma vitalidade estupenda: os romanos, com o apoio de algumas autoridades político-religiosas judaicas, haviam crucificado Jesus, mas Deus, três dias depois, ressuscitou aquele corpo. João até mesmo transforma a crucificação em exaltação: Jesus posto na cruz havia sido *levantado* da terra (Jo 3,14; 8,28) e, portanto, glorificado. No Evangelho de Pedro, talvez o relato mais antigo da paixão, quando Jesus sai do sepulcro, é seguido pela própria cruz, que sai junto com ele quase como se também houvesse ressuscitado. O *Evangelho do Salvador*, recentemente descoberto, contém até mesmo orações dirigidas à cruz, já personificada.

Se a responsabilidade é predominantemente romana, poderíamos supor que o aspecto político ou de ordem pública fosse preeminente, tratando-se de tropas de ocupação.

De fato, a minha ideia é que as motivações que levaram à execução de Jesus podem ser atribuídas às preocupações romanas em deter um movimento suscetível de regenerar numa ampla revolta. Se é disso que se trata, a motivação não correspondeu às verdadeiras intenções da ação de Jesus. Então, tratou-se de um grosseiro e grave erro de avaliação política por parte dos romanos.

Diz-se que quem foi submetido a uma humilhação injusta se torna incapaz ou menos capaz de exercê-la sobre os outros.

Não acredito que seja verdade. Uma humilhação grave gera frequentemente na vítima um profundo rancor e um desejo de vingança. A fé na ressurreição de Jesus não eliminou totalmente o rancor provocado pela cruz. Os discípulos, que bem rapidamente eram na sua maioria não judeus, direcionaram esse rancor para os judeus, com consequências fatais para o futuro. Também sob esse ponto de vista, Pôncio Pilatos deu uma contribuição terrível para a história posterior: falo das raízes cristãs do antissemitismo.

Um homem crucificado passava por sofrimentos indizíveis, que se tornavam mais atrozes por causa da longa e penosíssima agonia.

Não se deve, de forma alguma, atenuar o sofrimento pelo qual Jesus, assim como todos os condenados à crucificação, teve de passar. Às vezes, leem-se opiniões suavizadas do domínio romano. Os romanos, ao contrário, não eram piedosos no extermínio dos inimigos, no abafamento de todas as tentativas de revolta, no suplício dos condenados. O relevo que os cristãos atribuem à crucificação leva a crer que Jesus foi o homem que mais sofreu na história do mundo. Um filme recente* também o ilustrou de maneira sangrenta. Considero isso errado e certamente não digo isso para desvalorizar o seu sofrimento. Um professor meu, o já citado padre beneditino Jacques Dupont, comparou os sofrimentos de Jesus na cruz com os de um judeu cruelmente assassinado num campo de extermínio. As formas com que, ao longo da história, os homens têm sido mortos constituem uma terrível e ilimitada galeria de atrocidades — desde as execuções da máfia ao esfolamento que durava dias nas guerras entre venezianos e muçulmanos. A teologia cristã, na verdade, não atribui a salvação da humanidade ao fato de Jesus ter sofrido mais do que qualquer outro supliciado. Seria uma ingenuidade e, sob vários pontos de vista, um pensamento terrível. E seria um erro.

O relato dos evangelhos sobre as circunstâncias nas quais o corpo de Jesus é sepultado divergem de texto para texto. É como se fosse uma progressiva elevação cerimonial do seu sepultamento.

Temos, por um lado, a descrição bastante sucinta dos evangelhos de Marcos, Lucas e Mateus; por outro, a de João, que enriquece a cena com mais detalhes, e dá ao sepultamento mais suntuosidade e o aborda com mais devoção. Não creio que, nesse caso, se possa ir muito além de meras hipóteses. A minha se baseia no fato de João apresentar sempre alguma característica peculiar. Por um lado, ele tende a interpretar os eventos à luz da sua teologia: por exemplo, faz Jesus pronunciar longos discursos que dificilmente ele poderia haver concebido naquela forma e com aquelas ideias; por outro, ele se mostra atento a fatos históricos precisos, exibe um bom conhecimento de detalhes e tradições ignoradas pelos outros evangelhos. Nicodemos é uma personagem

---

* Provável alusão ao filme *A paixão de Cristo* (2004), dirigido por Mel Gibson. (N.T.)

que só encontramos nas páginas de João. Se quisermos citar outro exemplo, apenas João diz que "muitos" entre os líderes religiosos judeus haviam acreditado em Jesus, atenuando assim a condenação àquela liderança religiosa.

De fato, em João (12,42) lê-se: "Não obstante, também muitos dos chefes creram nele, mas por causa dos fariseus não o manifestavam, para não serem expulsos da sinagoga." Existe alguma possibilidade de Nicodemos ser uma personagem histórica, ou é apenas um símbolo?

É possível que tenha realmente existido. Além disso, João indica frequentemente lugares e circunstâncias que parecem prováveis. É razoável acreditar que um homem rico pense em dar a Jesus uma sepultura suntuosa. O autor do Evangelho de João pode ter escrito aquelas palavras porque possuía informações que considerava seguras sobre o comportamento de Nicodemos. Por outro lado, não se pode rejeitar que o episódio seja compatível com o seu objetivo de representar a morte de Jesus também como uma glorificação, entretanto, e não como uma humilhação. Em suma, consideraria oportuno respeitar a complexidade das coisas e não fornecer respostas unívocas e simplistas.

Também no caso do sepultamento, como em outras questões, notam-se numerosas contradições nos evangelhos. Como se explicam?

O fato de João dar uma versão diferente da de Marcos sobre determinadas questões, o fato de Mateus e Lucas corrigirem Marcos, o fato de o Evangelho de Pedro transmitir uma versão também diferente significam apenas que os redatores desses textos recorriam a diversas tradições. Quando se transmitem fatos com um objetivo edificante, pode acontecer, apesar das melhores intenções, que se criem tradições diferentes. Uma segunda razão, relacionada à primeira, é que o cristianismo das origens, na realidade, não é uma religião do livro. Isto é, ela não baseia as suas certezas e os seus instrumentos de expansão na redação de um livro indiscutível, unívoco, a ser considerado absolutamente verdadeiro e intocável em todos os detalhes. Ele é, pelo contrário, sobretudo uma religião do espírito, se me é permitida essa simplificação. O que importa é que o neófito tenha um contato pessoal com a divindade por intermédio do Espírito Santo. Este é o *proprium* da religião protocristã e também o sentido geral dos eventos que os textos pretendem transmitir. A crônica exata dos fatos passa para um segundo plano.

A publicidade de um suplício vergonhoso deveria servir também para atemorizar e dispersar os adeptos. Em vez disso, sabemos que os discípulos de Jesus usufruíam "(...) a simpatia de todo o povo"* e "(...) Em todos eles era grande a graça".**

É uma das questões mais importantes sobre a personalidade de Jesus e do movimento que ele deixa como legado. Se os seus seguidores mais próximos houvessem sido considerados rebeldes em relação à ordem política judaica e romana, eles também deveriam ter sido perseguidos, aprisionados, sem talvez chegar à severidade usada em relação ao seu líder. Retorna aqui a dificuldade de separar as expectativas políticas das esperanças religiosas no que diz respeito tanto a Jesus quanto aos numerosos movimentos religiosos judaicos. A espera do fim dos tempos e o advento do reino de Deus eram compartilhados por uma multiplicidade de grupos religiosos no Israel daquele tempo. Cito o caso de Flávio Josefo, que, no final do século I, escreve (em grego) para apresentar a tradição bíblica ao mundo greco-romano. Pois bem, toda vez que esse escritor judeu depara com trechos que falam do futuro reino de Israel — por exemplo, no Livro de Daniel —, omite-os para

---

* Atos dos Apóstolos 2,47. (N.T.)
** Atos dos Apóstolos 4,33. (N.T.)

evitar que o leitor romano desconfie que o povo judeu possuía intenções sediciosas. Aqueles trechos, de fato, expressavam a tradicional aspiração bíblica ao futuro reino de Israel, compreendido como o definitivo reino de Deus. Portanto, se Jesus — e sobre isso não pode haver dúvidas — esperava o advento do reino de Deus, é mais do que óbvio que as suas expectativas incluíssem também um significado político e social, em suma, implicassem uma profunda agitação popular.

Os seus discípulos, portanto, não sofrem perseguições depois daquela clamorosa execução pública. A quais atividades eles se dedicam?

Após a morte de Jesus, os seus seguidores mais próximos frequentam o Templo, como se lê nos Atos dos Apóstolos, e são considerados com muita simpatia pela população de Jerusalém. Entretanto, também continuam a ter expectativas messiânicas, esperando uma renovação total da sociedade de Israel, talvez extensiva a todas as outras nações.

E isso não seria suficiente para atrair suspeitas sobre eles?

Essa espera, porém, segundo os Atos dos Apóstolos, transcorre em silêncio, é uma espécie de espera clandestina que não se concretiza em ações políticas para apressar o advento do reino de Deus. Ainda segundo os Atos, Jesus, antes de ascender ao céu, dissuade os seus discípulos de fazer o que quer que seja para instaurar o reino de Israel (At 1,6-9): "Senhor, é porventura agora que ides instaurar o reino de Israel? Respondeu-lhes ele: Não vos pertence a vós saber os tempos nem os momentos que o Pai fixou em seu poder, mas descerá sobre vós o Espírito Santo e vos dará força; e sereis minhas testemunhas em Jerusalém, em toda a Judeia e Samaria e até os confins do mundo. Dizendo isso elevou-se da vista deles e uma nuvem o ocultou aos seus olhos." Os Atos são escritos nos anos 80 do século I por um autor simpatizante dos romanos que pretende demonstrar quanto os cristãos são amigos das autoridades políticas romanas.

Podemos confiar na veracidade histórica desse testemunho?
Dentro de certos limites. Pode-se também pensar, de fato, que a imagem idílica dada por Lucas nos Atos, segundo a qual os primeiros seguidores de Jesus teriam usufruído, em Jerusalém, desse grande apoio, poderia representar uma simplificação da situação real.

XV

A RESSURREIÇÃO

Na Catedral de Orvieto, existe uma capela magnífica, com afrescos de Luca Signorelli, em que está representado o Dia do Juízo com os mortos que, ressuscitados, saem dos túmulos. Alguns com uma figura humana readquirida, outros ainda imersos pela metade na sepultura. O mais famoso *Juízo* do mundo é, obviamente, o do afresco de Michelangelo na Capela Sistina. Lá também, a ressurreição final apresenta, contrapostas, as duas enormes multidões dos escolhidos e dos condenados para a eternidade. A esperança de uma ressurreição geral é a máxima consolação que uma religião pode dar aos seus fiéis: morrendo, diz-se, não se tornarão cinza ou pó, mas entrarão num estado provisório depois do qual voltarão a viver — e desta vez para sempre —, readquirindo a originária condição do Éden, perdida por causa do "pecado" de Adão e Eva. Também na *Missa de réquiem*, há versículos que evocam uma fé limitada: um terrível dia de ira e de chamas chegará, quando será possível invocar a benignidade celeste, na certeza de ser ouvido: "*Libera me, Domine, de morte aeterna, in die illa tremenda; quando coeli movendi sunt et terra. Dum veneris judicare saeculum per ignem*" — Livra-me, Senhor, da morte eterna, naquele dia tremendo; quando os céus e a terra se revirarem; então virás julgar o mundo por meio do fogo.

É a mais poderosa edificação de esperança que os homens já construíram. A decomposição da morte não é senão um estado transitório; a passagem fatal, longe de representar uma viagem "cujas raias jamais viajante algum atravessou de volta",* transforma-se, para quem o tiver merecido, num estado de beatitude eterna. Para os escolhidos, será então possível voltar a abraçar as pessoas amadas: pais, filhos, cônjuges. Também por essa fé e esperança, a ressurreição de Jesus depois de três dias no sepulcro, a sua ascensão ao céu em corpo e espírito, como Rômulo, como sua mãe, Maria, são um prodígio tão grande, que bastam, por si sós, para fundar uma religião. Se não existisse a ressurreição, se Jesus não houvesse morrido na cruz, poderia ser despedaçado e transpassado, e tudo houvesse acabado entre as nuvens e raios daquela tarde no Gólgota, que valor teria a ideia do filho de Deus?

É possível que este capítulo, dedicado à ressurreição, seja o mais delicado do livro. Enquanto nos outros discutimos dados reais, embora incertos ou parciais, aqui nos baseamos num pressuposto de fé: um homem de carne e osso volta a viver após três dias passados no túmulo, quando os processos de decomposição já haviam decisivamente começado. "Já cheira mal, pois já é o quarto dia", dissera poucos dias antes a irmã de Lázaro. A fé, aliás, admite tão pouco a dúvida que podemos nos questionar sobre quais argumentos e com qual método se possa debater racionalmente sobre assuntos não demonstráveis ou sobre premissas indiscutíveis. Por outro lado, a fé é um componente fundamental da existência humana, e, portanto, é justo que seja defendida por quem a possui, também porque é igualmente indiscutível o conforto que ela pode proporcionar. Numa das suas argumentações contra a excessiva confiança na razão, René de Chateaubriand escreve, em *O gênio do cristianismo*: "Se é verdade

---

* *Hamlet*, ato III, cena I, na modelar tradução de Péricles Eugênio da Silva Ramos São Paulo: Abril, 1976. (N.T.)

que a religião é necessária para os homens, como têm defendido todos os filósofos, com que culto queremos substituir o que os nossos pais nos transmitiram? Recordaremos, durante muito tempo, o dia em que homens sanguinários pretenderam erguer altares à virtude sobre os escombros do cristianismo... esses templos, onde outrora se contemplava um Deus conhecido em todo o universo ou as imagens da Virgem que consolavam tantos infelizes, esses templos, eu digo, eram dedicados àquela Verdade que ninguém conhece e à Razão que nunca enxugou uma única lágrima."

As "provas" da ressurreição de Jesus consistem nas aparições ocorridas depois da morte na cruz. Uma das mais belas, descrita num episódio que também é um excelente trecho de literatura, é aquela da pesca milagrosa, narrada João (21,1-12): "Depois disso, tornou Jesus a manifestar-se aos seus discípulos junto ao lago de Tiberíades. Manifestou-se deste modo: estavam juntos Simão Pedro, Tomé, chamado Dídimo, Natanael, que era de Caná da Galileia, os filhos de Zebedeu e outros dois dos seus discípulos. Disse-lhes Simão Pedro: 'Vou pescar.' Responderam-lhe eles: 'Também nós vamos contigo.' Partiram e entraram no barco. Naquela noite, porém, nada apanharam. Chegada a manhã, Jesus estava na praia. Todavia, os discípulos não o reconheceram. Perguntou-lhes Jesus: 'Amigos, não tendes acaso alguma coisa para comer?' 'Não', responderam-lhe. Disse-lhes ele: 'Lançai a rede ao lado direito da barca e achareis.' Lançaram-na, e já não podiam arrastá-la por causa da grande quantidade de peixes. Então aquele discípulo, que Jesus amava, disse a Pedro: 'É o Senhor!' Quando Simão Pedro ouviu dizer que era o Senhor, cingiu-se com a túnica, porque estava nu, e lançou-se às águas. Os outros discípulos vieram no barco, arrastando a rede dos peixes, pois não estavam longe da terra, senão a cerca de duzentos côvados. Ao saltarem em terra, viram umas brasas preparadas e um peixe em cima delas, e pão. Disse-lhes Jesus: 'Trazei aqui alguns dos peixes que agora apanhastes.' Subiu Simão Pedro e puxou a rede para a terra, cheia de cento e cinquenta e três peixes grandes. Apesar de serem tantos, a rede não se rompeu. Disse-lhes Jesus: 'Vinde, comei.' Nenhum dos discípulos ousou perguntar-lhe: 'Quem és tu?', pois bem sabiam que era o Senhor."

O evangelho dito "de João" foi o último a ser escrito. Nos evangelhos que o antecederam, esse episódio é referido em relação à vida terrena de Jesus. É possível, portanto, que o redator do texto, provavelmente conhecendo os outros textos, tenha corrigido voluntariamente a tradição. Deslocando *post mortem* o episódio da pesca milagrosa, ele a transformou numa das provas da ressurreição. Principalmente porque a cena é narrada no capítulo 21, o derradeiro, que só foi acrescentado numa tardia redação do relato.

Há, posteriormente, o testemunho de Paulo, na Carta aos Coríntios, em que o apóstolo fala numa aparição que ocorreu diante de quinhentas pessoas. Se tivermos de aceitar essa afirmação ao pé da letra, seria um fato tão extraordinário que suscitaria uma profunda emoção em qualquer um que o houvesse presenciado. Cada um dos presentes, terminado o ritual, deveria ter mencionado o prodígio à sua volta. Poucas horas depois do fato, milhares de pessoas já o teriam sabido, e o relato de tamanho acontecimento teria chegado até nós de várias partes, sobretudo os evangelhos teriam falado dele como uma das provas mais extraordinárias do prodígio ocorrido. Em vez disso, o episódio se encontra apenas na breve passagem da carta de Paulo.

O teólogo vienense Adolf Holl escreveu *A mão esquerda de Deus: uma biografia do Espírito Santo*, em que o Espírito Santo é entendido não como uma noção abstrata da teologia, mas como expressão da inspiração religiosa na sua forma mais extrema e menos institucional; justamente por isso, é com frequência censurada. Uma das manifestações do "Espírito", escreve Holl, é a sua concretização em visões muito vívidas, assim como coletivas, que tomam forma em cenáculos de fiéis desta ou daquela religião.

As pessoas presentes, num estado de convencimento de exaltação mútua, em alguns casos auxiliadas por ervas ou vapores, chegam a materializar uma figura, humana ou sobrenatural, conseguindo realmente vê-la ali entre elas. Esta poderia ser uma explicação. De fato, é curioso que um evento tão extraordinário seja mencionado apenas por Paulo, pessoalmente suscetível a ter visões, como aquela, muito conhecida, no caminho de Damasco, acompanhada pela cegueira temporária (a propósito da qual se falou num possível ataque de epilepsia).

Uma última aparição que podemos mencionar nesta introdução é o momento em que, num jardim a pouca distância do sepulcro, Jesus aparece para Madalena. Pela ordem cronológica, essa é a primeira vez em que ele se manifesta depois da ressurreição. Seria fácil objetar (e assim fizeram) que Madalena estava tão ligada ou apaixonada por Jesus (de um ponto de vista filosófico ou amoroso, espiritual ou sensual, ou como se queira especular sobre a relação deles), tão cruelmente perturbada pela sua morte, que teria acreditado vê-lo naquele jardim, numa daquelas que também foram definidas como "visões histéricas" ou alucinações. Em outras palavras, um produto do desejo, uma intensa projeção do inconsciente.

É realmente tão importante, para a religião cristã, a tradição segundo a qual Jesus teria ressurgido da morte?
Descobri a enorme importância da ressurreição quando ainda jovem, lendo as cartas de Paulo. Na Primeira Carta aos Coríntios (15,17), ele escreve a frase famosa: "Se Cristo não ressuscitou, é inútil a vossa fé, e ainda estais em vossos pecados." Fui atingido por aquelas palavras e comecei a perceber que, pelo menos no pensamento paulino, a fé cristã sem a ressurreição não teria significado. Paulo também escreve (Carta aos Romanos, 4,24-25): "Jesus (...) entregue por nossos pecados e ressuscitado para a nossa justificação." Falei com o pároco sobre a importância da minha

descoberta, mas fiquei admirado por ele não compartilhar o meu entusiasmo, julgando-o quase um fanático. Ele me respondeu: "Note que não é tão importante; no cristianismo, não existe apenas a ressurreição." De fato, boa parte do cristianismo prático se baseia, mais do que na consciência da ressurreição, no respeito de uma moral; mais profundamente ainda, nas soluções que a religião cristã dá para a vida, individual ou social. Se começamos a refletir sobre a ressurreição, apresentam-se muitas possíveis objeções, as mesmas que eram dirigidas a Jesus e a Paulo: como poderão ressuscitar os corpos e onde estará o lugar para o qual vão os ressuscitados? Os que casaram várias vezes, de quem serão marido ou mulher? Jesus respondia: na ressurreição, os homens não terão mulheres nem as mulheres, maridos (Mt 22,30). Àqueles que lhe perguntavam "como ressuscitam os mortos? E com que corpo vêm?"* Paulo respondia: (*1 Cor* 15,40 e 44): "Há corpos celestes e corpos terrestres"; aquele que ressuscita é um "corpo espiritual". Mas o que quer dizer "corpo espiritual"? Parece uma contradição em termos. Não gostaria de que, mais uma vez, Thomas Hobbes tivesse razão quando disse: "Com os dogmas da fé, deve-se fazer como os comprimidos da medicina: tomá-las sem mastigar, engolir imediatamente."

Em que termos a ressurreição de Jesus nos é transmitida pelos vários textos que falam sobre ela?

Alguns estudiosos destacam que, nos primeiros anos após a morte de Jesus, a ressurreição não era considerada importante por todas as correntes de seguidores. Ela foi fundamental para Paulo, mas menos para outros. Os relatos sobre o acontecimento mostram, além disso, as enormes dificuldades interpretativas, causadas também pela diversidade entre os textos. A minha opinião é que essas discordâncias depõem um pouco a favor da sua legiti-

---
* I Coríntios 15,35. (N.T.)

midade. No Evangelho de João, fala-se sobre uma primeira aparição de Jesus a Maria de Magdala, que não o reconhece logo, o que é muito estranho para uma pessoa que lhe estava tão ligada.

Maria de Magdala, mais conhecida como Madalena, tivera uma relação privilegiada com Jesus, e a encontramos no restrito círculo dos protagonistas. De fato, é a ela que Jesus aparece a fim de mandá-la anunciar a ressurreição aos discípulos.

De acordo com João, Madalena vê Jesus ressuscitado no jardim adjacente à sepultura e tenta tocá-lo. Jesus responde com aquelas palavras muito evocativas: "*Noli me tangere*" — Não me retenhas, porque ainda não subi a meu Pai,"* que, evidentemente, se encontra no alto dos céus. Depois, ainda segundo João, o corpo vivo de Jesus ressuscitado aparece milagrosamente em Jerusalém, numa sala fechada, onde os discípulos estão em oração. Aparece uma terceira vez, e quem está presente é Tomé, que, pelo contrário, estava ausente quando Jesus apareceu no lugar fechado. É nessa última ocasião que Jesus manda que lhe toquem a ferida na costela. Segundo o redator do Evangelho de João, em concordância nisso com outros evangelhos, o gesto significa que não se trata de um fantasma, mas de um corpo verdadeiro que voltara a viver.

Enquanto a primeira aparição à Maria Madalena acontece fora de uma reunião ritual, as outras duas parecem ocorrer num momento de culto, isto é, quando os discípulos começam a rezar juntos. Do ponto de vista histórico, poderia parecer que os discípulos rezavam para obter a aparição do ressuscitado. No primeiro caso, pelo contrário, a aparição é espontânea, sem oração ou pedido prévio. Em João, encontramos, portanto, aparições que não parecem preparadas nem esperadas.

---

* João 20,17. (N.T.)

Especulou-se que a aparição a Maria Madalena pudesse ter ocorrido como resultado de uma crise ou de uma dor insuportável.

Não há elementos para se especular isso. De qualquer modo, não podemos nem sequer distinguir entre o acreditar ver e o ver efetivamente. Muitas visões, incluindo as mais recentes, como as de Fátima, obrigam-nos a constatar que, nessas ocasiões, o visionário realmente viu aquilo que diz ter visto. Não podemos considerar impossível que Madalena estivesse realmente convencida de ter visto Jesus e que o mesmo tenha acontecido com os discípulos. Do ponto de vista histórico, religioso ou antropológico, é claro que o vidente "vê" apenas aquilo que lhe permitem os esquemas culturais que possui. O capítulo 21 do Evangelho de João nos apresenta uma quarta aparição, não mais em Jerusalém, mas na Galileia, onde Jesus aparece aos discípulos enquanto estão pescando.

É o famoso episódio da pesca milagrosa. Um excelente trecho literário; mas também é historicamente exato?

Os relatos das aparições de Jesus certamente não são detalhados relatos estenográficos daquilo que os protagonistas narravam. Também não são episódios mencionados por testemunhas oculares. Trata-se de narrativas repetidas de pregador para pregador, transmitidas, durante muito tempo, apenas oralmente. Como sempre acontece nesses procedimentos, a localização temporal, espacial, geográfica do episódio se confunde. João coloca a pesca milagrosa depois da morte de Jesus; o Evangelho de Lucas a descreve durante a sua vida (Lc 5,4-11).

O Evangelho chamado "de João" foi o último a ser escrito. É possível que o seu redator tenha voluntariamente corrigido a tradição precedente?

Quem escreveu o Evangelho de João talvez pretendesse corrigir o Evangelho de Lucas, que coloca a pesca milagrosa no início da atividade de Jesus. Ou, ao contrário, ignorava o Evangelho de Lucas e estava convencido de que o episódio havia ocorrido na Galileia, depois da ressurreição do mestre. Além disso, não parecia estranho que Jesus houvesse realizado muitas ações, depois da sua ressurreição. No cristianismo primitivo, existiam versões diversas que prolongavam ou diminuíam o período em que Jesus ressuscitado teria permanecido na Terra. Para alguns, teriam sido 40 dias, mas o apócrifo *Ascensão de Isaías* (9,16) cita 545 dias de permanência, exatamente como defendiam os gnósticos, que falavam em 18 meses. O *Apócrifo de Tiago*, em língua copta, fala numa permanência de 550 dias, outros até mesmo em 12 anos. Estas hipóteses contrastantes estão relacionadas à tradição segundo a qual Jesus ressuscitado teria transmitido, naquele período, revelações especiais, às vezes secretas e reservadas, somente a algumas pessoas. Essas verdades derradeiras haviam sido omitidas durante a sua vida e assumiam, justamente por isso, um valor ainda maior. De qualquer forma, é interessante que, nessa cena do Evangelho de João, Jesus realmente se alimenta. Embora ressuscitado, ele tem um corpo. É isso que dizem também o Evangelho dos Hebreus e o Evangelho dos Nazarenos, além do Evangelho de Lucas.

Enquanto o Evangelho de João é datado aproximadamente entre os anos 90 e 110, Paulo escreve menos de 30 anos depois dos fatos.

Vale a pena refletir sobre essa breve passagem da Primeira Carta aos Coríntios (15,3-9): "Eu vos transmiti primeiramente o que eu mesmo havia recebido: que Cristo morreu por nossos pecados, segundo as Escrituras; foi sepultado, e ressurgiu ao terceiro dia, segundo as Escrituras; apareceu a Cefas, e em seguida aos Doze. Depois apareceu a mais de quinhentos irmãos de uma vez, dos quais a maior parte ainda vive e alguns já são mortos; depois apareceu a Tiago, em seguida a todos os apóstolos. E, por último de todos, apareceu também a mim, como a um abortivo. Porque eu sou o menor dos apóstolos, e não sou digno de ser chamado apóstolo, porque persegui a Igreja de Deus."

São aparições diferentes das do Evangelho de João e dos outros três evangelhos: Mateus, Marcos e Lucas. Jesus teria aparecido primeiro a Pedro, chamado Cefas, sozinho, conferindo, assim, a esse discípulo uma condição especial. Depois, a um grupo restrito de discípulos, "os Doze". Se é verdadeira a história segundo a qual Judas "o teria traído", o grupo devia ser composto por onze pessoas no momento da ressurreição, porque Judas, após haver abandonado os outros, havia-se suicidado. Paulo, entretanto, continua falando em "doze", já que considera o grupo uma instituição que também conserva o nome, embora um dos membros já não faz parte dele. Em seguida, acrescenta Paulo, Jesus apareceu a mais de quinhentos irmãos ao mesmo tempo, um grandioso evento de que não se fala em nenhum evangelho. A seguir, apareceu a Tiago, irmão de Jesus, futuro líder da Igreja de Jerusalém, um papel extraordinário. Depois, aparece a todos os apóstolos e, finalmente, também a ele, Paulo. Se compararmos esses eventos com as aparições mencionadas meio século depois por João, encontramos numerosas discordâncias. Os relatos das aparições são, na realidade, um dos fenômenos mais enigmáticos do cristianismo primitivo.

Por que apenas Paulo menciona o extraordinário acontecimento de uma aparição diante de quinhentas pessoas enquanto os evangelhos omitem um episódio tão clamoroso?

Uma resposta possível se encontra no próprio capítulo 21 do Evangelho de João, que termina com estas palavras: "Jesus fez ainda muitas outras coisas. Se fossem escritas uma por uma, penso que nem o mundo inteiro poderia conter os livros que se deveriam escrever." É um recurso retórico que, entretanto, diz uma coisa fundamental: quem escreveu o Evangelho de João, pelo menos na sua última redação, tinha consciência de que havia transmitido apenas uma parte dos próprios conhecimentos. Os escritos sobre Jesus têm objetivos particulares e foram compilados selecionando-se os materiais. João, como vimos, não relata a chamada instituição da eucaristia, embora dedique cinco capítulos à última ceia. Se conhecêssemos apenas João, não teríamos o Pai-Nosso. Não o teríamos nem mesmo se lêssemos apenas Marcos, nem conheceríamos muitas das parábolas de Jesus.

No entanto, quinhentas pessoas não conseguem manter um segredo, nem mesmo querendo.

Nós nos poderíamos perguntar em que ocasião se teria reunido tamanha assembleia, que demanda um lugar aberto ou uma casa muito grande, que só é possível encontrar nas classes altas. Se Paulo faz esse relato, é evidente que nos anos 50 circulavam esses tipos de boatos. Além disso, também em Medjugorje se verificaram visões coletivas: enormes multidões viram, simultaneamente, a aparição de Nossa Senhora. Trata-se de fatos de particular relevância para quem interpreta as visões como estados alterados de consciência. Hoje, alguns estudiosos católicos interpretam as aparições de Jesus ressuscitado como estados alterados de consciência, favorecidos por certas áreas do cérebro predispostas a assimilar revelações de caráter sobrenatural.

É surpreendente constatar como o cristianismo das origens seja perpassado por tamanha quantidade de visões, induzidas ou não.

Uma primeira explicação possível é que os novos crédulos, procedendo de religiões de caráter helenístico-romano, em que era frequente ter visões, elevaram consigo a necessidade dessas manifestações do sagrado e do sobrenatural. Outra explicação é que no próprio judaísmo existiam essas visões, aliás, amplamente documentadas não só pela Bíblia, mas também pela tradição mística transmitida pelos textos chamados *Hekhalot*. Uma terceira hipótese, que me parece plausível, é que o próprio Jesus, tendo tido experiências com visões, houvesse iniciado, em algum momento, os discípulos nesse peculiar tipo de contato com a divindade. Para Jesus, o contato com Deus era essencial, a fim de conhecer a sua vontade, saber aquilo que, passo a passo, aconteceria na sua vida. Um dos episódios em que ele parece ter procurado uma relação singular com o sobrenatural é o da "transfiguração", mencionado pelos três evangelhos sinóticos, mas também por outros textos do cristianismo primitivo. Naquela ocasião, Jesus escolheu três discípulos, Pedro, João e Tiago, e subiu com eles até um monte. Pode-se pensar numa transmissão esotérica de experiências e formas de conhecimento sobrenatural, que nem todos os discípulos eram capazes de experimentar.

Quais elementos possuímos para dizer que esse episódio tenha realmente ocorrido?

Muitos exegetas, mesmo católicos, defendem que esse evento nunca ocorreu. Eu, por outro lado, considero-o altamente provável. O relato, justamente pelo seu caráter extraordinário, parece transmitir a lembrança de uma experiência real. Leio no Evangelho de Lucas (9,28-37): "Passados uns oitos dias, Jesus tomou consigo Pedro, Tiago e João, e subiu ao monte para orar." Somente Lucas diz que subiu ao monte com o objetivo principal de orar. "Enquanto orava, transformou-se o seu rosto e as suas vestes tornaram-se resplandecentes de brancura." Lucas, portanto, coloca essa experiência no âmago de um ritual de oração. Enquanto Jesus ora, de repente o aspecto do seu rosto muda, mas muda também o das suas vestes, que se tornam muito reluzentes. "E eis que falavam com ele dois personagens: eram Moisés e Elias." De um ponto de vista antropológico, esta poderia ser definida como uma experiência de necromancia, a evocação de dois mortos do além. Retomando: "E eis que falavam com ele dois personagens: eram Moisés e Elias, que apareceram envoltos em glória, e falavam da morte dele, que se havia de cumprir em Jerusalém." Aqui poderia parecer que Moisés e Elias explicavam a Jesus o que estava para acontecer. Trata-se de outro elemento que faz compreender como os próprios evangelhos consideram Jesus um homem que precisa ser iluminado sobre o seu futuro. "Entretanto, Pedro e seus companheiros tinham-se deixado vencer pelo sono." Por que se tinham deixado vencer pelo sono? Haviam subido ao monte de manhã, agora é noite, estão vivendo, de fato, uma experiência extraordinária: "Entretanto, Pedro e seus companheiros tinham-se deixado vencer pelo sono; ao despertarem, viram a glória de Jesus." A glória parece uma substância sobrenatural, resplandecente, que emana luz, quase como se em Jesus houvesse uma essência misteriosa, oculta, que se revela de repente.

Essa luz poderia ser um sinal da divindade de Jesus.
Não estamos autorizados a pensar isso, já que a "glória" também invade os dois profetas que aparecem "em glória". O relato continua, dizendo que os três discípulos "viram a glória de Jesus e os dois personagens em sua companhia. Quando estes se apartaram de Jesus, Pedro disse: 'Mestre, é bom estarmos aqui. Podemos levantar três tendas: uma para ti, outra para Moisés e outra para Elias!' Ele não sabia o que dizia. Enquanto ainda assim falava,

veio uma nuvem e encobriu-os com a sua sombra; e os discípulos, vendo-os desaparecer na nuvem, tiveram um grande pavor. Então da nuvem saiu uma voz: 'Este é o meu Filho muito amado; ouvi-o!' E, enquanto ainda ressoava esta voz, achou-se Jesus sozinho. Os discípulos calaram-se e a ninguém disseram naqueles dias coisa alguma do que tinham visto. No dia seguinte, descendo eles do monte, veio ao encontro de Jesus uma grande multidão." Portanto, no monte, Jesus e os três discípulos passaram um dia inteiro. Questiono-me, influenciado também pelas pesquisas de minha esposa, Adriana Destro, que ensina Antropologia na Universidade de Bolonha, se não estamos diante de uma verdadeira e peculiar forma de transmissão de experiências esotéricas a um restritíssimo grupo de seguidores que está lá para aprender e continuará a buscar também no futuro um contato com o sobrenatural por meio de orações, visões, revelações especiais. Nesse quadro, seria possível explicar também as aparições do ressuscitado, que, por si sós, são apenas visões.

Sem a ocorrência extraordinária da ressurreição, teria sido mais difícil erguer os pilares ideológicos e teológicos do cristianismo.
Jesus anunciava o iminente advento do reino de Deus. Dentro em pouco, o mundo seria redimido, libertado da injustiça social, da doença física, de todos os males. O messias Jesus, entretanto, é morto, é vencido, e o mundo continua sem redenção. No lugar do reino de Deus, vem a ressurreição de Jesus, segundo a fé de muitos dos seus seguidores. Jesus, porém, havia pregado o advento do reino de Deus, e a ressurreição não é a mesma coisa que a redenção do mundo. Quanto mais se insiste na ressurreição, menos se espera a redenção deste mundo. Assim, houve a fé num messias, mas sem a redenção do mundo, e a fé na ressurreição de todos os seres humanos, enquanto todos continuavam morrendo.

Quando também diminuiu a esperança numa ressurreição iminente de toda a humanidade, só restou acreditar numa redenção interior e numa ressurreição puramente individual e metafórica.

Ressurreição ou imortalidade da alma?
Juntamente com Thomas Hobbes, no seu *Leviatã*, podemos dizer que uma coisa é a ressurreição da carne, e outra, diferente, a imortalidade da alma. No judaísmo do tempo de Jesus, a teoria da imortalidade da alma não era completamente desconhecida. Não poucos judeus, sobretudo nas classes altas, eram, de fato, profundamente helenizados. Contudo, a maioria da população acreditava na ressurreição dos corpos, embora a Bíblia fale muito pouco sobre esse assunto. A ideia de que, no fim deste mundo, os mortos ressuscitam não é uma criação da cultura judaica. Os judeus a herdaram de outras culturas. Trata-se de uma das muitas formas com que os homens procuram imaginar — esperar — uma eventual vida depois da morte.

Mas Jesus fala na ressurreição dos corpos ou na imortalidade da alma?
O corpo que se desfaz depois da morte será recomposto numa vida futura. Essa é a concepção judaica, e Jesus, também desse ponto de vista, é um judeu. Hobbes considerava uma traição ao judaísmo a adoção pelas Igrejas cristãs da teoria grega da imortalidade da alma.

Todas as correntes do judaísmo acreditavam na ressurreição?
Sobretudo os fariseus acreditavam nela. Eles consideravam que a ressurreição dos corpos aconteceria no fim deste mundo. Por conseguinte, a ocorrência de uma ressurreição provava que o fim do mundo estava iminente. Paulo, que era um fariseu, acreditou

que o novo mundo já houvesse começado exatamente porque estava convencido de que o corpo de Jesus havia ressuscitado.

Apenas um judeu que compartilha a concepção da ressurreição dos corpos pode aceitar a ideia de que Jesus ressuscitou. Por outro lado, os judeus que não acreditavam na ressurreição não teriam ficado espantados ao ouvir essa notícia; simplesmente não acreditariam nela. Para acreditar na ressurreição de Jesus é preciso, primeiramente, acreditar na possibilidade de um corpo ressuscitar. Os fiéis de hoje se esforçam para aceitar isso porque pensam sobretudo na imortalidade da alma.

XVI

TOLERÂNCIA/INTOLERÂNCIA

As perseguições contra os cristãos conheceram várias fases. No começo, foram atos isolados dos procuradores locais ou até mesmo eclosões de ódio popular não diferentes daquelas que, mais tarde, caracterizariam os *pogroms* contra os judeus. Numa segunda fase, entretanto, a perseguição se tornou, por assim dizer, oficial, isto é, sancionada por editos imperiais *ad hoc*. Possuem importância histórica especial os editos emanados por Valeriano (imperador de 253 a 260), que desencadearam uma perseguição anticristã muito cruel no biênio 257-258.

Por que ocorre tudo isso? Os romanos sempre tiveram uma atitude tolerante em relação às religiões. Entretanto, sendo a sua uma religiosidade essencialmente pública, política, eles exigiam, como já dizia o texto das Doze Tábuas,* que ninguém tivesse "por sua conta deuses nem novos nem estrangeiros que não sejam reconhecidos pelo Estado". Respeitada essa premissa, os romanos reagiam com dureza apenas no caso de uma religião apresentar aspectos de possível subversão política. No caso da oposição entre o cristianismo e o Império Romano, uma ampla

---

* Lei das Doze Tábuas, antiga legislação que se encontra na origem do Direito Romano. (N.T.)

corrente de estudiosos sustenta que se tratou de um contraste mais psicológico e cultural do que propriamente político, pois os cristãos não pregavam nem praticavam rituais perigosos. Entretanto, é possível que um aspecto "político", e fortemente político, o cristianismo possuísse ao defender os mais humildes, incluindo os escravos, no seu desejo (diríamos hoje) de reequilibrar as relações entre as classes, minando, assim, os equilíbrios econômicos em Roma e no Império. Além disso, quando os primeiros adeptos são presos e lhes é pedido que se identifiquem (ainda usando termos de hoje), muitos se recusam a fazê-lo, assim como também se opõem a prestar o "serviço militar": limitam-se a dizer que a sua ascendência está em Jesus Cristo, um ato de desobediência civil considerado intolerável pelos romanos.

Roma estava convencida, não sem razão, de haver introduzido fortes elementos de civilização no Lácio arcaico e em todo o território imperial, constituído, na sua maioria, por regiões onde se ignorava a ideia de lei e proliferavam lendas rudimentares e superstições primitivas. A criação do *jus*, isto é, da superior civilização do direito, havia representado um passo à frente — poderia dizer-se revolucionário — no caminho do progresso humano; os romanos eram conscientes e orgulhosos disso. Virgílio se refere a isso quando cria o mito do "pio Eneias", fundador da cidade e da estirpe, o herói que foge de Troia incendiada carregando nas costas o pai, Anquises, levando nos braços o pequeno filho Ascânio. Passado, presente e futuro de Roma já incluídos naquelas figuras que simbolizam os três períodos da vida. No centro, Eneias, destinado a iluminar a nova pátria com a luz da *humanitas*. A religiosidade romana era, de fato, uma forma de patriotismo, coadunava-se com o espírito nacional, reforçava o sentimento de pertencimento àquela civilização.

O cristianismo, ao contrário das outras religiões, pareceu logo estranho a essa visão do mundo, configurando-se, nos fatos se não nas intenções, como um concorrente político. No início e durante certo período da sua história, ele não foi uma religião cívica. Os seus seguidores se encontravam espalhados por toda parte, dentro e fora do Império. A sua lealdade era dedicada por inteiro a um Deus universal, e não de cidades individuais. Os judeus também possuíam uma religião estranha aos cultos cívicos tradicionais. Diferentemente dos cristãos, entretanto, eles não procuravam converter os povos; pediam apenas que pudessem praticar livremente os seus cultos dentro dos seus templos, no interior das suas comunidades.

Suetônio — e chegamos agora a outro aspecto curioso e pouco conhecido de cristianismo primitivo — descreve claramente a desconfiança, aliás, a visível hostilidade com que os seguidores do novo credo foram acolhidos em Roma. Na *Vida de Cláudio*, ele escreve que, em 41, o imperador expulsou os judeus de Roma porque estavam sob a instigação de Christus continuamente em estado de rebelião. Pouco depois de 60, quando Paulo chega a Roma, os líderes da comunidade judaica lhe dizem que "esta seita" encontra oposição em todo lugar. Ainda Suetônio, na *Vida de Nero*, escreve que aos cristãos foram aplicadas sanções, porque se suspeitava de que os adeptos da nova seita praticassem a magia. Nos *Anais* (44-2,3), Tácito relata como, em seguida ao incêndio de Roma, talvez provocado por Nero, foi fácil colocar a culpa nos cristãos, dada a péssima fama de que estavam rodeados: "Para eliminar os boatos, Nero fez passarem por culpados e submeteu a castigos crudelíssimos aqueles que o povo chamava de cristãos, odiados pelas suas perversidades. Esse nome lhes vinha de cristo, que, sob o governo de Tibério, foi suplicado por ordem do procurador Pôncio Pilatos. Momentaneamente reprimida, a nefasta superstição se espalhou de novo não apenas na Judeia, onde se originara esse mal, mas também em Roma, para onde de todos os lugares [e aqui há uma severa crítica à cidade] tudo o que é atroz ou vergonhoso aflui e é praticado." Os cristãos, acrescenta

Tácito, foram condenados não tanto pelo incêndio doloso, mas pelo seu ódio contra o gênero humano. Palavras, como podemos ver, duríssimas, absolutamente inusitadas para nós.

O edito que estabelece a tolerância em relação aos cristãos, chamado "de Milão", publicado pelo imperador Constantino em 313, assinala o ponto de reviravolta. No ano anterior, o imperador havia celebrado uma clamorosa vitória contra Maxêncio, na Ponte Mílvia, atribuindo-a a uma visão celestial. Quando, eliminado o corregente Licínio, ele pôde finalmente reinar sozinho, procurou incutir o espírito cristão na legislação, abolindo, por exemplo, o suplício da cruz e os combates de gladiadores. A sua vida privada, os métodos com que assegurou para si o poder permaneceram terríveis. Ele mandou matar o seu sogro, Maximiano, e, depois, seu filho, Flávio Crispo, injustamente acusado pela madrasta, Fausta, que, por sua vez, paga com a vida por essa calúnia. Constantino se converteu ao cristianismo, mas quis ser batizado somente na hora da morte. Aquilo que mais importa para os objetivos no nosso relato é que Constantino, com o Concílio de Niceia, de 325, iria tornar-se um destemido defensor da Igreja e da sua ortodoxia. Entretanto, contradizendo a tolerância proclamada no seu edito, manda perseguir os seguidores de Ário, dando início, assim, a uma perseguição às avessas, não mais contra os cristãos, mas contra aqueles que permaneciam fiéis às velhas religiões. Na verdade, a perseguição contra os seguidores do arianismo estava apenas no início. Em 392, o imperador Teodósio publicaria um edito segundo o qual os sacrifícios pagãos e o simples ato de frequentar um templo não cristão seriam punidos até mesmo com a morte.

Essa total reviravolta propõe a questão fundamental do que se deve entender por tolerância religiosa. Um ótimo exemplo é a disputa, só aparentemente marginal, protagonizada pelo bispo de

Milão, Ambrósio, e o prefeito de Roma, Aurélio Símaco. Em Roma, na Cúria Júlia, existia um altar da Vitória diante do qual os senadores juravam fidelidade às leis e ao imperador, símbolo, na sua pessoa, da dupla função política e religiosa. Em 382, o imperador Graciano, influenciado pelo bispo Ambrósio, depois de haver cortado as verbas para os cultos e para os sacerdotes pagãos, ordena a remoção do altar. O senado envia a Milão, onde se encontrava a corte, uma delegação, que, entretanto, nem chega a ser recebida.

No ano sucessivo, Graciano morreu (assassinado), e quem o sucedeu foi o meio-irmão, Valentiniano II, de 12 anos. Os senadores enviaram uma nova delegação para pedir a reposição do seu altar. Símaco pronuncia uma oração tão eficaz, que conquista a maioria dos conselheiros imperiais. Intervém, então, Ambrósio com uma carta ao garoto tão precocemente elevado ao trono. Ameaça-o de excomunhão e depois articula as suas argumentações com tamanha habilidade, que consegue mudar a maioria dos votos. Nunca mais se voltaria a falar do altar dedicado à Vitória. A essa disputa esclarecedora, o filólogo clássico Ivano Dionigi dedicou um estudo, *La maschera della tolleranza* (A máscara da tolerância). A apologia de Símaco, toda centrada no pluralismo religioso, culmina com a unicidade do mistério e a diversidade das suas vias de acesso: "Não se pode alcançar por uma só via um mistério tão grande", escreve. A resposta de Ambrósio é áspera. Pergunta: "Só agora se fala em justiça e equidade? Onde estavam esses discursos quando aos cristãos (...) nem se permitia respirar?" Em seguida, duas argumentações mais propriamente teoréticas. Na primeira, o bispo de Milão defende que, no mundo, tudo progride e melhora, e que também o cristianismo representa uma forma superior de religiosidade em relação à pagã. O segundo argumento é dogmático. Diante do Deus estoico e neoplatônico de Símaco, Ambrósio afirmava que o único verdadeiro Deus é o dos cristãos ("*Ipse enim solus verus est deus*"), calando, assim, qualquer objeção posterior.

Há alguns anos, Marc Augé, um ilustre estudiosos de ciências sociais, publicou o ensaio *O gênio do paganismo*, que imita, virando-o às avessas, o célebre *O gênio do cristianismo*, em que Chateaubriand descrevia, como só ele sabia fazer, as belezas poéticas e morais da religiosidade cristã. Augé, ao contrário, escreve: "O paganismo nunca é dualista e não opõe o espírito ao corpo nem a fé ao conhecimento. Não institui a moral como princípio externo quanto às relações de força e sentido que traduzem os acidentes da vida individual e social (...). A salvação, a transcendência e o mistério lhe são essencialmente estranhos. Como consequência, o paganismo acolhe a novidade com interesse e espírito de tolerância." Argumentos que, como podemos ver, conservam ainda um relevante valor de atualidade.

Quais são as causas das perseguições contra os cristãos?
Na época da perseguição de Valeriano, os cristãos eram uma minoria importante em quantidade e qualidade no interior de um Império Romano majoritariamente "pagão". Quando uma maioria persegue violentamente uma minoria, isso acontece, em geral, em seguida a graves crises sociais, econômicas, político-militares. Em poucas palavras, quando se torna necessário encontrar um culpado sobre o qual fazer recair a responsabilidade, estimulando toda energia num esforço unitário de sobrevivência. As minorias fortes se tornam as principais vítimas desse mecanismo: a hostilidade em relação a elas torna críveis as acusações aos olhos de uma população que se sente ameaçada nos seus privilégios. É provavelmente essa a perspectiva geral da perseguição de Valeriano e de várias outras perseguições contra os cristãos.

Não tem, portanto, relevância um possível "conflito de classes", como diríamos em termos atuais?

Os cristãos não foram perseguidos porque defendiam os pobres ou porque tinham um comportamento politicamente perigoso. Pelo contrário, as suas obras assistenciais eliminavam motivos para eventuais protestos populares. Os cristãos não tinham nada de revoltosos; eles também aspiravam alcançar posições importantes no interior da administração e nos papéis políticos. A pregação de um iminente advento do reino de Deus por intermédio de Jesus continha certamente uma ameaça de mudança nas injustiças existentes, mas essa dimensão "política" desapareceu depois que o cristianismo abandonara os seus traços judaicos. Tratava-se agora de uma religião cujos seguidores já não eram judeus, mas quase apenas ex-pagãos, e a sua aspiração terrena, quando existia, era alcançar posições de comando no Império Romano.

Mas os cristãos praticavam aquilo que hoje chamaríamos de "desobediência civil".

Exatamente porque eram "legalistas", a única forma de induzi-los à desobediência declarada contra as autoridades estava em obrigá-los a realizações de culto para eles inaceitáveis. Os cristãos se recusavam a isso radicalmente; entretanto, não se tratava de uma desobediência política contra o imperador e as leis. Mas, em casos de grave crise social, a maioria pagã podia acreditar que os deuses punissem os romanos por culpa desses cristãos, já em quantidade elevada, e que não dirigiam às divindades tradicionais o culto devido. Portanto, podia se desencadear a perseguição. Quando a divindade cristã passou a pertencer ao panteão aceito no Império, o cristianismo se tornou uma religião tolerada, e o problema acabou.

Por que muitas fontes romanas (Plínio [o Jovem], Tácito, Suetônio) definem a nova religião como uma superstitio*?*

A palavra *superstitio* não tinha originalmente o significado que tem hoje. Ela significava apenas algo de "acréscimo" às práticas religiosas tradicionais. Os romanos definiam o cristianismo como *superstitio* apenas porque se tratava de um dos muitos cultos que circulavam em Roma e no Império. O cristianismo, sobretudo a partir do século II, apresentava-se com características estranhas às tradições. A religião romana era essencialmente uma religião civil. O culto dos deuses e o respeito pelas tradições garantiam a proteção divina à cidade e asseguravam o sucesso político e militar. A falta de religiosidade, pelo contrário, desencadeava a punição divina, que se concretizava, por exemplo, em necessidades e derrotas. Seguir uma *superstitio* significava se afastar dos cultos tradicionais ou até mesmo combatê-los. Isso não poderia deixar de provocar um castigo divino. De forma indireta — repito, indireta —, a recusa cristã da religiosidade tradicional podia ser considerada um perigo político, na medida em que a divindade, ofendida pelo abandono do culto devido, deixava de garantir à cidade a proteção necessária. Um dos primeiros cristãos que procuraram demonstrar que o cristianismo não era uma *superstitio* foi Tertuliano, que defendeu que o cristianismo era uma *religio*, ou seja, um culto útil ao Império.

Mas os judeus também possuíam uma religião estranha aos cultos cívicos tradicionais.
Sim, certamente, mas eles apresentavam uma diferença substancial em relação aos cristãos, ainda a partir do século II. Os judeus não tinham nenhuma intenção de contestar os cultos tradicionais nem de converter os romanos à sua religião. Pediam apenas que fossem respeitados na sua diversidade. Já os cristãos tinham uma clara atitude missionária e manifestavam abertamente a sua crítica contra a idolatria. Quando, alcançada a maioria,

conquistaram o poder, também a sua religião se tornou, de certa forma, uma religião cívica. Deus, o Deus por eles considerado o único verdadeiro, e só ele, protegia a cidade. Fidelidade à cidade e fidelidade àquele Deus voltaram, então, a coincidir, mas isso agora havia conduzido para muito longe da religião de Jesus.

Autores clássicos como Tácito e Suetônio descrevem os cristãos como pessoas dignas de desprezo, cheias de ódio pelo gênero humano.

A interpretação dos trechos de Tácito e Suetônio sempre foi muito controvertida. Eles falam, sim, de eventos que ocorreram durante o governo de Nero (por volta do ano 60), mas escrevem sobre isso muitas décadas depois. A atividade pública de Tácito (*circa* 55-120) pode oscilar entre os anos 80 e 110; também no caso de Suetônio (*circa* 70-140) estamos mais ou menos no mesmo período. Pode-se levantar a hipótese de os dois historiadores haverem utilizado os relatos então disponíveis sobre eventos dos anos 60 à luz da importância que, no momento em que escreviam, os cristãos haviam então adquirido. Se é verdade que os evangelistas, escrevendo sobre Jesus, demonstravam obter tradições divergentes e, às vezes, incertas, o mesmo também se pode dizer em relação aos historiadores romanos.

Sobre que aspectos se concentrou o debate em torno desses textos?

Muito se tem discutido, por exemplo, sobre a veracidade histórica dos nomes usados por Suetônio e Tácito. Tratava-se de Christus ou Chrestus? Referiam-se realmente a Jesus quando falavam em Chrestus ou Christus? Nos anos 60, já existia, sem dúvida, o nome "cristãos" ou devemos pensar que Tácito e Suetônio o utilizaram porque se falava em cristãos no tempo deles, ou seja, algumas décadas depois? Os Atos dos Apóstolos, escritos por volta dos anos 80, dizem que o termo "cristãos" foi usado pela primeira vez em Antioquia. A palavra "cristão" é certamente de cunho latino, mas, se for verdadeiro o testemunho dos Atos, permanece por esclarecer o que esse termo queria dizer. Tratava-se de uma autodesignação ou era um nome imposto de fora aos fiéis daquele culto? Nos Atos, o termo aparece duas vezes, e uma vez na Primeira Carta de Pedro. Quanto ao termo grego *christianismòs* (cristianismo), ele só aparece por volta de 115, com Inácio de Antioquia. Enfim, é muito duvidoso que, no tempo de Nero, existissem grupos claramente reconhecíveis como cristãos. É bem mais provável que as autoridades romanas identificassem os seguidores de Jesus como "cristãos" nas duas primeiras décadas do século II, como demonstra Plínio, o Moço; trata-se, mais ou menos, da época em que escreveram Suetônio e Tácito. Em poucas palavras, não acredito que se possa falar numa presença em massa de seguidores de Jesus, em Roma, nos anos 60. É claro que em grandes cidades, como eram Roma ou Antioquia, podiam existir vários grupos que se referem a Jesus. No entanto, eu diria que dez ou quinze grupos de uma centena de pessoas cada, que se reuniam em casas particulares, não representariam de forma alguma um problema político relevante, nem em Antioquia nem em Roma.

Por que, ao longo de menos de oitenta anos após Constantino, o cristianismo passa de perseguido a perseguidor?
Essa pergunta é uma das mais importantes em toda a história do cristianismo. Muitos historiadores tentaram respondê-la com interpretações e hipóteses que, na realidade, continuam um tanto distantes uma da outra. Um fato é certo: já com Teodósio, nos anos 389-390, o cristianismo se torna perseguidor não apenas das religiões tradicionais, mas também do judaísmo. Surge um aspecto

intolerante que, a partir de então, continuará a se manifestar ao longo dos séculos. Não havia se manifestado antes somente porque os cristãos eram uma minoria que não dispunha de instrumentos de poder. Já na mensagem de Jesus, que espera a iminente instauração do reino de Deus, vê-se um mundo do qual o mal será eliminado. A palavra de Deus é um fogo, uma espada que combate por uma verdade em relação à qual não pode haver concessões.

Na pregação de Jesus, entretanto, dois elementos atenuavam essa atitude absolutista e tendencialmente intolerante. O primeiro é que somente Deus pode instaurar o seu reino, e não os homens. Os seguidores de Jesus deveriam, portanto, esperar que Deus eliminasse o mal, e não atribuir a si mesmos essa capacidade e essa tarefa. O segundo elemento que em Jesus impedia qualquer forma de intolerância era o princípio do amor aos inimigos. Jesus não fala apenas do amor ao próximo, isto é, a quem está perto e é semelhante, mas do amor aos inimigos. Em relação aos inimigos é preciso comportar-se como fez Deus, que faz nascer o sol sobre os bons e sobre os maus: "Eu, porém, vos digo: amai vossos inimigos, fazei bem aos que vos odeiam, orai pelos que vos maltratam e perseguem. Desse modo sereis os filhos de vosso Pai do céu, pois ele faz nascer o sol tanto sobre os maus como sobre os bons, e faz chover sobre os justos e sobre os injustos. Se amais somente os que vos amam, que recompensa tereis? (...) Portanto, sede perfeitos, assim como vosso Pai celeste é perfeito." (Mt 5,44-48). A propósito dessa sua atitude existe, aliás, uma parábola muito significativa. Um inimigo semeou, às escondidas, joio no nosso campo de trigo, mas não se deve cortar o joio na sua fase de crescimento, pois dessa forma também se arrancariam as pequenas hastes de trigo que lhe estão próximas. O próprio Deus, e só ele, separará o joio do trigo no tempo da colheita, que simboliza o juízo final. Segundo essa parábola, não cabe aos cristãos a tarefa de perseguir com meios políticos aqueles que consideram adversários.

Assim, entre as tendências que coexistem na religiosidade cristã, uma impele a eliminar qualquer realidade contrária, a outra exorta a amar até mesmo os inimigos, sendo Deus o único a conhecer os segredos do coração.

O edito de Milão, de 313, que concede aos cristãos a liberdade religiosa nos confins do Império, também prevê o possível perigo de os cristãos se tornarem intolerantes. Após estabelecer que lhes deve ser concedida plena liberdade, determina, com efeito, que eles têm de compreender "que a liberdade é garantida também aos outros que desejem seguir as suas práticas religiosas (...), que cada um tenha a liberdade de escolher e adorar seja qual for a divindade que prefira". A atitude de amor aos inimigos prevalece quando o cristianismo está em minoria; já quando alcança o poder, deixa emergir a tendência a perseguir ou reprimir os adversários.

Em última análise, o cristianismo se apresenta com duas faces: pode ser tolerante ou intolerante, em momentos distintos.

As vezes, são as próprias correntes que a ortodoxia considera heréticas que manifestam maior tolerância e respeito pelos outros. Os ostrogodos, por exemplo, que eram cristãos arianos, tinham uma atitude mais tolerante em relação aos judeus. No início do século VI, o cristão Cassiodoro, ministro do rei ostrogodo Teodorico, escreveu frases célebres sobre a tolerância religiosa: "Não podemos impor a religião, porque ninguém é obrigado a crer contra a sua vontade"; ou "Como Deus admite a existência de tantas religiões, não cabe a nós impor uma só". Trata-se, contudo, de princípios que não derivam da Bíblia. São ideais de tolerância nascidos no cerne do direito romano e na filosofia não cristã. Foi Quinto Aurélio Símaco quem disse: "Não se pode alcançar por um só caminho um mistério tão grande [o de Deus]." Ele se inspirava em Temístio de Paflagônia, que, vinte anos antes, havia pedido ao imperador Joviano que fosse tolerante tanto com os cristãos quanto com os pagãos. Ele escreveu: "Mesmo sendo um só o verdadeiro e grande juiz, o caminho para chegar a ele não é único. Seria tentado a dizer que talvez o próprio Deus não aprecie que entre os homens haja uma harmonia total." O cristão Thomas More retomará essas ideias no início do século XVI, escrevendo na *Utopia*: "A Deus agrada ser adorado de muitas maneiras."

O cristianismo pode ser tolerante com duas condições: que faça prevalecer o amor aos inimigos e que se aproprie dos princípios de tolerância nascidos e desenvolvidos no âmago de outras culturas.

XVII

NASCIMENTO DE UMA RELIGIÃO

Quando exatamente nasce a religião que chamamos de cristianismo, potente tronco do qual se ramificarão, aos poucos, numerosas confissões? Alguns biblistas atribuem pouco ou nenhuma importância a essa pergunta. Segundo o estudioso alemão Rudolf Bultmann (1884-1976), autor de *Crer e compreender*, uma obra em quatro volumes publicada entre 1933 e 1965, o "Jesus histórico" é infinitamente menos importante do que o "Cristo da fé", que não tem necessidade alguma de ser "reconstituído" na sua realidade terrena e temporal, já que ele se revela na interioridade de cada homem ao qual queira manifestar-se. Bultmann afirmava também que Jesus não pode ser considerado o verdadeiro fundador da religião que leva o seu nome. Ele pertence às origens do cristianismo e do Novo Testamento. O verdadeiro fundador seria, segundo ele, Paulo, porque a nova religião não nasce nem da mensagem de Jesus, nem da sua vida, mas do anúncio daqueles que o consideram filho de Deus.

Hoje, essa hipótese já não tem muitos seguidores, até porque, nas últimas décadas, os estudos de caráter histórico sobre Jesus têm continuado com enorme vigor e ótimos resultados. Segundo a estudiosa norte-americana contemporânea Elaine Pagels (autora, entre outras obras, de um importante ensaio sobre os evangelhos gnósticos), entre os primeiros a lançar as bases daquela que se tornaria a ortodoxia cristã foi o bispo de Lyon, Irineu, autor de uma obra portentosa, em cinco volumes, intitulada *Contra as heresias*. Foi ele, escreve a estudiosa, quem enviou instruções às várias comunidades de fiéis sobre quais textos e tradições deveriam ser destruídos e quais, pelo contrário, deveriam ser considerados autênticos e, portanto, conservados. O crítico literário norte-americano Harold Bloom levantou ainda recentemente (no seu livro *Jesus e Javé: os nomes divinos*) a hipótese de que "Jesus Cristo foi completamente sufocado sob a imponente superestrutura ideológica elaborada ao longo da história", razão pela qual toda pesquisa sobre quem realmente foi o judeu Yehoshua ben Yosef (Jesus, filho de José) está, de saída, destinada ao fracasso.

Trata-se, como podemos ver, de teses muito distantes uma da outra dando, por isso mesmo, a medida da vastidão de toda pesquisa possível. Por outro lado, figuras e acontecimentos que nós, justamente, consideramos fundamentais na história do mundo e na construção da nossa civilização não parecem ter emocionado muito os contemporâneos daquela época. Ao longo dos capítulos anteriores, foi várias vezes citado o historiador judeu (romanizado) Flávio Josefo, cujo nome originário era Yosef ben Matityahu ha-Kohen. Esse autor, na sua obra *Antiguidades judaicas*, menciona Jesus, João Batista e Pôncio Pilatos, mas fornece poucos e sucintos indícios sobre essas personalidades. Dos fatos que nós consideramos tão relevantes, nos textos da época, incluindo os de Flávio Josefo, existem vestígios muito escassos, e isso também acrescenta dificuldades a mais ao trabalho do historiador. É possível que, para o procurador da Judeia, Pôncio Pilatos, aquela condenação tenha sido um insignificante ato de rotina administrativa; é verossímil pensar que ele nem sequer a tenha mencionado, ou somente em poucas linhas, nos seus relatórios ao imperador Tibério. O procurador pode ter pensado que a crucificação de um dos tantos profetas que agitavam as praças não fosse um ato digno de registro especial. Na região de Israel, a presença de profetas era um fato costumeiro; a província tolerava mal a ocupação romana, por motivos que eram, ao mesmo tempo, políticos e religiosos. De vez em quando, tornava-se necessário dar um forte sinal do domínio de Roma.

Contudo, quando uma religião nasce para preencher a enorme necessidade de uma nova palavra de esperança, a tragédia da tortura e da morte de um homem pode se tornar um evento providencial. A essa nova religião, a Bíblia hebraica serviu de base doutrinária com uma operação ideológica sobre a qual, durante dois mil anos, nunca cessou a discussão. O cristianismo transforma Jesus de Nazaré, uma personagem histórica sobre a qual temos poucos dados verificáveis, num dos componentes de uma "multiplicidade politeísta" que vem substituir o misterioso Yahvè. E a Bíblia, texto sagrado para a história também religiosa de um povo, é transformada no Antigo Testamento, com a única função de dar fundamento profético aos eventos que marcam a vida de Jesus. Esse é um dos numerosos pontos sobre os quais não será fácil encontrar uma mediação entre cristãos e judeus. Em relação à severidade monoteísta do judaísmo, o cristianismo e, em particular, o catolicismo foram, aos poucos, impregnados pelo pensamento neoplatônico, com um monoteísmo apenas aparente, que, na realidade, restabeleceu um panteão de entidades divinas por meio do culto de figuras intermediárias, como a "Virgem" e os "santos".

Tudo isso tem tornado difíceis e, em alguns períodos, conflitantes — até mesmo cruelmente conflitantes — as relações entre católicos e judeus. Apenas em 1965, o documento do Concílio Vaticano II, *Nostra Aetate*, rompia finalmente a tradicional hostilidade da Igreja de Roma em relação aos judeus. Nesse documento, podia-se ler, entre outras coisas: "Ainda que as autoridades judaicas, com seus seguidores, tenham determinado a morte de Cristo, o que se passou durante a sua paixão, entretanto, não se pode atribuir nem indistintamente a todos os judeus daquela época, nem aos judeus do nosso tempo". E também: "Além disso, a Igreja — que execra todas as perseguições contra qualquer homem que seja — relembra o patrimônio que ela tem em comum com os judeus e, movida não por motivos políticos, mas pela religiosa caridade evangélica, deplora os rancores, as perseguições e todas as manifestações de antissemitismo contra os judeus em qualquer época e por qualquer um." Quando se celebrou o quadragésimo aniversário desse documento, o papa Bento XVI se fez representar pelo cardeal Jean-Marie Lustiger, um judeu convertido: escolha indelicada, que irritou os judeus a ponto de o rabino chefe de Roma haver abandonado a cerimônia. A conversão dos judeus é um tema que continua a pesar de forma significativa na doutrina da Igreja católica. Nas atas do Concílio Vaticano II, lê-se, por exemplo, que Ratzinger* havia confiado ao cardeal Congar um pensamento do papa Paulo VI, que "parecia inclinado a considerar uma responsabilidade direta dos judeus pela morte de Cristo". O próprio papa havia recomendado que ao documento conciliar fossem acrescentadas palavras sobre a "esperança da futura conversão de Israel". É verdade que, alguns anos depois, houve a marcante visita de João Paulo II à sinagoga de Roma, seguida da de Bento XVI, e o reconhecimento dos judeus como "irmãos mais velhos". Entretanto, permanece uma atitude de desconfiança, originada por uma interpretação bastante ressentida dos textos relativos à paixão e à morte de Jesus. Com muita dificuldade e encontrando várias resistências, teólogos e pensadores da Igreja começaram a mudar de ideia após o Concílio Vaticano II. Contudo, considerando as últimas tendências, quase integralistas, deve-se dizer que ainda

---

* Trata-se de Joseph Ratzinger, atual papa Bento XVI. (N.T.)

há um longo caminho a ser percorrido para se superar certo antissemitismo ainda latente na Igreja. Muitos aspectos desse delicadíssimo problema se intensificam em torno de uma pergunta basilar: quem "fundou" o cristianismo?

Há quem negue que o papel de Jesus tenha sido essencial para o nascimento do cristianismo. Ou pelo menos discute a sua importância.
Pelo contrário, o seu papel é central e indelével, embora a sua pregação tenha sido depois transformada, sendo-lhe acrescentado um conjunto de concepções que, surgidas após a sua morte, afastam-se muito daquilo que ele havia pensado e feito. Também me parece ultrapassada aquela corrente de estudiosos (entre os quais Bultmann) que considerava impossível ter conhecimentos históricos suficientemente seguros sobre Jesus e sobre o que ele pensava e fazia. Nos últimos trinta anos, tem sido bastante reforçada a convicção de que é possível reconstruir uma imagem histórica de Jesus. Além disso, não concordo com a ideia de que o cristianismo nasce com a fé na ressurreição de Jesus nem que nasça graças a Paulo, como alguns — mas frequentemente se trata de leigos — afirmam ainda hoje. Também Paulo, como Jesus, não é um cristão, mas um judeu que permanece no judaísmo.

Quando, então, nasce o cristianismo, e por obra de quem?
Talvez o cristianismo tenha nascido até mesmo na segunda metade do século II. Naquela época, são chamados de "cristãos" apenas os não judeus que creem em Jesus; o cristianismo é a religião deles. Trata-se de um culto novo, que colheu no judaísmo a ideia do Deus único, empregou como texto a Bíblia hebraica, lendo-a, em última análise, de uma forma não judaica, e colocou o pensamento de Jesus e as obras dos seus primeiros seguidores no âmago de uma cultura essencialmente não judaica, isto é, pagã e grega.

Segundo a estudiosa Elaine Pagels, um dos primeiros a lançar as bases da ortodoxia cristã foi Irineu, bispo de Lyon, autor de uma obra portentosa.

Irineu, nascido na Ásia Menor, foi criado em Esmirna e provavelmente chegou a Roma durante o pontificado de Aniceto (155-166). Tornou-se, depois, bispo de Viena e de Lyon. Atuou na segunda metade do século II. A sua obra principal, em cinco volumes, intitula-se *Contra as heresias*. Trata-se de um texto fundamental, que proporciona uma das primeiras sistematizações teológicas, destinado a ter uma enorme importância. O próprio título, *Contra as heresias*, é sintomático. A palavra "heresia" significava, originalmente, apenas uma escolha, uma opinião livremente adotada; não tinha o sentido negativo, de opinião condenável, que lhe foi atribuído apenas com Justino, autor cristão do século II. Irineu estava preocupado com as violentas perseguições sofridas pelos cristãos (o martírio do seu mestre, Policarpo, as perseguições contra os cristãos da Gália em 177) e com as divisões teológicas entre as diferentes tendências. Para reforçar a unidade das Igrejas, procurou evocá-las a uma norma de verdade que todos deviam compartilhar.

Quais eram os seus principais objetivos polêmicos?

Sobretudo os gnósticos representavam a heresia a ser eliminada, porque, insatisfeitos com a base doutrinária, procuravam explicações espirituais e ocultas, verdades profundas compreensíveis apenas aos iniciados. Irineu representa a primeira tentativa de se estabelecer uma ortodoxia, recusando as tendências consideradas erradas, ou seja, heréticas. O seu projeto, porém, terá de esperar muito tempo antes de ter sucesso. Alguns estudiosos contemporâneos, em sintonia com os perdedores daquele momento, tendem a valorizar os grupos condenados como heréticos e consideram negativamente aqueles que, na época, saíram vitoriosos do conflito, quase como se se tratasse de um exercício indevido do poder adquirido.

A minha hipótese é diferente. É possível que, no início, a base normativa de referência para os grupos cristãos fosse não tanto uma autoridade escrita quanto a convicção de poder se aproximar sem intermediários da vontade divina por meio de revelações, experiências extáticas, visões. Quem recebia diretamente de Deus uma revelação considerava possuir uma autoridade incontestável. Nascia disso a possibilidade de conflitos entre os profetas ou até mesmo entre os diversos grupos que recorriam a profetas distintos. Com o passar do tempo, um excessivo apelo a "revelações", fossem verdadeiras ou não, ou a tradições esotéricas, arriscava tornar incerta e contraditória a experiência dos vários grupos de seguidores. Havia até mesmo o perigo da ingovernabilidade da Igreja, razão pela qual se pode compreender a necessidade de se possuírem critérios mais verificáveis.

Um cânone confiável e amplamente compartilhado é uma exigência compreensível. Um cânone, nesse caso, é um conjunto de textos para garantir, inclusive em perspectiva futura, a autêntica mensagem de Jesus e dos seus primeiros apóstolos.

Existe outra hipótese, menos estrutural e mais histórica. Parece que, por volta da metade do século II, Marcião, que já mencionei, recusado como herético pela maioria das Igrejas, procurou determinar o núcleo da mensagem de Jesus sobretudo no Evangelho de Lucas e nas cartas de Paulo, em particular na Carta aos Romanos. A sua posição foi criticada, e ao Evangelho de Lucas foram juntados outros evangelhos, e às cartas de Paulo, outras obras cristãs. Teria surgido assim a coleção canônica do Novo Testamento com o seu caráter menos impositivo, mais tolerante, inspirado num maior ecumenismo. Ainda hoje, os teólogos debatem duas hipóteses opostas acerca do significado e dos conteúdos dessa coleção. A primeira enfatiza a necessária uniformidade entre os 27 textos do Novo Testamento; a outra evidencia, pelo contrário, a sua diversidade. Os defensores dessa segunda tendência, aliás, afirmam que o Novo Testamento foi assim constituído justamente para legitimar a sua diversidade. Já os defensores da uniformidade sustentam que o Novo Testamento deve atenuar as diferenças, pois Deus, autor ou inspirador dos 27 textos, não pode contradizer-se. É também objeto de debate a hipótese segundo a qual o cânone teria surgido para se reagir contra Marcião. Há, de fato, quem pense que os primeiros a organizar uma lista de textos cristãos para juntar à Bíblia hebraica tenham sido Valentim e os seus seguidores de tendência gnóstica.

Somente em 1965, a declaração Nostra Aetate *rompia finalmente a tradicional hostilidade da Igreja de Roma em relação aos judeus.*

Esse documento de enorme relevância é, realmente, o primeiro em toda a história da Igreja Católica que se exprime de maneira favorável em relação aos judeus. A Igreja Católica, e muitas outras Igrejas cristãs, havia anteriormente se mostrado, de forma conjunta, antijudaica, em muitos casos até mesmo antissemita. Por antissemitismo entendo a atitude de quem, colocado diante de um grave problema social (uma crise econômica, uma epidemia), aponta os judeus como responsáveis, propondo como solução a sua expulsão, uma redução dos seus direitos e, em casos extremos, a sua eliminação física. Considero atos de antissemitismo, e não apenas de antijudaísmo teológico, a perseguição dos judeus da Espanha católica, no final do século XV, a instituição do gueto no Estado pontifício, em 1555, a expulsão dos judeus do Estado da Igreja no final do século XVI.

Quando se formou a tradicional teologia cristã sobre os judeus?

No período entre o final do século IV e o final do século VI, quando o Império Romano já era governado por uma liderança cristã. Vem-se formando uma teoria segundo a qual todo o povo judeu, passado, presente e futuro, é responsável pela morte de Jesus. Por causa dessa culpa, Deus teria privado os judeus da sua terra, exatamente a Judeia, condenando-os a uma "escravidão eterna", como disse Paulo IV na bula *Cum nimis absurdum* (1555), que instituiu o gueto no Estado da Igreja. Os judeus deviam, portanto, permanecer numa posição política subordinada, com direitos muito limitados, porque somente os cristãos tinham direito à Judeia, a terra prometida aos verdadeiros filhos de Abraão. Só os cristãos deviam usufruir do estado de liberdade. A subordinação política dos "judeus" se tornou a prova histórica da inferioridade da sua religião e do merecido castigo de Deus. A igualdade dos direitos concedida, por princípio, a todos os indivíduos pela *Declaração dos Direitos do Homem*, tanto a francesa quanto a norte-americana, representou um problema para a Igreja Católica. Durante muito tempo, consideraram-se negativamente a volta dos judeus à região de Israel e a sua aquisição de direitos iguais nos Estados laicos.

Segundo duradouras concepções teológicas, a única forma de um judeu ser considerado igual a um cristão era converter-se ao cristianismo.

Após a Shoah, embora com muitas hesitações, uma parte da teologia cristã fez uma autocrítica, submetendo algumas das principais referências do antijudaísmo e do antissemitismo a uma revisão radical. Os cristãos começaram a reconhecer que os principais responsáveis pela morte de Jesus não foram os judeus, mas os romanos. Em segundo lugar, reconheceu-se que apenas algumas autoridades político-religiosas de Jerusalém, e não todas as autoridades religiosas judaicas, empenharam-se para condenar Jesus; com certeza, não foram todos os judeus de Jerusalém e muito menos de todos os judeus que então viviam na região de Israel e dispersos em vários lugares. Os judeus das gerações posteriores não podem, de forma alguma, ser considerados responsáveis, embora continuem a não crer em Jesus. Em terceiro lugar, reconheceu-se que Jesus era um judeu e que nunca pronunciou nenhuma condenação contra os judeus, muito menos contra a religião judaica. Muitas polêmicas dos evangelhos contra os fariseus não são dirigidas contra os judeus em geral, mas somente contra aquela corrente judaica em particular. Trata-se, entre outras coisas, de polêmicas alimentadas, na maioria das vezes, pelos discípulos depois da morte de Jesus, quando os fariseus se tornaram muito importantes nas comunidades judaicas.

Muitos teólogos e pensadores católicos mudaram de ideia sobre esse tema depois do Concílio Vaticano II, que despertou notáveis esperanças, em parte contrariadas, infelizmente, pelas recentes tendências integralistas.
Uma verdadeira e completa autocrítica da longa história passada jamais foi feita. Pelo contrário, entre as novas gerações está desaparecendo a consciência das graves culpas históricas do cristianismo. Além disso, muitas questões de princípio permanecem em aberto. Por exemplo, a conversão dos judeus ao cristianismo é uma questão ainda não resolvida.

Em que sentido?
O cristianismo é uma religião missionária, que quer a salvação de todos os homens. Embora as outras religiões, segundo o Concílio Vaticano II, sejam portadoras de verdades e valores morais, somente a Igreja Católica possui a verdade plena e total.

Converter-se continua, portanto, sendo necessário para a salvação. A teoria de que Cristo é o único caminho para a salvação é repetida cada vez com mais frequência. O novo papa também parece insistir muito nesse ponto.

Portanto, os judeus ainda deveriam se converter?
Alguns teólogos afirmam que não, porque eles continuam sendo considerados o povo eleito de Deus e receberam de Deus uma missão especial: cumprir a Antiga Aliança, que — como disse João Paulo II e muitos documentos eclesiásticos confirmaram — jamais foi revogada. Outros teólogos, por outro lado, e talvez o próprio Bento XVI, parecem ter uma opinião diferente sobre essa questão, mas considero que o atual papa tem uma sincera intenção de continuar o caminho da autocrítica empreendido pelo Concílio Vaticano II e continuado por João Paulo II. É um absurdo considerar que ele queira voltar à hipótese da culpa coletiva dos judeus na morte de Jesus. A terrível teoria do deicídio, com as consequências políticas que acarretou, parece-me ter sido abolida para sempre pela teologia oficial. O atual papa, um teólogo bastante rigoroso, poderia, entretanto, ter alguma dificuldade para progredir na revisão de questões propriamente doutrinárias, como, por exemplo, a interpretação da Bíblia hebraica, que a teologia cristã chama de Antigo Testamento. O teólogo Ratzinger poderia rebater que a autêntica interpretação do Antigo Testamento não é a judaica, mas a cristã, que o considera uma promessa destinada a ser cumprida somente com Cristo no Novo Testamento. Alguns teólogos propuseram que cristãos e judeus entrem em acordo sobre uma interpretação histórica do Antigo Testamento: os cristãos deveriam reconhecer que o Antigo Testamento tem, pela própria vontade de Deus, um significado judaico que só o povo judaico compreende e respeita plenamente. Essa corrente, contudo, é minoritária na Igreja.

Depois do horror da Shoah, como reagiram os teólogos não católicos às interpretações tradicionais das páginas que relatam a paixão e a morte de Jesus?

Após a ascensão do nazismo, a teologia alemã, assustada com os resultados mais dramáticos daquele regime, começou a se interrogar sobre até que ponto era capaz de se opor a um poder ditatorial e em que medida a interpretação protestante dos textos bíblicos justificava o apoio dado pelas Igrejas a qualquer tipo de regime. Nasceu daí uma reflexão que procurava dar fundamento às críticas dos cristãos em relação ao aberrante comportamento do poder. Partindo da pergunta de Pilatos, que, naquela sua famosa frase, questionava-se sobre o que era a verdade, chegando a condenar um réu de cuja culpa não está convencido (aliás, de cuja inocência está certo), alguns exegetas — penso em Oscar Cullmann ou em Heinrich Schlier — afirmaram que, se o poder, como tal, perde a referência a uma verdade absoluta, torna-se presa do mal. Eles, então, atribuíram a condenação de Jesus, portador da verdade, sobretudo à falta da verdade do Império Romano.

O historiador Flávio Josefo menciona brevemente Jesus, João Batista, Pilatos. Homens e eventos fundamentais para nós parecem haver escapado à atenção dos seus contemporâneos.

Segundo os evangelhos, canônicos e apócrifos, o movimento de Jesus suscitou, certamente, em períodos distintos, a adesão de numerosas multidões. Como, aliás, sempre acontece com todos os grandes líderes religiosos. Esses ajuntamentos se formavam apesar de Jesus, como já disse, procurar em geral evitar as grandes cidades. Os evangelhos (sobretudo os de João e Marcos) descrevem-no, de fato, enquanto atua preponderantemente em aldeias ou em centros menores, quase usando uma estratégia de ocultação. Portanto, o significado político do seu movimento podia parecer, afinal de contas, secundário. É possível que Pilatos tenha considerado a sua condenação uma medida necessária numa peculiar emergência, mas completamente secundária em relação à política geral de Roma na região. Segundo alguns estudiosos, existiram de fato alguns relatórios de Pilatos ao imperador; se assim foi, eles não chegaram até nós. Na Antiguidade, foram até mesmo criados os textos *ad hoc*, como o *Relatório de Pilatos*, a *Resposta de Tibério a Pilatos*, assim como a *Carta de Pilatos ao Imperador Cláudio*. Trata-se, porém, de obras de fantasia, que fazem parte do assim chamado "ciclo de Pilatos", um denso conjunto de textos apócrifos. O objetivo desses textos, escritos em alguns ambientes cristãos antijudaicos, era diminuir o papel dos romanos na morte de Jesus, exagerando, em vez disso, a responsabilidade dos judeus. Aliás, também em alguns romances medievais do Graal, por exemplo, o sobre José de Arimateia, valoriza-se a figura de Pilatos para agravar a responsabilidade dos judeus.

Podemos estabelecer com suficiente exatidão quando ocorreu a separação do cristianismo do judaísmo?

A recente pesquisa histórica esclareceu satisfatoriamente que essa passagem não ocorreu com Jesus nem com Paulo; nem mesmo com a segunda geração de discípulos. Em Alexandria, no Egito, os seguidores de Jesus somente começaram a distinguir-se dos judeus depois das revoltas judaicas de 115. Apenas na segunda metade do século II, o termo "cristãos" será aplicado de forma exclusiva aos seguidores de Jesus não judeus. Entretanto, durante séculos, continuaram a existir judeus que viviam nas suas comunidades, seguiam a sua religião, mas, ao mesmo tempo, acreditavam que Jesus era realmente o Messias. Essa condição é testemunhada pelos evangelhos que eles redigiram e por outros textos religiosos. O aspecto mais relevante é que, ao longo dos primeiros 150 anos, os seguidores de Jesus tiveram polêmicas mais ou menos intensas entre eles mesmos, vivendo, sob muitos aspectos, em osmose com as comunidades judaicas de origem. O cristianismo começou a se formar quando os seguidores não judeus de Jesus se opuseram ao judaísmo, por um lado, e ao gnosticismo, por outro.

XVIII

O LEGADO DE JESUS

Na imaginação popular mais difundida, Jesus inova de forma radical a imagem de Deus. Simplificando muito as coisas, podemos dizer que, segundo essa vulgata, a imagem do velho Deus bíblico está bastante próxima à do *Rex tremendae majestatis* de que fala o texto da *Missa de réquiem*: um Deus distante e severo, implacável nas suas decisões. Digamos também um Deus que assiste "impassível" aos infinitos sofrimentos e às infâmias das suas criaturas, evidenciando, assim, uma personalidade muito discutível ou, pelo menos, uma atitude enigmática. Jesus, pelo contrário, encarna a imagem não apenas do redentor, o novo Adão, mas também, contudo mais profundamente, a imagem de um Deus bom, generoso, compreensivo em relação aos defeitos dos homens, pronto mais a socorrê-los do que a julgá-los. Sobretudo, pela primeira vez numa religião, Jesus se curva para os pobres, os marginalizados, os doentes, os "últimos", elevando-os a protagonistas da história humana como ninguém jamais havia feito. Nessas duas imagens, misturam-se de forma inquietante alguns elementos de verdade com outros que introduzem intencionais distorções do que é verdadeiro.

Na realidade, Javé, o Deus da Bíblia, é uma divindade até carregada demais das virtudes, mas também das paixões, humanas, incluindo certa propensão à ironia; é um ser que não está nem um pouco afastado das coisas do mundo e dos acontecimentos do seu povo, nos quais, aliás, toma parte pessoalmente, chegando até mesmo a empunhar a espada para auxiliar na vitória, como no famoso episódio de Josué durante o cerco de Jericó. É um Deus enigmático, isso sim. Adam B. Seligman, num belo livro publicado em 2003, *Modernity's Wager: Authority, the Self, and Transcendence* (A aposta da modernidade: autoridade, o Eu e transcendência), defende que uma sociologia das religiões, levada além de certos limites, arrisca-se a inutilizar a própria ideia de religião: "Um deus que pode ser apanhado, um Deus que pode ser conceitualizado, não é um Deus", escreve.

Irônico, imprevisível, "humano, demasiado humano", o Deus da Bíblia é, de qualquer maneira, muito diferente do Deus pai da religião cristã; entre as duas divindades, que em teoria deveriam coincidir, existe na realidade apenas uma tênue semelhança, embora isso não queira dizer que o primeiro seja "mau", e o segundo, "bom".

Todas as religiões afirmam a presença de uma realidade transcendente benévola. No cristianismo, essa realidade é confiada a Jesus. A sua imagem, tão posta em relevo, ameniza, pelo menos parcialmente, aquilo que é, provavelmente, a mais contundente acusação dirigida a uma divindade: como pode um Ser onipotente permitir, tolerar, assistir impassível à presença de tanto mal no mundo. Ressurge aqui um problema antiquíssimo, presente até mesmo em certas religiões primitivas, que o filósofo Leibniz resumiu no termo "teodiceia", ou seja, a doutrina da justificação de Deus em relação ao mal presente na criação. Infelizmente, exemplos não faltam, e todos nós poderíamos encontrar novos exemplos. Leibniz escrevera em 1710. Poucos anos depois, em 1756, Voltaire, no *Poema sobre o desastre de Lisboa*, criticava os otimistas e a providência que permite a existência de males gratuitos e terríveis. Ocorreu que, no dia 1º de novembro de 1755, dia de Todos os Santos, um cataclismo havia destruído a capital portuguesa. Ondas com dezesseis metros de altura haviam se abatido sobre a cidade, espalhando a destruição; muitos fiéis reunidos em oração na catedral morreram sob os escombros, duas crianças foram mortas devido à queda de um crucifixo. Voltaire era um deísta, adversário de toda religião revelada ("Esmagai a infame" era o seu contundente lema contra a Igreja Católica); pensava que Deus havia criado o mundo para um objetivo que o homem, contudo, ignora, razão pela qual ele deve se contentar em viver sem se fazer muitas perguntas. Dez séculos de atrocidades e de tolices, exploradas no *Ensaio sobre a moral e os costumes*, haviam-no levado a duvidar da possibilidade da felicidade humana: é necessário admitir, concluíra, que o Mal está na Terra.

O filósofo Theodor W. Adorno escreveu: "O terremoto de Lisboa foi suficiente para curar Voltaire da teodiceia." Mais recentemente, e de forma ainda mais trágica, o mesmo problema da justiça divina voltou a ser colocado com o Holocausto. Onde estava Deus, interrogaram-se as pessoas, enquanto as crianças judias eram enviadas aos milhares para as câmaras de gás ou torturadas dia após dia, objeto de experiências "médicas" de um sadismo até então desconhecido? Já na literatura de ficção, esse problema havia sido colocado sem solução. Em *Os irmãos Karamazov*, de Dostoievski, Ivan se revolta contra Deus, não podendo aceitar que uma divindade que se quer onipotente permita o sofrimento de uma criança inocente. Para um homem adulto, pode-se falar em escolhas, de "livre-arbítrio", mas como justificar o sofrimento de uma criança inconsciente?

O filósofo Hans Jonas, no seu ensaio *O conceito de Deus após Auschwitz*, escreveu que, depois da Shoah, temos de renunciar ou à ideia da benevolência divina ou à ideia da sua onipotência. Se Deus é onipotente, não é completamente bom, e vice-versa: as duas qualidades não podem coexistir na mesma Entidade.

Era essa a desmesurada dimensão do problema que Jesus, com a sua imagem benevolente, Jesus, homem entre os homens, perseguido, torturado, morto, é de certa maneira chamado a resolver. A misericórdia é o sinal distintivo da sua mensagem. Mas o que significa misericórdia? Ela pode ser conciliada com o exercício de uma doutrina, a existência de uma hierarquia?

Outras páginas de *Os irmãos Karamazov* exprimem de forma intensa esse aspecto do legado de Jesus. É a *Lenda do grande inquisidor*, narrada por Ivan, o irmão cético, sedento de fé e negador de Deus. Ivan imagina que, após quinze séculos, Jesus retorna à Terra e recomeça a fazer milagres na Espanha, dominada pelas fogueiras e perseguições feitas em seu nome pela Santa Inquisição. O Grande Inquisidor, um velho de 90 anos, manda prendê-lo com a intenção de queimá-lo como herege. Entretanto, perturbado por aquela presença, ele vai encontrá-lo, de noite, e o interroga longamente sobre o valor da liberdade do homem: "Tu queres ir pelo mundo e vais de mãos vazias, com a promessa de uma liberdade que os homens, na sua simplicidade e na sua desordem inata, não podem sequer conceber, da qual eles têm pavor, porque nada nunca foi mais intolerável para o homem e para a sociedade humana do que a liberdade! (...) Digo-te que não há para o homem preocupação mais tormentosa do que encontrar alguém a quem restituir, o mais depressa possível, aquele dom da liberdade que o desgraçado recebeu no momento de nascer (...). Tu escolheste aquilo que há de mais insólito, de mais problemático, escolheste tudo aquilo que era superior às forças dos homens, agiste como se não os amasses."

Depois do seu apaixonado discurso em defesa da autoridade, o inquisidor espera em silêncio que o prisioneiro responda. Jesus havia ouvido tudo, fitando-o com o seu olhar calmo e penetrante, sem interrompê-lo. O nonagenário inquisidor gostaria que ele dissesse alguma coisa, mas o outro se aproxima em silêncio, beija-o devagar nos seus lábios exangues. É a sua resposta. O velho escancara a porta e diz: "Vai-te embora e não voltes mais... nunca mais... nunca mais!" O prisioneiro se afasta.

Nessa cena grandiosa, o escritor russo contrapõe dois princípios ou, poderíamos dizer, duas moralidades: a da misericórdia e a da verdade. Jesus é um portador da misericórdia, da caridade. Na famosa cena da adúltera que está para ser apedrejada, depois de ter avisado: "(...) Quem de vós estiver sem pecado seja o primeiro a lhe atirar uma pedra",* ele se volta para a mulher e lhe diz: "Vai e não tornes a pecar."** Esta é a caridade, que é distinta e conceitualmente oposta à verdade. A verdade pede que se imponha enquanto tal, dá-se como absoluto, apresenta-se como uma condição preliminar e indiscutível, única autorizada a enunciar preceitos e impor sanções. O grande jurista Gustavo Zagrebelsky, abordando esse problema, escreveu: "A ética cristã pregada pelo magistério não veio a depender da caridade, mas da doutrina da verdade. Na 'nova aliança' de fé e razão, a ética da caridade fica aniquilada, e a ética da verdade se transforma em preceitos, em códigos de conduta não muito diferentes dos códigos jurídicos. Na verdade, ela não sente nenhuma repugnância; até mostra uma propensão natural a querer impor-se mediante a ordenação das leis civis. Nisso, pode-se enxergar o esquecimento do originário espírito evangélico."

Como se posiciona Jesus diante do mal que parece dominar o mundo?

Jesus é perturbado pelo mal que domina o mundo. A doença devastadora dos pobres, a vida aflitiva das crianças nas classes

---
* João 8,7. (N.T.)
** João 8,11. (N.T.)

sociais mais humilhadas, a incompreensível morte de pessoas sob os escombros de um edifício desmoronado, os injustos massacres dos romanos. Para ele, Deus é o pai que pode salvar e lhe deu o extraordinário poder de tratar e curar. Contudo, Deus também lhe parece incompreensível. Durante toda a sua vida, ele busca saber o que quer Deus; finalmente, sente-se abandonado e não compreende por que Deus o destina a um fim injusto, a uma derrota humilhante, além dos terríveis sofrimentos. Atribui a Ele a sua derrota e por isso a aceita, embora não a compreenda. Jesus não tem uma teodiceia, não tem uma visão consoladora, otimista. O Deus que ele conheceu é um pai amoroso e onipotente, que, contudo, esmagou-o, abandonando-o às potências do mal. Jesus não é um filósofo; não elabora teorias sobre a presença ou a ausência de Deus, mas tem uma visão complexa e intensamente dramática. Ele intui, e o diz explicitamente, que não existe apenas o poder benéfico de Deus no mundo. Também existe o de Satanás e dos seus anjos maus. Deus empreendeu uma luta contra Satanás e contra o mal, decidido a vencê-la. Jesus acredita que, para esse fim, Deus lhe confiou uma missão e um poder. Ele sonha com um futuro reino de Deus em que, finalmente, triunfará a justiça, um reino milenar de bem-estar, de saciedade para os famintos, de reconciliação e amizade também com as forças da natureza. É exatamente o reino de Deus, do qual Satanás, o príncipe deste mundo, será expulso para sempre. É esse o sonho que movimenta as consciências.

Nada está mais distante de uma teodiceia consoladora e mesquinha do que a percepção que Jesus tem do mundo e da força de Deus. O mundo é a arena de uma luta muito violenta e incompreensível, mas Jesus continua a acreditar que Deus é forte, poderoso e benéfico, embora permita que ele seja morto.

De acordo com certa vulgata, o Deus de Jesus é tão diferente do Deus dos judeus que nos leva a perguntar como é possível juntar, na mesma Bíblia, o Antigo e o Novo Testamento.

É um tema muito importante, que diz respeito não apenas à exatidão das relações entre o cristianismo e o judaísmo, mas também a uma questão filosófica imprescindível. Repete-se muitas vezes que Jesus introduziu uma concepção de Deus como Pai misericordioso, diferentemente do Antigo Testamento, no qual encontramos um Deus justo, mas impiedoso. Por outro lado, se Jesus tem razão ao dizer que Deus é bondoso e se ocupa afetuosamente dos homens, por que, então, os fracos não são protegidos? Por que os inocentes são humilhados e mortos? Limitamo-nos a dizer, com excessiva frequência, que Jesus tinha uma concepção nobre de Deus, esquecendo, contudo, as consequências que essa afirmação contém. Uma resposta breve para uma questão complexa pode ser apenas mistificadora. Antes de tudo, deve ser dito que é falsa a concepção de um Antigo Testamento judaico em que prevaleceria uma visão quase violenta de Deus. Trata-se de um preconceito, um dos fundamentos teológicos do antissemitismo. É verdade o contrário: no judaísmo, Deus tem sempre dois aspectos, o da justiça e o da misericórdia; nos seus juízos, o Deus judaico procura sempre fazer prevalecer o aspecto misericordioso. A ideia de Deus como Pai não é uma invenção cristã nem mesmo judaica: está difundida em todo o antigo Oriente Médio.

Mas Jesus acrescenta que Deus não é apenas pai, é também pai afetuoso.
A imagem de Deus como pai evoca o poder da fecundidade, da proteção, assim como o poder patriarcal, da força, no limite do poder do pai-patrão. Jesus acrescenta que Deus é como um "papai", um pai afetuoso cheio de cuidados para com o seu filho pequeno. Essa concepção, porém, é apenas uma variante da ideia judaica de um Deus misericordioso, a ênfase de uma das prerrogativas do judaísmo.

Acrescento que a ideia de um Deus que intervém, perpetuando de geração a geração as suas punições, também se encontra em alguns textos do Novo Testamento e em muitos escritores cristãos antigos e modernos. Mas o Deus de Jesus também é um Deus justo, se são de Jesus as frases que o Evangelho de Mateus lhe atribui sobre o juízo universal, quando os maus serão finalmente punidos. Por último, Jesus não é um filósofo e nem mesmo um teólogo. Ele não dá respostas filosóficas sobre as questões do mal ou da justiça divina. Respostas, aliás, que me parecem muito abstratas e insuficientes. Alguns estudiosos tentaram empurrar Jesus para correntes judaicas minoritárias, que tinham certa ideia das origens do mal. Isso ocorreu para poder defender que o cristianismo é herdeiro de um judaísmo por eles considerado mais aceitável. Substancialmente, trata-se de uma posição antijudaica, que não compartilho. Jesus não é a favor desta ou daquela corrente. Ele convida a confiar no amor de Deus, mesmo quando a sua ação parece incompreensível. Aliás, é essa, ainda hoje, a posição judaica tradicional. É preciso continuar obedecendo a Deus, ainda que os objetivos das suas ações pareçam obscuros, sobretudo depois da terrível ocorrência da Shoah.

O que permanece de Jesus, independentemente da veracidade das informações que temos sobre ele? Qual é o seu legado ou, usando uma palavra sintética, a sua mensagem?

Para compreender a figura de Jesus e, sobretudo, a sua mensagem, considero necessário levar em conta três aspectos: o que ele disse, o que ele fez e as experiências religiosas, se assim podemos defini-las, que ele teve. Acredito que eles são os mais apropriados para nos introduzir no segredo da sua vida. À sua luz, podemos também compreender melhor os textos evangélicos, apócrifos ou canônicos. Um dos pontos iniciais é certamente a experiência feita com João Batista, segundo o que é relatado pelos evangelhos canônicos e pelo que é chamado "dos Nazarenos".

Por que o senhor considera esse evento tão importante?
Porque é no cerne do ritual do batismo que Jesus recebe a revelação que muda a sua vida. Ele ouve a voz de Deus, que lhe declara a sua confiança, e, além disso, recebe a força sobrenatural do Espírito Santo. O início da chamada atividade pública acontece num lugar descentralizado das instituições religiosas. Não no Templo de Jerusalém nem numa sinagoga, mas no interior do movimento certamente secundário liderado por João Batista. É ele quem parece ter criado o particular ritual do batismo visto como instrumento para eliminar os pecados. No tempo de Jesus, já existia um ritual com esse objetivo. Realizava-se no Templo e se repetia a cada outono. Era o *Yom Kippur*, o Dia do Perdão, ainda hoje uma das celebrações mais solenes e comemoradas do judaísmo. João Batista, entretanto, relaciona a eliminação dos pecados ao ritual do batismo. Ele, portanto, devia ter dúvidas quanto à eficácia do ritual do *Yom Kippur*. O fato de que Jesus veio a ser batizado por ele revela que também sentia a necessidade de uma renovação, de uma conversão interior. E também Jesus parece preferir esse ritual ao *Yom Kippur*. Mas, durante o batismo, ocorre um fato extraordinário: os evangelhos narram que ele recebe a força divina do Espírito Santo. O Espírito desce, apodera-se dele, faz com que ele se submeta a uma experiência que Mateus e Lucas descrevem amplamente: as chamadas "tentações" no deserto, que podemos interpretar do ponto de vista teológico, considerando-as um ato por meio do qual Deus torna notável a dignidade desse homem; ou, do ponto de vista antropológico, para compreender qual realmente terá sido a experiência de Jesus.

Não há nenhuma dúvida de que o evento tenha realmente ocorrido?

Não considero que se possa duvidar de que os fatos aconteceram. Parece-me difícil retirar um núcleo de historicidade de um evento como o batismo, registrado por todas as fontes. Nele, por outro lado, é necessário enxergar um fato fundamental, que agitou a vida desse homem.

Quais foram para Jesus as consequências de uma experiência tão profunda?

O termo grego "batismo" significa imersão completa na água. O Evangelho de João afirma que, durante certo período, Jesus começou a batizar como fazia João Batista, embora depois esclareça que, na realidade, não era ele quem o fazia, mas os seus discípulos (Jo 3,22; 4,1-2). Parece até mesmo que havia uma concorrência entre o grupo de batizadores em torno de Jesus e o grupo que atuava com João Batista. O Evangelho de Marcos, se bem lido, afirma que, depois do batismo, Jesus permaneceu na Judeia, com João Batista até quando este foi preso (Mc 1,14).

Sabemos quanto tempo depois do batismo de Jesus ocorreu a prisão de João Batista?

Não com precisão. Como disse, o que Marcos escreve permite deduzir que Jesus permaneceu com João Batista bastante tempo. De certa forma, isso coincide com o que afirma o Evangelho de João, segundo o qual, na área de Betânia, além do rio Jordão, onde ocorre o encontro entre eles, Jesus teria continuado uma atividade de caráter batismal com os seus discípulos. Sobre isso, portanto, parecem concordar Marcos e João. O ponto que me parece importante, repito, é que ele tenha se ligado a um movimento tão secundário.

Existe uma explicação lógica, satisfatória, para esse comportamento que, de fato, parece antitradicional?

A explicação mais convincente é que, junto a uma atitude de respeito em relação à Torá, às instituições como o Templo e as sinagogas, Jesus conservava amplas margens de liberdade interpretativa e de ação. Pensar que os pecados eram redimidos graças a um ritual como o de João Batista, não previsto pela tradição, significa manter uma notável liberdade para elaborar novas ideias. João Batista pregava o iminente advento do juízo universal, o fim deste mundo e o início do mundo futuro esperando pela tradição judaica. Pensava que, no juízo final, Deus julgaria os homens com base no seu respeito pela justiça, também em sentido social. Jesus se une a ele porque, evidentemente, nutre as mesmas convicções sobre a iminência do juízo final, vindo daí a necessidade de uma conversão. Jesus e João Batista compartilham, enfim, dois aspectos que, à primeira vista, podem parecer opostos: uma atitude de tipo místico-visionário, baseada em revelações recebidas de Deus, e uma forte atenção religioso-social em relação às concretas injustiças presentes na sociedade.

Como podemos formular esse aspecto especial da sua complexa personalidade?

O centro da sua experiência mística parece ter sido uma absoluta concentração em Deus, o que corresponde — é bom que fique bem claro — ao centro da espiritualidade judaica, à oração fundamental, o *Shemá Israel*, que afirma, na sua parte mais significativa: "Ouve, ó Israel! O Senhor, nosso Deus, é o único Senhor. Amarás o Senhor, teu Deus, de todo o teu coração, de toda a tua alma e de todas as tuas forças." A esta total concentração em Deus, Jesus parece dar uma interpretação que acentua a sua exclusividade e cria um *aut aut** radical. A religião judaica, na sua formulação rabínica, diz: "Adorarás o teu Deus com todas as tuas forças"; os fiéis devem concentrar todas as suas energias humanas em Deus,

---

* Expressão latina que significa "ou... ou". Designa, em italiano, um ultimato. (N.T.)

adorá-lo com todo o seu ser, incluindo os seus recursos econômicos, o dinheiro, isto é, "Mamon": também este deve ser usado segundo a sua vontade. Jesus, ao contrário, afirma: "(...) Não podeis servir a deus e a mamon."* A concentração total em Deus está, nele, unida à percepção de que certos aspectos da realidade, certas formas de viver são inconciliáveis com a vontade divina. Jesus é um judeu integral, mas a sua experiência judaica é vivenciada de forma pessoal e original.

O senhor disse que, na raiz da personalidade de Jesus, está a sua experiência religiosa. Mas isso realmente explica tudo?
Acredito que Jesus sempre procurou receber respostas de Deus. No centro da sua vida está a experiência de oração, uma oração particular que ele fazia, pondo o rosto no chão, como era costume dos judeus do seu tempo quando rezavam a Deus particularmente. A oração de Jesus é solitária, quase secreta. Ele busca compreender de Deus o que deve fazer, pede-lhe que realize gestos aparentemente impossíveis, suplica-lhe não ter de seguir um cruel destino de destruição. Jesus busca revelações e, de certa forma, consegue-as, assim, por exemplo, durante a transfiguração, de que já falamos, quando se transforma numa espécie de corpo de luz. Naquele instante, segundo Lucas, ele recebe revelações sobre o que ia lhe acontecer em Jerusalém.

E, depois de ter recebido o batismo, o que acontece?
Verifica-se um fenômeno que poderíamos definir "de possessão". Jesus é possuído pelo Espírito de Deus, que o leva ao deserto e o submete a uma duríssima série de disputas com o espírito do mal. A luta entre o desejo do bem e o do mal se desencadeia dentro dele dilacerando-o entre duas forças adversas. É o código do destino de todos os homens. No final, Jesus supera a

---
* Lucas 16,13 e Mateus 6,24. (N.T.)

provação, porque está possuído pelo Espírito de Deus. Alguns evangelhos apócrifos redigidos em ambientes judaicos exprimem a convicção de que o Espírito divino pelo qual está protegido é a mãe de Jesus ("espírito", *ruach*, em hebraico é feminino).

A experiência por meio da qual Jesus busca e consegue um contato com as forças divinas — mediante oração, revelações, visões, fenômenos de possessão, capacidade taumatúrgica — cria uma personalidade intensamente autocentrada, alicerçada num núcleo de experiências não repetíveis e secretas. Sob esse ponto de vista, ele é um homem só, autônomo, mas capaz de irradiar uma força que reside nele e que, portanto, dele se propaga. Jesus transmite a sua experiência interior somente em parte e a poucos, escolhidos no círculo mais restrito dos discípulos: uma forma de ensinamento esotérico, reservado a alguns. Entretanto, nem mesmo a eles revela o profundo núcleo da sua experiência religiosa, que, portanto, permanece secreta. Sob esse ponto de vista, Jesus fica só.

Se o senhor tivesse de resumir, em poucas palavras, a essência daquilo que Jesus deixou, sob o ponto de vista histórico — aquilo a que procuramos nos ater durante esta conversa —, o que diria?

Essa pergunta teria agradado a Jesus e aos mestres judeus do seu tempo. Jesus não usaria rodeios, e também vou tentar não usá-los. O seu ensinamento central se resume em duas atitudes: ter uma confiança total em Deus e preocupar-se com as necessidades das pessoas, começando pelas mais frágeis e mais pobres. Ter uma total confiança em Deus significa não se apoiar nas próprias forças, no próprio trabalho para procurar do que viver, mas confiar que seja Ele a preocupar-se conosco. Se estou certo de que Deus proverá o meu bem, sempre e em todos os casos, também conseguirei preocupar-me com o bem dos outros, livre da ideia fixa de que o bem alheio possa prejudicar-me. É uma utopia que torna o homem livre da preocupação consigo mesmo e o torna capaz de amar os outros, a começar pelos mais pobres. Mas é uma utopia prática, se assim posso dizer, capaz, como foi, de inflamar o coração dos indivíduos e das multidões. Por um lado, ela é irrealizável e, por outro, sempre encontra santos e grandes líderes religiosos que buscam realizá-la.

O Deus em quem Jesus mostra confiança absoluta é o Deus hebraico que expressou a sua vontade na Lei bíblica. Para Jesus, o cerne dessa Lei está no decálogo: lá Deus revela aquilo que deve ser feito de forma concreta; sobre essas normas ele exige obediência absoluta.

Que consequências — na ação ou no plano espiritual — esse enorme compromisso pode ter tido na sua vida?
Parece-me que essa total concentração no querer de Deus e na necessidade de obedecer à sua vontade o convenceu de que, dentro de bem pouco tempo, Ele viria a mudar o mundo. Jesus espera o advento do reino de Deus, que se concretizará de duas formas distintas. Quando o reino de Deus chegar, haverá um juízo universal, mas também um período intermediário durante o qual o messias reinará e a Terra será renovada: uma espécie de sonho utópico em que as forças da natureza se tornarão benéficas e todos os contrastes terão fim. Posteriormente, essa ideia do reino intermediário parece ter permanecido apenas em alguns grupos de seguidores, para depois ser abandonada pela maior parte da experiência cristã. Só viria a reaparecer, de vez em quando, em algumas correntes secundárias do cristianismo ao longo dos séculos.

Daquilo que Jesus legou, também faz parte, portanto, a imensa esperança de que o mundo possa ser redimido em termos não apenas teológicos, mas também concretos, isto é, que o mundo possa mudar realmente. Jesus estava convicto dessa renovação, e, apesar de a grande mudança não haver ocorrido, ele legou aos seus seguidores uma esperança que tem continuado a inflamar o coração dos homens.

Mas, na sua mensagem, também estão presentes muitos outros aspectos, até mesmo contraditórios. Podemos determinar-lhe a essência?

Jesus tem uma personalidade complexa com traços muito diversificados. Ele exerce livremente a razão quando submete à crítica racional muitos elementos da tradição e manifesta essas críticas com uma linguagem até mesmo áspera — por exemplo, quando diz que não é necessário se purificar, lavando-se antes de se alimentar, pois o corpo se encarrega por conta própria de expelir as impurezas para a latrina (Mc 7,19). Ele também se apresenta com os traços de um sábio que analisa criticamente toda a tradição. Em vários momentos do século XX, houve até mesmo quem quisesse ver, nessa sua capacidade analítica, elementos da filosofia cínica.

Essa pluralidade de aspectos tem fascinado seguidores de vários tipos, dando lugar também, desde o início, a diferentes tendências religiosas entre os discípulos. Lucas é, na minha opinião, aquele que melhor compreendeu a essência da sua mensagem; as cartas de Paulo, com as suas elucubrações sobre a Lei e a Graça, estão muito distantes dele. João o aproxima demais das religiões mistéricas. Tomé se afasta para um misticismo racionalístico, no qual desaparece a sua dimensão social.

Finalmente, e este é talvez o último aspecto daquilo que ele legou ao mundo, Jesus continuou de certa forma a fazer com que os seus seguidores sentissem a necessidade da sua presença. Não existe forma de cristianismo em que a relação com ele não seja fundamental, seja qual for a maneira como ele é concebido. A religiosidade que ele suscitou, ainda que não criada diretamente por ele, exige a sua mediação.

Considero que, na realidade, isso tenha acontecido contra a sua vontade. De fato, na oração que nos ensinou, o Pai-Nosso, não atribui a si mesmo nenhum papel, nem é mencionado nela. Importa apenas a relação do homem com Deus e vice-versa. Nada mais. Nenhum mediador. O que ele legou a quem quer que creia nele é o desejo do reino de Deus, que Deus, só ele, reine.

Jesus era um judeu, e não um cristão.

XIX

NOVOS EVANGELHOS, ANTIGAS LENDAS

Uma das lendas sobre Jesus, tão ampla e elaborada, que chega a preencher um ciclo inteiro, é a conhecida pelo nome de "Santo Graal". Uma epopeia medieval em que o misterioso Graal assume vários significados: o nome do cálice utilizado na última ceia, a travessa de onde Jesus e os discípulos comeram no dia de Páscoa, a vasilha em que José de Arimateia, após a crucificação, recolheu o sangue do Salvador e depois o levou consigo para o Ocidente, acompanhado por Maria Madalena, que, naquele meio-tempo, tornara-se esposa de Jesus e mãe de um filho dele. Mas, às vezes, o Graal também era visto como o prato com o qual os fiéis participavam da festa comum, assim como o cálice justaposto à lança, símbolos transparentes das energias masculina e feminina de onde brota a vida. A tradição cristã inclui pelo menos dois recipientes sagrados: o cálice da eucaristia e a Virgem Maria.

Na *Litania de Loreto*, Nossa Senhora é descrita como *vas spirituale, vas honorabile, vas insigne devotionis*, ou seja, vaso espiritual, vaso digno de honra, vaso de máxima devoção: no ventre ou útero (vaso) de Nossa Senhora, de fato, a divindade se tornou carne. No poema *Parsival*, de Wolfram von Eschenbach (cerca de 1200), o Graal não é um cálice, mas uma pedra chamada *lapis exilis*, expressão interpretada ora como "pedra do exílio" e, como tal, relacionada à diáspora judaica, ora como *lapis ex coelis*, ou seja, "pedra caída do céu". Na verdade, segundo o autor, a pedra seria uma esmeralda caída do elmo do rebelado Lúcifer após ele ser atingido pela espada do arcanjo Miguel. Caída no oceano, a pedra teria sido recuperada graças a uma magia do sábio rei Salomão e transformada num cálice então utilizado por Jesus na última ceia. Segundo outra e também diferente versão da lenda, a pedra, transformada num cálice para unguento, foi levada para a Inglaterra por José de Arimateia, onde, depois, desapareceu. Também existe uma interpretação simbólica, segundo a qual o Graal se torna, às vezes, metáfora da tradição ocidental, do inconsciente, do Sagrado Coração de Jesus, da sexualidade. Sobre esse objeto misterioso, é quase certo que nunca será pronunciada uma palavra final. No entanto, encontra-se exatamente aqui a força dessa lenda: enquanto as características do Graal, a sua natureza exata, confundirem-se nas névoas que misturam a fantasia e a realidade, ele manterá intacto o seu fascínio multimilenar. Afinal, existe muito para nutrir — como, de fato, tem ocorrido, — um inteiro filão narrativo. A demanda do Graal inspirou, no começo, muitos poemas do ciclo bretão. A primeira grande expressão literária se encontra no *Perceval, ou le conte du Graal* (Perceval, ou o conto do Graal) (*circa* 1180), de Chrétien de Troyes, que, poucos anos mais tarde, será retomado na Alemanha por Eschenbach, que acabei de citar, para depois chegar até nós também graças a Richard Wagner (*Lohengrin, Parsifal*) e, por último, a romances e filmes bastante — e, muitas vezes, inutilmente — cheios de aventura.

 Juntamente com as lendas e fantasias, existe, contudo, o testemunho encontrado nos textos, e então o discurso se torna muito mais fidedigno. Do final do século XIX até hoje, foram descobertos muitos evangelhos que haviam permanecido desconhecidos durante séculos, às vezes quase dois mil anos. Como é necessário avaliarmos essas novas contribuições? Eles mudam, e em que medida, a fisionomia de Jesus? Ou a dos seus discípulos, principalmente, entre todos, daquele Juaas eternamente relegado ao papel de traidor por corrupção?

É difundida a impressão de que muitos consideram os quatro evangelhos canônicos insuficientes para se conhecer Jesus, de que ainda há muito a se descobrir sobre ele.

Faz tempo que os textos chamados "apócrifos" exercem uma atração especial; a forma como as Igrejas apresentam a figura de Jesus parece a muitas pessoas pouco convincente. Tenta-se, então, aproximar-se melhor da verdade dessa personagem extraordinária, recorrendo a textos que a Igreja negligenciou ou condenou. Descobertas também recentes favoreceram essa tendência. A *Didaquê*, um texto importantíssimo do cristianismo primitivo, foi descoberta em 1873. O Evangelho de Tomé veio à luz somente em 1945, juntamente com uma biblioteca inteira de textos gnósticos; no mesmo período, foram descobertos no deserto da Judeia, ao sul de Jerusalém, os extraordinários rolos religiosos chamados "de Qumran". Cada uma dessas descobertas levou a mudanças na fisionomia das origens cristãs. Em 1943, até mesmo uma encíclica de Pio XII sobre os estudos bíblicos admitia que, graças às novas descobertas arqueológicas, dispunha-se de conhecimentos bíblicos superiores aos dos antigos Padres da Igreja. Em 1973, um pesquisador norte-americano publicou um novo fragmento de um evangelho anteriormente desconhecido: o Evangelho Secreto de Marcos. Há poucos anos, em 1999, foi publicado o último evangelho fragmentário descoberto: o *Evangelho do Salvador*. A última descoberta excepcional é o Evangelho de Judas, também escrito em língua copta. Em sessenta anos, surgiram quatro novos evangelhos. Não é uma utopia esperar que no futuro mais descobertas ocorram.

Muito se falou no Evangelho Secreto de Marcos. O autor da descoberta, o especialista norte-americano Morton Smith, também é conhecido pelo seu livro Jesus mago. *Entretanto, a descoberta não foi universalmente aceita.*

Em 1958, Morton Smith, estudando na biblioteca do antigo mosteiro ortodoxo de Mar Saba, não distante de Belém, encontrou uma carta desconhecida de Clemente de Alexandria (atuante naquela cidade entre 180 e 202) que citava um trecho de um Evangelho Secreto de Marcos usado pela seita dos carpocracianos. Segundo Clemente, esse evangelho secreto era mais amplo do que o Evangelho de Marcos. Na carta, ele citava um trecho dele perturbador que, em relação ao atual Evangelho de Marcos, deve ser colocado no capítulo 10, após o versículo 34. O episódio narrado nesse trecho teria acontecido durante a viagem de Jesus para Jerusalém.

Penso que seja útil lê-lo, já que, atualmente, é tudo o que resta desse possível evangelho perdido.

"E eles chegam a Betânia, e uma mulher, cujo irmão havia morrido, estava lá. E, vindo, ela se prostrou ante Jesus e lhe disse: 'Filho de Davi, tenha piedade de mim!' Mas os discípulos a empurraram. E Jesus, ficando com raiva, foi com ela até o jardim onde estava a tumba e, imediatamente, um grande grito foi ouvido da tumba. Chegando perto, Jesus afastou a pedra da porta da tumba. E imediatamente, indo na direção de onde estava o jovem, ele estendeu sua mão e o levantou, segurando-o pela mão. Mas o jovem, olhando para ele, o amou e começou a implorar que pudesse segui-lo. E saindo da tumba eles foram para a casa do jovem, pois ele era rico. E depois de seis dias, Jesus lhe disse o que fazer, e à noite o jovem foi ter com ele, usando uma roupa de linho sobre seu corpo nu. E ele permaneceu com ele aquela noite, pois Jesus ensinou-lhe o mistério do reino de Deus. E então, se levantando, ele retornou ao outro lado do Jordão." Nesse ponto, Clemente diz que o evangelho secreto continuava com o relato do nosso Evangelho de Marcos, no capítulo 10, versículo 35. Depois, Clemente esclarece à pessoa a quem escreve que não é verdade que no Evangelho Secreto de Marcos se encontre a expressão "homem nu com homem nu", como talvez o seu interlocutor pensasse.

O evangelho secreto não diria, em suma, que também Jesus estava nu quando passou a noite com o jovem coberto apenas por um lençol.

Desde então, muitos têm procurado consultar esse texto, que, entretanto, continua a não ser encontrado. Por isso, os especialistas dividiram-se entre os que consideram verdadeira a descoberta de Morton Smith e os que pensam que ele tenha inventado tudo de forma detalhada, para zombar dos outros estudiosos. Recentemente, um professor norte-americano, Steven Carlson, escreveu um livro a fim de demonstrar que Morton Smith havia criado uma farsa e que também teria deixado intencionalmente pistas para que se percebesse que tudo não passava de um jogo intelectual.

Enfim, mais uma vez não sabemos como as coisas ocorreram realmente, nem se esse texto de fato existe.

Um estudioso israelense, Guy Stroumsa, testemunhou, numa seriíssima revista internacional, ter visto, juntamente com outras pessoas, o texto do Evangelho Secreto de Marcos, em 1976, no mosteiro de Mar Saba. Escreveu: "Na primavera de 1976, um grupo de quatro pessoas — formado pelo falecido David Flusser, especialista em Novo Testamento, pelo falecido Shlomoh Pines, professor de filosofia árabe e hebraica medieval, ambos da Universidade de Jerusalém, pelo arquimandrita Meliton, do patriarcado grego de Jerusalém (que, na época, era estudante pesquisador na Universidade Hebraica) e por mim (na época, doutorando na Universidade de Harvard) — foi, no meu carro, de Jerusalém até o mosteiro de Mar Saba, no deserto da Judeia, em busca da carta de Clemente. Juntamente com Flusser e Pines, estávamos cheios de curiosidade pela extraordinária descrição que Morton Smith havia feito da sua descoberta e queríamos ver o texto com os nossos olhos. O arquimandrita Meliton havia concordado em nos acompanhar. Quando chegamos ao mosteiro, com a ajuda de um dos monges começamos a procurar (...) nas estantes muito empoeiradas da biblioteca na torre do mosteiro (...); a certa altura, o monge encontrou o livro com as três páginas manuscritas da carta de Clemente, exatamente como Smith havia descrito (...). Evidentemente, o livro permaneceu onde Smith o encontrara e onde voltara a colocá-lo." Stroumsa, um dos mais conhecidos especialistas em cristianismo antigo, depois menciona várias cartas trocadas, entre o final dos anos 1950 e os anos 1970, entre Morton Smith e o famoso especialista em mística hebraica, Gershom Scholem; essas cartas, garante Stroumsa, "são suficientes para convencer até mesmo o leitor mais cético quanto à honestidade de Morton Smith". É mais uma peça que enriquece o conhecimento das diferentes imagens de Jesus existentes no cristianismo antigo.

É menos conhecida, pelo contrário, a descoberta do novo evangelho, o do Salvador. Por que se fala tão pouco dele, pelo menos na Itália? Que imagem de Jesus ele proporciona?

Como escrevi num ensaio que dediquei a esse evangelho, em 20 de março de 1967, Karl J. Möger, um antiquário holandês, decidiu vender uma dezena de fragmentos de pergaminhos manuscritos, em copta. Os fragmentos foram adquiridos por um funcionário do Museu Egípcio de Charlottenburg (Berlim), que, na verdade, não parecia muito interessado. Além disso, nenhum colecionador particular estaria disposto a gastar muito dinheiro para pedaços de pergaminho indecifráveis, sem imagens, destituídos de qualquer atrativo estético. A venda foi realizada pelo modesto valor de 300 marcos alemães. Não parece que o comprador tenha perguntado a procedência dos fragmentos, e, além disso, é improvável que Möger diria a ele. Seja qual for a sua fonte, esse evangelho parece de grande importância. Ele reflete uma das várias correntes daquele cristianismo místico que se encontra em muitos textos semelhantes ao Evangelho de João ou ao Evangelho de Tomé. A transfiguração de Jesus aparece aqui como a experiência de uma viagem celeste, em que Jesus chega ao céu, onde habita a divindade, e os seus discípulos obtêm revelações peculiares. A experiência mística da viagem celeste, que é importante para a *Ascensão de Isaías* e para o Evangelho de João, é aqui apresentada diversas vezes. Há depois diálogos entre Jesus e os seus discípulos na última noite ou depois da sua ressurreição, em que aparecem rituais que também encontramos no Evangelho de Filipe. O autor parece conhecer e utilizar de forma muito original diferentes evangelhos: o de Lucas, o de João e o de Tomé.

Na primavera de 2006, o Evangelho de Judas foi apresentado, até mesmo com uma enorme campanha publicitária, como a descoberta mais clamorosa. De fato, a figura de Judas aparece completamente transformada.

É um acontecimento com certeza importante, independentemente da exploração publicitária, porque o Evangelho de Judas é um texto cristão antiquíssimo. De fato, é quase certo que seja exatamente aquele de que falava Irineu de Lyon nas últimas décadas do século II. Segundo Irineu, a "escola" de Valentim — um teólogo cristão muito importante, que atuou em Roma aproximadamente entre 140 e 150 — ter-se-ia apropriado de algumas das teorias expostas nesse evangelho. Se confiarmos nessa informação, o Evangelho de Judas poderia, portanto, não ser posterior a esse período. Escreve Irineu: "Outros ainda dizem que Caim deriva da potência suprema e que Esaú, Coré, os sodomitas e semelhantes eram todos da mesma raça dela; motivo pelo qual, mesmo combatidos pelo criador, nenhum deles sofreu algum dano, porque Sofia atraiu a si tudo o que lhe era próprio. Dizem que Judas, o traidor, sabia exatamente todas estas coisas e, por ser o único dos discípulos que conhecia a verdade, cumpriu o mistério da traição e que por meio dele foram destruídas todas as coisas celestes e terrestres. E apresentam, à confirmação, um escrito produzido por eles, que intitulam Evangelho de Judas."

Se estou entendendo bem, o conceito-chave está contido nas palavras "cumpriu o mistério da traição". Não foi uma escolha, então, e menos ainda por dinheiro, mas uma obrigação.
De fato, esse evangelho apresenta a morte de Jesus como um bem necessário para a salvação. Segundo certas teorias que Irineu menciona, no homem Jesus, no momento do batismo por parte de João Batista, havia se encarnado o Cristo, um ser celeste. Matando Jesus, o Cristo podia voltar a subir ao lugar de onde viera, pondo fim a toda a criação (toda a realidade celeste e terrestre). De fato, o mundo, segundo essa teoria, era um mal, e o Deus que o havia criado era um Deus cruel.

Não estamos muito distantes das teorias gnósticas, segundo as quais a serpente que induziu Eva a desobedecer a Deus não era um ser maléfico, pois a incita à busca da verdade.
Segundo alguns gnósticos, maléfico era o Deus criador, porque criou um mundo fonte de todos os males. A serpente realiza, pelo contrário, uma obra de salvação: incita os homens a desobedecer ao Deus mau e faz com que eles cheguem à verdade sobre a criação e sobre a natureza do homem. Tudo que o Deus da Bíblia ordena é combatido e transgredido. Existe, entretanto, um Deus

verdadeiro, que é incognoscível e habita num reino mais acima do que os céus, onde reside uma Trindade constituída pelo Pai, por Alógenes e por Barbelo. Jesus descende dessa Trindade e tem em comum com ela uma natureza totalmente espiritual. O Evangelho de Judas sustenta, portanto, que existem dois Jesus: um Jesus espiritual, que não se vê, e o Jesus de carne, que reveste e esconde o verdadeiro Jesus. Apenas Judas é capaz de compreender esse mistério e recebe de Jesus a revelação da verdade. Os outros discípulos, pelo contrário, não conhecem a sua verdadeira natureza, porque não pertencem ao reino espiritual e adoram o Deus maléfico. Jesus diz a Judas: "Tu serás maior do que eles. Porque sacrificarás o homem que me reveste." No fundo, é o próprio Jesus quem trama uma conspiração e incita Judas a entregá-lo aos algozes.

Esse texto não nos oferece nenhuma informação histórica fidedigna nem sobre a figura de Jesus, nem sobre a de Judas. É uma espécie de contraevangelho, escrito para contestar os evangelhos de João e Mateus, e para condenar as ideias e as práticas religiosas da Igreja majoritária, que se baseava nos doze apóstolos. Entretanto, a sua importância é imensa pelas informações que nos fornece sobre o cristianismo por volta da metade do século II. Ele nos faz saber quantos diferentes grupos existiam naquele período, quantos evangelhos circulavam, quantos debates acalorados se realizavam nas Igrejas. Naquele tempo, ainda não existia o Novo Testamento, não existiam textos normativos, e o cristianismo se manifestava de formas muito diferentes, até mesmo conflituosas.

Uma lenda que também recentemente conheceu uma nova vitalidade graças a um conhecido romance é a do Santo Graal. De que se trata? Onde poderia encontrar-se esse objeto misterioso?

Não é possível dizer onde se possa encontrar o Graal pelo simples fato de que esse objeto nunca existiu. Considero que nem chegaram a existir pessoas que realmente o tenham procurado. A única certeza histórica é que foram escritas lendas sobre o Graal e sobre pessoas que o teriam procurado. O Graal não existe, mas as lendas e as fantasias literárias, sim. E as lendas, obviamente, interessam, são um produto da fantasia humana, e não há nada mais fascinante do que procurar compreender por que, durante séculos, essas fantasias foram levadas a sério.

Quando se começou a falar no Graal em relação a Jesus?
Somente na Idade Média. Em 2005, a editora italiana Mondadori publicou, na sua coleção "I Meridiani" (Os meridianos), o volume *O Graal*, que contém grande parte dessas lendas: são todas posteriores ao século XII. A primeira vez que o Graal aparece é entre 1180 e 1181, no romance de Chrétien de Troyes, *O conto do Graal*, escrito na França exatamente naqueles anos. A palavra "Graal" significava, na língua da época, simplesmente uma tigela larga e funda, um tanto grande, usada sobretudo nos jantares majestosos. Por isso, tem razão quem defende que o título do romance deveria ser literalmente traduzido como "O conto do prato" ou "O conto da tigela". Mas na anterior mitologia celta, esse objeto simbolizava, entretanto, fartura: o Graal era o caldeirão da fartura. Chrétien de Troyes quis, intencionalmente, cristianizar esse símbolo. O prato fundo (*graal*) do seu romance contém uma hóstia com a qual se alimenta há quinze anos o pai do Rei Pescador. Numa cena famosíssima, o herói do romance, Percival, vê o Graal durante um banquete; o prato é acompanhado por outros símbolos da mitologia celta, por exemplo, a espada sobre cuja ponta há uma gota de sangue. A cristianização está no fato de que agora o prato contém uma hóstia. Mas, em si, o prato não tem nada de sagrado e nada tem a ver com Jesus. É somente num romance escrito pouco tempo depois, por Robert de Boron, *José de Arimateia* (ou *Romance da história do Graal*),

que o Graal se torna o cálice precioso que Simão, discípulo de Jesus, tinha em casa e que Jesus usou para a eucaristia na última ceia.

Mas o cálice que agora se tornou sagrado não havia servido também para recolher o sangue de Jesus, que morria na cruz?

Mais exatamente, segundo a narrativa romanesca de Robert de Boron, José de Arimateia recolheu nele o sangue do corpo de Jesus no momento em que ele é retirado da cruz. Jesus ordena a José que guarde esse cálice sagrado e que depois o entregue a Hebron, seu cunhado, que deve levá-lo para o Ocidente. Hebron, chegado ao Ocidente, entregará o Graal ao filho do seu filho, que deverá guardá-lo para sempre, e a ele "será plenamente revelado o sentido simbólico da Santa Trindade". O Graal já havia se tornado um objeto de culto com poder milagroso, detentor de segredos revelados apenas a quem deve guardá-lo. Os mitos medievais celtas estão condensados nesse objeto, que é relacionado a Jesus.

Embora se tratando de um objeto de fantasia, as lendas dão algum indício do lugar onde se poderia encontrar?

Eu diria que o lugar não tem muita importância. É mais importante o fato de aquele que encontrar o cálice poder penetrar não apenas no poder do Graal, mas também nas revelações secretas que Jesus havia transmitido a José. A tarefa da salvação, portanto, é confiada, de certa forma, não à Igreja oficial, mas a um grupo misterioso de iniciados secretos. Como escreveu Francesco Zambon como introdução ao volume *O Graal*: "A cavalaria se torna a Igreja esotérica e militante por meio da qual Cristo realiza a salvação do mundo." Mas dessa lenda também existe uma versão eclesiástica ortodoxa no romance *A demanda do Graal*.

Os romances e as lendas sobre o Graal têm alguma relação com as cruzadas e a reconquista do Santo Sepulcro?

Certamente. Essas fantasias desprovidas de fundamento nasceram ou para dar uma legitimidade religiosa a monarquias medievais, ou para procurar transferir para o Ocidente as relíquias de Jesus que se imaginava que pudessem existir naquela Terra Santa conquistada pelos muçulmanos a partir do século VII.

Existe uma explicação racional para o extraordinário sucesso do medíocre romance de Dan Brown, O Código Da Vinci*?*
Tornou-se moda pensar que existam segredos, rituais ou objetos que digam respeito a um evento de extraordinária importância para a história da Humanidade. Objetos, doutrinas, rituais ou personagens desconhecidos pela maioria das pessoas, conhecidos apenas por pouquíssimos que, durante séculos, ocultaram-nos. São vários os motivos pelos quais o segredo deve ser transmitido apenas por via esotérica. Trata-se, geralmente, de teorias nebulosas, filologias vacilantes, vagas alusões com as quais se deixa entender que a verdade profunda está escondida sob afirmações e relatos que, falando em outras coisas, aludem, na realidade, a fatos e verdades que um leitor iniciado pode decifrar; um percurso difícil, quase uma caça ao tesouro, cujo êxito final alcançam apenas aqueles que possuem secretas chaves de leitura.

Compreendo o fascínio desse mecanismo. É o mesmo da literatura policial e de aventura. Mas por que aplicá-lo aos mistérios da fé, por sua natureza inexplicáveis?
A difusão da moda relativa a Jesus e às origens cristãs depende do fato de a figura de Jesus se mostrar positiva, possuir ampla simpatia. Por outro lado, as Igrejas cristãs parecem ter traído, ocultado ou manipulado a sua fisionomia, adaptando-a à sua ideologia, aos seus mecanismos de poder. Jesus, portanto, precisa ser redescoberto, procurando-se a sua verdadeira imagem sob os textos que as Igrejas têm manipulado.

Os historiadores compartilham esse menosprezo em relação às várias Igrejas cristãs e à ideia de que elas manipularam a mensagem de Jesus?

Os especialistas não pensam que as Igrejas tenham tido a intenção de ocultar a figura de Jesus para impedir o conhecimento de verdades que colocariam em perigo o seu poder. A fé das Igrejas cristãs antigas se formou, segundo os historiadores, com base em elementos facilmente reconstituíveis, que levaram a transformar as concepções de Jesus nas dos cristãos dos séculos posteriores. Esse lento processo de transformação nunca teve o objetivo de ocultar ou transformar intencionalmente a figura de Jesus com objetivos de poder. São hipóteses historicamente pouco confiáveis.

Volto a perguntar: de que depende, então, uma aceitação tão ampla dessas hipóteses e dos textos que as reúnem?

Difundiu-se um modelo mental segundo o qual, se existe uma verdade, ela deve ser forçosamente ocultada. Esse esquema é aplicado também à figura de Jesus, concebida como positiva, enquanto as Igrejas, avaliadas negativamente, são vistas como responsáveis por haverem alterado a fisionomia dele. O atual interesse pelo Graal é diferente do interesse medieval. Naquela época, procurava-se resgatar algumas relíquias importantes, sobretudo depois da conquista da Terra Santa pelo islã. Era uma religiosidade para a qual o contato com as relíquias permitia o acesso à fonte do sagrado, a uma força sagrada primordial.

Hoje, que outras formas são adotadas para aproximar a figura de Jesus? Que lugar ocupa, que valor se atribui à pesquisa histórica?

Não vejo muitas outras formas. Há a forma da fé e da prática das Igrejas (a oração, os sacramentos), em que se busca Jesus para conhecer e alcançar os benefícios da salvação que ele pode proporcionar. Algumas pessoas, mas não muitas, buscam uma revelação particular. Há quem tenha a necessidade de um amuleto, de uma relíquia, seja ela o Graal ou o sudário, de lugares santos, de estátuas ou de imagens, objetos que é necessário tocar para se apoderar de poder sagrado. Temos, finalmente, a pesquisa histórica. O historiador não quer se apoderar de amuletos que transmitam um poder particular. Ele descobre, com maior ou menor certeza, acontecimentos e documentos do passado, colocando-os à disposição dos seus contemporâneos. Cabe, depois, a cada um avaliá-los, utilizando-os da forma que desejar, com base nos seus conhecimentos e na sua livre vontade.

Posfácio

EM BUSCA DA FIGURA "HISTÓRICA" DE JESUS

Quando Corrado Augias me convidou para um diálogo sobre a figura "histórica" de Jesus, aceitei de bom grado, porque estou convencido de que os resultados da pesquisa histórica são pouco conhecidos na Itália. São mais definidos interpretações confessionais e inúmeros livros de devoção que propõem uma imagem simplificada e banal de Jesus, quase como se os fiéis não precisassem se interrogar sobre a verdade histórica. Há também livros sensacionalistas, fruto de uma atitude antieclesiástica, escritos por pessoas pouco preparadas para o assunto. Alguns continuam defendendo a tese, desprovida de qualquer fundamento, segundo a qual Jesus nunca teria existido. Outros acreditam em alguns textos apócrifos, negando quase que por princípio qualquer veracidade dos textos canônicos ou das afirmações das Igrejas.

O fato é que, nos últimos trinta anos, aconteceram grandes mudanças nas pesquisas sobre Jesus e as origens cristãs. Foram publicados dezenas de livros importantes sobre a sua figura histórica e milhares de contribuições científicas. Uma segunda novidade é a obra de exegese sistemática sobre os textos não canônicos dos primeiros séculos. Essa onda de pesquisas, iniciada na Suíça e na França, invadiu depois os Estados Unidos e agora, com um pouco de atraso, também chega à Itália. Hoje, os especialistas são obrigados a se interrogar de uma nova forma: como nasceu o cristianismo? E quando? Somente na última década são muitos os livros que tentarem explicar como se formou o cristianismo. E ainda estamos no começo de uma nova visão. Mas o grande público é pouco informado sobre tudo isso.

O abismo entre os ambientes em que se desenvolve a pesquisa histórica e o restante da opinião pública é enorme. Penso que o diálogo entre Augias e mim foi criativo para ambos. Compreendi a urgência que temos hoje de haver homens de vasta cultura, capazes de estabelecer a relação entre os resultados da pesquisa científica e as necessidades que se manifestam numa sociedade complexa como a nossa. Entretanto, também é fundamental que haja historiadores capazes de organizar de forma diferente os seus pensamentos para dar respostas às necessidades reais. Diante de questões de relevante interesse geral, os especialistas às vezes se encontram em dificuldade. Muitos estudiosos sabem descobrir detalhes de grande importância, mas não são capazes de reconstituir uma imagem abrangente. No início, senti a tentação de não responder de forma categórica às perguntas de Augias ou me limitar a apresentar um leque de hipóteses plausíveis. Depois, resolvi resumir o mais simplesmente possível as convicções a que cheguei após uma longa pesquisa que me parece honesta. Como todas as conclusões científicas, as minhas convicções podem ser aprimoradas, contestadas, embora — desejo crer — elas sejam verificáveis nas suas bases racionais.

Estou convencido de que a rigorosa pesquisa histórica não nos afasta da fé, mas tampouco nos empurra para ela. Uma coisa é buscar Jesus para obter os benefícios da salvação ou, pelo contrário, para criticar e combater a fé das Igrejas. Uma coisa completamente diferente é tentar conhecer historicamente aquilo que Jesus, de fato, disse, fez, experimentou e acreditou. Por essas razões, no diálogo resumido neste livro, sempre procurei manter-me no plano histórico, evitando apresentar as minhas convicções pessoais sobre a fé.

Há quem critique os especialistas por estarem debatendo eternamente uns com os outros e porque os seus resultados sempre parecem provisórios. Melhor seria basear-se nas certezas de uma fé absoluta ou, ao contrário, na recusa completa de qualquer questão religiosa — esta também uma forma para encerrar de vez o problema. Ao contrário, considero que uma característica humana irrenunciável é sempre pôr em jogo as próprias convicções na base de novas aquisições, sem preconceitos em relação às opiniões dos outros, mas buscando questioná-los sobre as bases racionais das suas respectivas convicções. Como ensina Sócrates, trata-se de explicar as próprias razões, mas pedir também que os outros façam o mesmo. Se assim não for, o perigo do fundamentalismo ou da intolerância fica próximo demais.

Neste livro, parece-me ter defendido, muito sinteticamente, que Jesus era um judeu que não queria fundar uma nova religião. Não era um cristão. Ele estava convencido de que o Deus das Sagradas Escrituras hebraicas estava começando a transformar o mundo para finalmente instaurar o seu reino na Terra. Ele estava completamente concentrado em Deus e rezava para compreender a sua vontade e obter as suas revelações, mas também estava completamente concentrado nas necessidades dos homens, especialmente os doentes, os mais pobres e aqueles que eram tratados de maneira injusta. A sua mensagem era inextrincavelmente mística e social.

O reino de Deus não chegou, e, pelo contrário, ele foi morto pelos romanos por motivos políticos. Os seus discípulos, que provinham dos mais variados ambientes, desde o início lhe deram diferentes interpretações. Interrogaram-se sobre a sua morte, fornecendo explicações diversas, e muitos deles se convenceram de que ele havia ressuscitado. Certo número dos seus seguidores permaneceu dentro das comunidades judaicas, enquanto outros deram vida a uma nova religião, perpassada por diversas correntes: o cristianismo. Somente entre os séculos III e IV seria formada uma coleção de Sagradas Escrituras cristãs, a que hoje se chama "Novo Testamento", mas, ao longo desse período, também foram escritas numerosíssimas obras pelos primeiros cristãos. Aquelas que as Igrejas consideraram apócrifas, a partir mais ou menos do século IV, desapareceram aos poucos, mas ressurgiram a partir do final do século XIX até hoje, graças às escavações arqueológicas e às pesquisas históricas. A grande quantidade de estudos desenvolvidos ao longo dos últimos 150 anos revolucionou os nossos conhecimentos.

Espero que as leitoras e os leitores deste livro, diante da apresentação de tantas afirmações e hipóteses históricas, sintam-se estimulados a ampliar o seu conhecimento e a ler diretamente obras que talvez nem conhecessem. Quanto mais se aumenta a consciência histórica, tanto mais se fortalecem o pensamento crítico e a vida democrática de um país, e os fundamentalismos de qualquer natureza mostram a sua fragilidade cultural e a devastação mental que acarretam. Mesmo quem não é um especialista pode ter uma ideia pessoal, mas isso só pode ocorrer em determinadas condições. Em primeiro lugar, é preciso ler sínteses históricas sérias. É também necessário, depois, consultar diretamente todos os evangelhos, canônicos e não canônicos, baseados em boas traduções e bons comentários.* Sobretudo, é necessário ler

---

* Para uma informação atualizada sobre todos os aspectos dos estudos bíblicos, pode-se consultar o *Anchor Bible Dictionary* (New York: Doubleday, 1992. 6 vols.), também disponível em CD-ROM. A melhor introdução histórica a todos os evangelhos e a todos os textos cristãos das origens se encontra nas primeiras trezentas páginas do *Manual de literatura cristã antiga grega e latina*, de Norelli e Moreschini, citado na Bibliografia. Uma boa introdução ao Novo Testamento (que costumo usar com os meus alunos) é a de R. E. Brown, *An Introduction to the New Testament* (New York: Doubleday, 1997), em que se encontram as notas de um dos mais importantes exegetas católicos norte-americanos. Quem quiser aprofundar-se no

os evangelhos com a consciência de que um não deve ser lido à luz do outro, porque cada um transmite uma visão diferente dos fatos. É necessário prestar muita atenção às diferenças. Além disso, é preciso sempre se lembrar de que, desde o início, foram dadas interpretações distintas de Jesus. No começo de tudo, existe a diversidade: não apenas um cristianismo, mas muitos cristianismos. Além disso, ainda hoje as coisas são assim.Também para as outras religiões.

Mauro Pesce

---

debate em andamento sobre quando, como e por que nasceu o cristianismo pode ler "Quando è nato il cristianesimo?", número monográfico da revista *Annali di Storia dell'Esegesi* (Bologna: Edizioni Dehoniane, 2004). Sobre Jesus, indico o livro que escrevi com a antropóloga Adriana Destro, *L'uomo Gesù* (Milano: Mondadori, 2008), além dos livros de Crossan, Sanders e Theissen citados na bibliografia deste livro, mas a literatura é imensa. Além disso, nos livros de Destro e Pesce *Come nasce una religione* (Laterza, 2000) — todo dedicado ao Evangelho de João — e *Forme culturali del cristianesimo nascente* (Morcelliana, 2005) — que também aprofunda alguns aspectos da relação entre Jesus e o judaísmo — encontram-se referências a muitas das obras cujos resultados sintetizei nas minhas respostas a Augias. Para os evangelhos, sugiro começar o seu estudo pelos recentíssimos comentários de F. Bovon ao Evangelho de Lucas. Os de R. Schnackenburg ao Evangelho de João, os de J. Gnilka ao Evangelho de Mateus e os de R. Pesch ao Evangelho de Marcos ainda são fundamentais. Os quatro foram publicados pela editora Paidea, de Brescia (Itália). Para conhecer a história da pesquisa bíblica no último século, permito-me remeter aos meus ensaios: "Il rinnovamento biblico", in: *Storia della Chiesa*, vol. XXIII: *I cattolici nel mondo contemporaneo (1922-1958)*, org. por M. Guasco, E. Guerriero e F. Traniello, Roma: Edizioni Paoline (1991, pp. 575-610); "Il rinnovamento biblico", in: *Storia della Chiesa*, vol. XXV: *La Chiesa del Vaticano II (1958-1978). Parte II*, org. por M. Guasco, E. Guerriero e F. Traniello (Cinisello Balsamo: Edizioni San Paolo, 1994, pp. 167-216).

A minha visão sobre o Jesus histórico está agora resumida no livro de Adriana Destro e Mauro Pesce, *L'uomo Gesù. Luoghi, giorni, incontri di una vita*, (Milano: Mondadori, 2008). Neste último livro, escrito dois anos depois de *Diálogo sobre Jesus*, apresentamos uma reconstrução da vida de Jesus a partir do seu estilo de vida.

ELEMENTOS DE UMA PESQUISA

A necessidade de conhecer melhor Jesus, chamado o Cristo, que influenciou tão profundamente a história do mundo, é difundida também entre aqueles que não o consideram "filho de Deus". Nas páginas anteriores, o leitor terá descoberto quem ele pode ter sido, baseado naquilo que podemos saber e reconstituir. O estudioso Morton Smith, no seu livro *Jesus mago*, escreveu: "Procurar descrever o verdadeiro Jesus é como tentar, em física atômica, localizar uma partícula submicroscópica e determinar a sua carga." Uma tarefa árdua, mas que, mesmo assim, pode ser igualmente tentada, até porque "a partícula não pode ser observada diretamente, mas, numa chapa fotográfica, podemos determinar as linhas deixadas pelas trajetórias das partículas de maiores dimensões que ela pôs em movimento". É mais ou menos aquilo que eu, profano, procurei fazer ao colocar as questões ao professor Pesce.

Os especialistas no assunto afirmam quase de forma unânime que o início da moderna pesquisa sobre Jesus remonta a 1778, ano em que foi publicado, postumamente, um ensaio de Hermann Reimarus, um professor de línguas orientais em Hamburgo, intitulado *Do objetivo de Jesus e dos seus discípulos*. Naquelas páginas, Reimarus descrevia Jesus como um profeta político — por essa razão, morto pelos ocupantes romanos —, cujo cadáver havia sido furtado pelos seus seguidores, que começaram a criar um mito sobre ele. Crível ou não que fosse a sua reconstituição, Reimarus teve o mérito de fazer com que pela primeira vez fossem notadas, com nitidez, as grandes diferenças existentes entre o Jesus histórico e o Cristo da fé. Depois dele, a pesquisa não parou nunca mais. Martin Kähler publicou, em 1896, *O chamado Jesus histórico e o autêntico Cristo bíblico*, em que até mesmo negava a possibilidade de se chegar a conhecer a figura histórica de Jesus, pois os textos do Novo Testamento, em primeiro lugar os evangelhos, têm o único objetivo de anunciar o Cristo da fé, sendo textos teológicos muito mais do que relatos biográficos. E o pensador e teólogo Rudolf Bultmann, protestante, defende, por exemplo, que a visão do mundo contida no Novo Testamento é completamente mitológica e que, apesar disso, não existe um único trecho, nos 27 textos que o compõem, em que Jesus seja chamado de Deus. A única exceção é aquela em que Tomé se dirige a Jesus com a invocação "Meu Senhor e Meu Deus" (Jo 20,28).

Paul Tillich, outro teólogo alemão, protestante como Bultmann, levantou a hipótese de que a tentativa para se descobrir quem foi o verdadeiro Jesus havia fracassado, mas que isso tinha pouca importância, pois a verdadeira importância de Cristo é ter se tornado um símbolo que conduz a uma nova forma de existência. As pretensas "vidas de Jesus", escreveu ele, mais parecem romances do que verdadeiras biografias. O cristianismo, acrescentou ele na sua *Teologia Sistemática*, não se baseia na aceitação de um romance histórico, mas no testemunho do caráter messiânico de Jesus: "A participação, e não a prova histórica, garante a realidade do evento sobre o qual se institui o cristianismo."

Dessa forma, chegou a haver estudiosos que defendiam hipóteses opostas: segundo alguns, são importantes o Cristo, a sua mensagem, o seu exemplo, o seu sacrifício, e não as religiões (muito menos as Igrejas) que em seu nome foram criadas; outros, pelo contrário, como Tillich, escrevem que é o cristianismo o que importa, e não as experiências reais de Jesus, que, em grande parte, permanecem indemonstráveis.

Com o progressivo aprimoramento dos instrumentos históricos, as dúvidas e os debates se intensificaram, em vez de diminuírem. Entretanto, um dos pontos sobre os quais se chegou a um consenso quase geral é que Jesus, os seus apóstolos e os evangelhos chamados sinóticos nunca descreveram a ação do Cristo nos termos que serão depois utilizados pelas várias Igrejas cristãs, incluindo a católica.

Outro ponto do debate foi a colocação de Jesus no seu próprio contexto judaico. Por exemplo, foi demonstrado com certa facilidade que os seus ensinamentos morais não têm nada de original, estando até mesmo profundamente enraizados na tradição do judaísmo.

No entanto, a importância da figura de Jesus e a escassez de informações sobre ele não explicam inteiramente o afinco e, poderíamos dizer, a angústia com que o debate tem continuado e, como é previsível, continuará. Se muitos homens influíram, em maior ou menor grau, na história da humanidade, ninguém, entretanto, igualou-se a ele.

A explicação de um fenômeno tão imponente é simples para os cristãos: Jesus é o filho de Deus feito homem para redimir com o seu sacrifício os pecados do mundo. Jesus é o novo Adão, que veio redimir a fraqueza dos progenitores da humanidade, Adão e Eva, e firmar uma nova Aliança entre Deus e o gênero humano. Com que ousadia blasfema, então, iria pretender-se traçar a biografia de um ser que, pela sua própria natureza, escapa e transcende qualquer definição possível? As interpretações dos fatos e das palavras que lhe são atribuídas não são, talvez, infinitas, assim como são infinitos a sabedoria e o poder divinos? Para qualquer cristão, a conversa pode ser encerrada neste ponto.

E para os não cristãos? Onde está, para aqueles que não pertencem à comunidade cristã, o mistério, o enigma não resolvido de Jesus? Ou, invertendo a pergunta, até que ponto é possível conhecer a vida, as palavras, as ações desse grande homem? Grande, exatamente, mas "homem"? Repetindo pela terceira vez a pergunta: é possível falar em Jesus e tratá-lo como qualquer outro protagonista da História, ou seja, prescindindo da sua "divindade"?

De qualquer maneira que for colocada a questão, a resposta é complexa; entretanto, por mais complexa que seja, este livro contém uma resposta possível. Reduzir Jesus a uma dimensão histórica é difícil, devido a interferências de várias naturezas. A primeira, e talvez a mais consistente, é que Jesus pertence à tradição e à cultura judaicas: dessa tradição e cultura ele deve ser retirado e isolado para que possa tornar-se o fundador de uma nova religião que está relacionada à anterior, mas da qual também é muito diferente. Riccardo Calimani, apresentando o seu belo livro, *Gesù ebreo* (Jesus judeu), pergunta: "Quantos se lembram, na hora em que brindam ao Ano-Novo, que estão comemorando a circuncisão de um menino judeu?" De fato, até poucos anos atrás, nos calendários impressos no mundo cristão, aparecia, na data de 1º de janeiro, a indicação "Circuncisão de Nosso Senhor Jesus Cristo". Hoje, isso desapareceu, assim como desapareceu a outra indicação, "Purificação da Virgem", que caía em 2 de fevereiro, isto é, quarenta dias após o nascimento do menino. A Lei de Moisés ordenava que as mulheres de Israel, depois do parto, permanecessem quarenta dias sem se aproximar do tabernáculo. Terminado esse prazo, elas deviam ser purificadas, oferecendo em sacrifício um cordeiro; depois, a ele se devia acrescentar uma rola ou uma pomba, oferecidas pelo pecado. Se a mãe fosse pobre demais para oferecer o cordeiro, o Senhor permitia que o substituísse por outra rola ou outra pomba. Como escreve o evangelista Lucas (2,22-24): "Concluídos os dias da sua purificação segundo a

Lei de Moisés, levaram-no a Jerusalém para o apresentar ao Senhor, conforme o que está escrito na lei do Senhor: Todo primogênito do sexo masculino será consagrado ao Senhor; e, para oferecerem o sacrifício prescrito pela lei do Senhor, um par de rolas ou dois pombinhos."

Os preceitos do judaísmo foram em parte aceitos e em parte recusados pelo cristianismo. Ocorre que as palavras e ações de Jesus não podem ser compreendidas nem interpretadas se não se levar em conta a tradição religiosa da qual ele provinha, na qual estava imerso e em relação à qual declarou, várias vezes, o mais profundo respeito, como o professor Pesce explicou de forma tão exaustiva.

Uma corrente de pensamento quis até mesmo negar a existência concreta, física, naqueles anos, na região de Israel, de um homem chamado Jesus, fosse ele judeu ou não. Tomando como prova as numerosas contradições dos evangelhos, os defensores dessa tese afirmam que Jesus é uma criação puramente conceitual. É certo, dizem, que existiu uma figura como aquela, não como personagem histórica concreta, mas sim como "encarnação" das aspirações proféticas, nacionais, religiosas existentes, à época, naquela parte do mundo. E os evangelhos? Os evangelhos, respondem, devem ser tratados à maneira dos poemas homéricos, isto é, são documentos literários, e não testemunhos; os milagres de Jesus têm o mesmo valor "documental" que os trabalhos de Hércules ou a astúcia de Ulisses; narram que algumas qualidades alcançaram, num determinado homem, um valor elevadíssimo, tornando-se exemplares, antonomásticas, "milagrosas", se quiserem.

Ao se sair de uma visão de pura fé do fenômeno Jesus, a escassez das fontes e caráter contraditório, a profunda manipulação que elas sofreram rapidamente ao longo dos séculos, de que os exegetas podem vislumbrar o esboço, sem poder reconstruir o original, contribuem para aumentar divisões e interpretações. Por outro lado, muitas pessoas "creem" sem a necessidade de refletir sobre a sua fé; em outros casos, ter crescido num ambiente em que a fé é assimilada facilita uma adesão acrítica, a entrega àquela imensa consolação que a fé certamente representa. Como já lembramos, na *Missa de réquiem* há um trecho que define com precisão a dupla esperança representada por uma vida e por uma salvação eternas. Encontra-se no *Libera me*, onde os versículos dizem: "*Libera me, Domine, de morte aeterna, in die illa tremenda; quando coeli movendi sunt et terra. Dum veneris judicare saeculum per ignem.*" Espetáculo verdadeiramente apocalíptico aquele em que todos os seres humanos, os mortos e os vivos, serão direcionados de uma vez por todas ao seu destino eterno.

Todas as religiões, cada uma da sua maneira, colocam a última e mais elevada esperança numa realidade transcendente e benevolente, antídoto eficaz para a dureza, as injustiças, o mal profundo e muitas vezes injustificado da vida. No cristianismo, essa salvação suprema é confiada à figura de Jesus. É difícil conceber a face de Deus; para os judeus é até mesmo impensável e blasfemo tentar representá-lo. Como era o Deus que, no Monte Sinai, entregou a Moisés as Tábuas da Lei? Já ao se colocar a questão, compreende-se que qualquer resposta é impossível. No entanto, para os cristãos, o fato de um Deus verdadeiro ter sido, durante certa quantidade de anos, também um homem de verdade, com uma mãe, um pai (embora "suposto"), uma casa e uma profissão, torna a divindade muito mais acessível. Na verdade, conforme já vimos, são inúmeras as representações de Cristo, e, como ninguém sabe qual era o aspecto que, na realidade, ele tinha, todo artista, todo ilustrador, todo cantor popular e todo teólogo puderam imaginá-lo e representá-lo à sua maneira.

Está enganado quem define como "infantil" essa forma de crer, quem a considera um remédio essencialmente fácil, até mesmo um caminho cômodo para fugir das durezas da vida.

Em termos religiosos, pode-se dizer, ao contrário, que esse tipo de fé é certamente uma dádiva. E é exatamente essa "dádiva" grande e ingênua que se encontra colocada em perigo pela chamada modernidade, que quer dizer comunicações, confronto, trocas mais frequentes, mais rápidas, entre estilos de vida e entre religiões diferentes. No momento em que essa fé consolatória se torna uma maneira, ainda que rudimentar, de reflexão, é transformada em algo que se assemelha a uma teologia, ainda que rudimentar.

Já os primeiros cristãos, como o professor Pesce relatou tão bem durante a nossa conversa, haviam começado a refletir sobre a natureza de Jesus, a sua vida, os seus milagres, a sua morte, a sua ressurreição. Ao longo dos séculos, essas tentativas se tornaram um sistema orgânico e imponente, que conheceu o seu ápice conceitual com a filosofia escolástica e o seu maior representante, Tomás de Aquino, que elevou a teologia à categoria de "ciência", embora subordinada à ciência divina. A religião cristã, especialmente a de confissão católica, é a que mais desenvolveu uma "teologia". O Evangelho de João, o mais intelectual dos quatro reconhecidos pela Igreja, é, como já vimos, mais uma teologia sobre Cristo do que uma "biografia" deles. Também as cartas de Paulo são teologia, assim como todos os infinitos estudos da patrística e, posteriormente, dos filósofos, dos pensadores e dos homens devotos que analisaram a figura de Jesus. Uma figura tão grande que as dimensões humanas, mesmo que estendidas ao máximo, não pareceram suficientes para contê-la.

Para tentar alcançar essa figura, ou pelo menos para chegar o mais perto possível, eu, nas perguntas, e o professor Pesce, nas respostas, confiamos na pesquisa bíblica, que, ao longo do século XIX, sofreu uma renovação profunda. Quando as Sagradas Escrituras foram examinadas com escrupulosa atenção filológica, os estudiosos perceberam pelo menos duas características: em primeiro lugar, que os textos haviam sido manipulados inúmeras vezes ao longo dos séculos; em segundo lugar, que, numa análise meticulosa, eles se revelam tão cheios de contradições, que se mostraram incomparáveis entre si. "Acredita-se" naquilo que não se conhece, mas como continuar a acreditar se os textos sagrados parecem se enganar? Agostinho dá uma possível resposta a essa questão crucial quando escreve: "*Nullus quippe credit aliquid, nisi prius cogitaverit esse credendum*" — Ninguém certamente acredita em algo se antes não compreendeu que naquilo se deve acreditar. A partir do século XIX, ou seja, a partir do momento em que a historiografia e a exegese bíblica foram aplicadas no minucioso exame dos textos, foi essa a dramática divisão que veio a se criar: por um lado, aquilo em que "se devia acreditar" — por aceitação comum e secular, por douta formulação, por fé ingênua, numa palavra, por aquela tradição cristã que contribuiu para erigir a civilização ocidental; por outro lado, a evidência de que os textos sagrados são o fruto de contingências díspares, resultado de numerosas reelaborações e manipulações, e que, como tais, podem ser lidos e analisados.

Corrado Augias

BIBLIOGRAFIA

AUGÉ, Marc *Génie du paganisme*. Paris: Gallimard, 1982.
BARBAGLIO, Giuseppe. *Gesù ebreo di Galilea*. Bologna: Edizioni Dehoniane, 2003.
BLOOM, Harold. *Jesus e Javé: os nomes divinos*. Rio de Janeiro: Objetiva, 2006.
BOVON, François. *El Evangelio segun San Lucas*. Salamanca: Sigueme, 1995. 3 vols.
_____; GEOLTRAIN, Pierre; KAESTLI, Jean-Daniel. *Écrits apocryphes chrétiens*. Paris: Gallimard, 1995 e 2007. 2 vols.
BRANDON, Samuel George Frederick. *Jesus and the Zealots: A Study of the Political Factor in Primitive Christianity*. New York: Charles Scribner's Sons, 1967.
BULTMANN, Rudolf. *Crer e compreender*. São Leopoldo: Sinodal, 1984.
CALIMANI, Riccardo. *Gesù ebreo*. Milano: Mondadori, 1998.
CARLSON, Steven C. *The Gospel Hoax. Morton Smith's Invention of Secret Mark*. Waco: Baylor University Press, 2005.
CROSSAN, John Dominic. *Jesus: uma biografia revolucionária*. Rio de Janeiro: Imago, 1995.
_____. *O Jesus histórico: a vida de um camponês judeu do Mediterrâneo*. Rio de Janeiro: Imago, 1994.
CULLMANN, Oscar. *Dieu et César. Le Procès de Jésus, Saint Paul et l'autorité; L'Apocalisse et l'etat totalitaire*. Neuchâtel, Paris: Delachaux & Niestlé, 1956.
DESTRO, Adriana. *Antropologia e religioni*. Brescia: Morcelliana, 2005.

_____; PESCE, Mauro. *Antropologia delle origini cristiane*. 4. ed. Bari-Roma: Laterza, 2005.

_____. *Come nasce una religione. Antropologia e esegesi del Vangelo di Giovanni*. Bari-Roma: Laterza, 2000.

_____. *Le forme culturali del cristianesimo nascente*. Brescia: Morcelliana, 2006.

_____. *L'uomo Gesù*. Milano: Mondadori, 2008.

DIONIGI, Ivano (org.). *La maschera della tolleranza*. Milano: Rizzoli, 2006.

EHRMAN, Bart D. *Evangelhos perdidos — as batalhas pela escritura e os cristianismos que não chegamos a conhecer*. Rio de Janeiro: Record, 2008.

_____. *A verdade e a ficção em O Código Da Vinci*. Rio de Janeiro: Record, 2004.

ERBETTA, Mario. *Gli apocrifi del Nuovo Testamento*. Casale Monferrato: Marietti, 1978 e 1982. 3 vols.

FRICKE, Weddig. *Il caso Gesù*. Milano: Rusconi, 1988.

GOGUEL, Maurice. *Jesus de Nazareth: mythe ou histoire?* Paris: Payot, 1925.

HEDRICK, Charles W.; MIRECKI, Paul. *Gospel of the Savior. A New Ancient Gospel*. Santa Rosa: Polebridge Press, 1999.

HENGEL, Martin. *Crucifixion in the Ancient World and the Folly of the Message of the Cross*. London: SCM Press, 1977.

HOLL, Adolf. *A mão esquerda de Deus: uma biografia do Espírito Santo*. Rio de Janeiro: Rosa dos Tempos, 2003.

JONAS, Hans. *Le Concept de Dieu après Auschwitz. Une Voix juive*. Paris: Rivages, 1994.

KÄHLER, Martin. *Der sogennante historische Jesu*. Leipzig: C. J. Hinrichs, 1892.

KOESTER, Helmut. *Ancient christian gospels*. London: SCM, 1999.

KÜNG, Hans. *Ser cristão*. Rio de Janeiro: Imago, 1976.

LELOUP, Jean-Yves. *O Evangelho de Felipe*. Petrópolis, RJ: Vozes, 2006.

_____. *O Evangelho de Maria*. Petrópolis, RJ: Vozes, 2006.

MARA, Maria Grazia. *Il Vangelo di Pietro. Introduzione, Versione, Commento*. Bologna: EDB, 2003.

MAURIAC, François. *Vie de Jésus*. Paris: Flammarion, 1936.

MEIER, John P. *Um judeu marginal: repensando o Jesus histórico*. Rio de Janeiro: Imago, 2003-2004. 3 vols.

MIMOUNI, Simon Claude. *Les Fragments évangéliques judéo-chrétiens "apocryphisés"*. Paris: Gabalda, 2006.

MIMOUNI, Simon Claude; MARAVAL, Pierre. *Le Christianisme des origines à Costantin*. Paris: Presses Universitaires de France, 2006.

NIETZSCHE, Friedrich W. *O anticristo*. São Paulo: Centauro, 2004.

NORELLI, Enrico. *Esposizione degli oracoli del Signore. I frammenti*. Cinisello Balsamo: Edizioni Paoline, 2005.

_____; MORESCHINI, Claudio. *Manual de literatura cristã antiga grega e latina*. Aparecida: Santuário, 2005.

PAGELS, Elaine. *Além de toda crença: o evangelho desconhecido de Tomé*. Rio de Janeiro: Objetiva, 2004.

_____. *Os evangelhos gnósticos*. Rio de Janeiro: Objetiva, 2006

PERROT, Charles. *Jésus et l'histoire*. Paris: Desclée, 1979.

PESCE, Mauro. *Il cristianesimo e la sua radice ebraica. Con una raccolta di testi sul dialogo ebraico-cristiano*. Bologna: Edizioni Dehoniane, 1994.

_____ (org.). *Le parole dimenticate di Gesù*. 6. ed. Milano: Mondadori, 2006.

POPPI, Angelico. *Sinossi dei quattro Vangeli: duplice e triplice tradizione in evidenza*. Padova: Messaggero, 1983-1988.

RENAN, Ernest. *Vida de Jesus*. São Paulo: Martin Claret, 2003.

SANDERS, E. P. *Jesus y el judaismo*. Madrid: Editorial Trotta, 2004.

SCHWEITZER, Albert. *A busca do Jesus histórico*. São Paulo: Fonte Editorial, 2003.

SCORZA BARCELLONA, Francesco. *Magi*. In: *Nuovo dizionario patristico di antichità cristiane*. Genova: Marietti, 2006.

SELIGMAN, Adam B. *Modernity's Wager: Authority, the Self, and Transcendence*. Princeton: Princeton University Press, 2003.

SMITH, Morton. *Jesus the Magician.* New York: Harper and Row, 1978.

STROUMSA, Guy G. *La formazione dell'identità cristiana.* Brescia: Morcelliana, 1999.

THEISSEN, Gerd; MERZ, Annette. *O Jesus histórico: um manual.* São Paulo: Loyola, 2002.

TILLICH, Paul. *Teologia sistemática.* São Leopoldo: Sinodal, 2005.

VAN TILBORG, Sjef. *Imaginative Love in John.* Leiden: Brill Academic Publishers, 1997.

VOLTAIRE. *Dicionário filosófico.* São Paulo: Martin Claret, 2002.

AGRADECIMENTOS

Este livro demandou um complexo trabalho de redação em virtude do tempo e da maneira como se desenvolveu o diálogo entre mim e Mauro Pesce. Gostaria de agradecer aos extraordinários profissionais do setor de ensaios da editora Mondadori, que cuidaram das várias redações, corrigiram-nas, acrescentaram índices e prepararam a edição impressa. Agradeço, especialmente, a Andrea Cane, Nicoletta Lazzari, Valentina Vegetti e Pier Angela Mazzarino.

Finalmente, mas não menos importante, agradeço a Anna Ramadori, da filial da Mondadori em Roma, a sua generosa assistência.

Corrado Augias

ÍNDICE DAS CITAÇÕES BÍBLICAS

ABREVIATURAS

Antigo Testamento

Dn	Livro de Daniel
Ex	Livro do Êxodo
Gn	Livro de Gênesis
Is	Livro de Isaías
Lv	Livro de Levítico
Mq	Livro de Miqueias
Nm	Livro dos Números
Rt	Livro de Rute
Sl	Livro dos Salmos
2 Sm	Segundo Livro de Samuel

Novo Testamento

At	Atos dos Apóstolos
1 Cor	Primeira Carta aos Coríntios
Fl	Carta aos Filipenses
Gl	Carta aos Gálatas
Jo	Evangelho de João
Lc	Evangelho de Lucas
Mc	Evangelho de Marcos
Mt	Evangelho de Mateus
Rm	Carta aos Romanos
1 Tm	Primeira Carta a Timóteo

CITAÇÕES BÍBLICAS

Dn
    2,31: 130
    7,13: 171
    7,14: 171

Ex
    12,14: 170

Gn
    38: 135

Is
    7,14: 110
    40: 76

Lv
    11,1: 33
    14: 44
    25,8: 72

Mq
    5,1: 9

Nm
    15,37: 41
    15,38: 41
    15,39: 41
    15,40: 41

Rt
    3,3: 135

Sl
    22: 190

2 Sm
    11,2: 135

At
    1,6: 75, 208
    1,7: 208
    1,8: 208
    1,9: 208
    1,14: 147
    1,16: 97
    4,27: 186

1 Cor
    1,18: 201
    1,19: 201
    1,20: 201
    1,21: 201

1,22: 201
1,23: 201
1,24: 201
1,25: 201
7,12: 151
9,3: 133
9,4: 133
9,5: 133
9,6: 133
11,23: 170
11,24: 170
11,25: 170
15,3: 217
15,4: 217
15,5: 217
15,6: 217
15,7: 217
15,8: 217
15,9: 217
15,17: 213
15,40: 214
15,44: 214

Fl
   2,6: 114

Gl
   1,6: 106
   1,18: 138
   1,19: 138
   2: 138
   4,4: 113

Jo
   1,49: 78
   2,2: 143
   2,12: 136
   2,19: 43
   2,22: 43

3,14: 202
3,22: 261
4,1: 261
4,2: 261
4,21: 46
4,23: 46
5: 179
6: 79
6,41: 129
6,48: 174
6,49: 174
6,50: 174
6,51: 174
6,52: 174
6,53: 174
6,54: 174
6,55: 174
6,56: 174
6,57: 174
6,58: 174
7: 139
7,1: 139
7,3: 136
7,5: 136
7,6: 133
7,10: 136
8,28: 202
11,45: 179
11,47: 168
11,48: 168
12: 163
12,12: 173
12,37: 163
12,42: 205
13,1: 93
13,2: 93
13,3: 93
13,4: 93
13,5: 93

13,6: 93
13,7: 93
13,8: 93
13,9: 93
13,10: 93
13,11: 93
13,12: 93
13,13: 93
13,14: 93
13,33: 64
15,1: 64
15,2: 64
15,3: 64
15,4: 64
15,5; 64
15,6: 64
15,7: 64
16,13: 24, 107
18,15: 178
18,16: 178
18,17: 178
18,18: 178
18,19: 178
18,20: 178
18,21: 178
18,22: 178
18,23: 178
18,24; 178
18,25: 178
18,26: 178
18,27: 178
18,33: 187
19,26: 144
19,27: 144
19,38: 199
19,39: 199
19,40: 199
19,41: 199
19,42: 199

20: 156
20,28: 290
21: 22, 62, 212, 216
21,1: 211
21,2: 211
21,3: 211
21,4: 211
21,5: 211
21,6: 211
21,7: 211
21,8: 211
21,9: 211
21,10: 211
21,11: 211
21,12: 211
21,20: 23

Lc

2,22: 292
2,23: 292
2,24: 292
3,23: 59, 122
4,22: 123
4,24: 158
5,4: 216
5,5: 216
5,6: 216
5,7: 216
5,8: 216
5,9: 216
5,10: 216
5,11: 216
6,20: 82
7,37: 154
7,38: 154
8,1: 145
8,2: 145
8,3: 145
9,28: 220

9,29: 220
9,30: 220
9,31: 220
9,32: 220
9,33: 220
9,34: 220
9,35: 220
9,36: 220
9,37: 220
12,51: 81
12,52: 81
12,53: 81
14,12: 91
14,13: 91
14,14: 91
14,16: 90
14,17: 90
14,18; 90
14,19: 90
14,20: 90
14,21; 90
14,22: 90
14,23: 90
14,24: 90
14,26: 148
17,21: 79
18,15: 89
19,27: 66
19,37: 75
19,38: 75
19,39: 75
19,40: 75
22,35: 68
22,36: 68
22,37: 68
22,38: 68
23,7: 194
23,50: 199
23,51: 199

23,52: 199
23,53: 199

Mc

1,14: 261
1,44: 44
3,31: 143, 147
5,25: 159
5,35: 89
5,36: 89
5,37: 89
5,38: 89
5,39: 89
5,40: 89
5,41: 89
5,42: 89
6,2: 132
6,3: 132
6,56: 157
7,5: 42
7,8: 42
7,19: 266
8,29: 7
10,13: 82
10,14: 82
10,15: 88
10,16: 88
10,28: 62
10,29: 62
10,30: 62
10,34: 271
10,35: 272
14,16: 90
14,22: 90
14,23: 90
14,24: 90
14,25: 90
14,51: 149
14,52: 149
14,58: 170

Índice das citações bíblicas

14,60: 171
14,62: 171
15,6: 184
15,7: 184
15,8: 184
15,9: 184
15,10: 184
15,11: 184
15,12: 184
15,13: 184
15,14: 184
15,15: 184
15,42: 198
15,43: 198
15,44: 198
15,45: 198
15,46: 198
16: 162
16,15: 162
16,16: 162
16,17: 162

Mt

1,22: 110
1,23: 110
2,1: 9
2,2: 9
2,3: 9
2,4: 9
2,5: 9
2,6: 9
2,7: 123
5,3: 82
5,23: 44
5,24: 44
5,44: 235
5,45: 235
5,46: 235
5,47: 235
5,48: 235
6,12: 84
9,20: 41
10,5: 47
10,6: 47
10,36: 82
11,25: 88
13,58: 158
14,36: 41
15,24: 47
18,1: 88
18,2: 88
18,3: 88
18,4: 88
18,5: 88
19,13: 89
20,20: 128
20,21: 128
22,2: 90
22,3: 90
22,4: 90
22,5: 90
22,6: 90
22,7: 90
22,8: 90
22,9: 90
22,10: 90
22,11: 90
22,12: 90
22,13: 90
22,14: 90
22,30: 214
26,22: 176
26,23: 176
27,24: 191
27,25: 191
27,26: 191
27,57: 199
27,58: 199

27,59: 199
27,60: 199

Rm
1,3: 114
4,24: 213
4,25: 213

1 Tm
1,4: 60
1,9: 207
3,1: 151
3,2: 152
3,3: 152
3,4: 152
3,5: 152

ÍNDICE ONOMÁSTICO

Aarão, 33
Abraão, 59, 60, 122, 140, 141, 246
Adorno, Theodor Wiesengrund, 254
Adriano, Públio Élio, imperador, 95
Akenson, Donald Harman, 94
Akiva, rabino, 15
Alexandre, o Grande, 85, 111, 117
Ambrósio, bispo de Milão, 229, 230
Anás, sumo sacerdote, 67, 177
Atanásio, bispo de Alexandria, 22
Augé, Marc, 230
Augusto, Caio Júlio César Otaviano, imperador, 111

Barnabé, 133
Barrabás, 173, 184, 185, 191, 192
Bento XVI (Joseph Ratzinger), papa, 241, 248
Betsabé, 135, 141, 142
Bloom, Harold, 7, 11, 32, 94, 239
Boron, Robert de, 277, 278
Bovon, François, 124
Brandon, S. G. F., 72
Brown, Dan, 10, 14, 279
Bultmann, Rudolf, 238, 242, 290

Caifás, sumo sacerdote, 45, 168, 177, 180, 183, 184
Calimani, Riccardo, 32, 292
Carlson, Steven, 272
Cassiodoro, Flávio Magno Aurélio, 236
Cefas, 133, 138, 217, 218
Chateaubriand, François-René de, 210, 230
Chilton, Bruce, 45
Chrétien de Troyes, 269, 277
Clemente de Alexandria, santo, 28, 271, 272
Congar, Yves Marie-Joseph, 241
Constantino I, imperador, 14, 228, 234
Crossan, John Dominic, 81, 184, 197
Cullmann, Oscar, 74, 249

Dânae, 111
Daniel, profeta, 19, 130, 171, 206
Davi, rei de Israel, 97, 112, 114, 135, 140, 141, 271
Destro, Adriana, 86, 128, 177, 222
Dionigi, Ivano, 229
Dionísio, o Pequeno, 15
Dostoievski, Fedor, 254
Dupont, Jacques, 160, 204

Ehrman, Bart, 14
Eleazar, 59
Eli, 59, 141
Elião, 135
Elias, profeta, 162, 221
Erasmo de Roterdã, 107
Eschenbach, Wolfram von, 268, 269
Estêvão, 90

Fitzmyer, Joseph, 101
Flávio Josefo, 112, 130, 150, 183, 184, 187, 197, 206
Flusser, David, 272, 273
Francisco de Assis, 30
Fricke, Weddig, 13, 51
Flávio Graciano, imperador, 229

Graciano, Flávio, imperador, 229

Hengel, Martin, 196, 197
Heráclito de Éfeso, 11
Herodes Antipas, 185, 194
Herodes, o Grande, 8, 18, 123, 130, 131, 145, 150, 181, 185, 186, 192-195, 197
Heródoto, 130
Holl, Adolf, 212
Hobbes, Thomas, 214, 223

Irineu, 239, 243, 274, 275
Isaac, 122
Isaías, profeta, 76, 77, 110, 116, 117, 127, 129, 137, 189

Jacó, 59, 122, 141
Joana, 145, 150
João, evangelista e apóstolo, 16, 22-25, 29, 34, 43, 51, 52, 54-59, 62, 64, 79, 149, 156, 163-165, 168, 169, 172-180, 187-189, 193, 205, 211, 212, 274-276, 295
João Batista, 15, 16, 57, 76-78, 172, 175, 176, 239, 260, 261, 262, 275

João Paulo II (Karol Wojtyla), papa, 241, 248
Jonas, Hans, 254
José, 16, 17, 59, 108-110, 121-123, 127-130, 132, 137, 140, 146
José de Arimateia, 198, 199, 250, 268, 269, 277, 278
Judas, irmão de Jesus, 123, 133
Judas, o Galileu, 8
Judas Iscariotes, apóstolo, 75, 96, 97, 101, 123, 132, 192, 218, 270, 274, 275
Justino, apologeta, 243

Kähler, Martin, 290
Kant, Immanuel, 52
Kokhba, Simon bar, 95
Küng, Hans, 49-51, 54

Lázaro de Betânia, 161, 168, 173, 177, 179, 210
Leda, 111
Leibniz, Gottfried Wilhelm, 253
Levi, 59, 156
Lucas, evangelista, 14-16, 21, 22, 25-27, 29, 45, 46, 55, 57-59, 63, 67-69, 72, 81, 90, 92, 103, 115, 116, 122-125, 129, 130, 136, 141, 142, 145, 147, 150, 154, 170, 172, 174, 185, 194, 195, 199, 204, 217, 244
Lupieri, Edmondo, 140
Lustiger, Jean-Marie, 241

Maquiavel, Nicolau, 66
Madalena, ver Maria de Magdala
Maomé, 85
Marcião, 22, 23, 244, 245
Marcos, evangelista, 14, 15, 21-23, 25, 26, 27, 29, 41, 42, 45, 46, 51, 54, 55, 57, 58, 63, 67, 82, 89, 101, 102, 112, 114, 122, 132, 136, 138, 139, 143, 147, 149, 151, 154, 162, 163, 165, 167, 168, 179, 185, 187, 198, 199, 200, 205, 218, 219, 261

Índice onomástico 317

Maria, mãe de Jesus Cristo, 15-17, 62, 108, 109, 111, 118, 119, 120-129, 132, 137, 138, 140, 146, 147, 210, 268
Maria de Betânia, irmã de Lázaro, 173
Maria de Cléofas, 178
Maria de Magdala, 145, 153-155, 215
Marta, irmã de Lázaro, 168
Matat, 59
Mateus, evangelista, 9, 14-17, 22, 23, 25-27, 29, 34, 38, 41, 42, 45-48, 51, 58-60, 63, 66, 67, 69, 71, 74, 90, 99, 102, 125, 128, 129, 130, 131, 134, 137, 140, 142, 151, 155, 158, 168, 172, 174, 175, 191, 199, 204, 205, 218, 259
Mauriac, François, 109
Mauss, Marcel, 37
Melanchton, Philipp, 39
Melqui, 59
Meliton, 272, 273
Menozzi, Daniele, 54
Merritt, Richard L., 192
Michelangelo, 50, 209
Möger, Karl J., 273, 274
Moisés, 33, 35, 41, 44, 99, 162, 189, 221, 292
More, Thomas, 107, 237

Nabucodonosor II, rei da Babilônia, 130, 131
Natanael, 78, 211
Nero, Lúcio Domício, imperador, 197, 227, 233, 234
Nicodemos, 178, 200, 205
Nietzsche, Friedrich Wilhelm, 81

Olímpia, 111
Orígenes, 118

Pagels, Elaine, 27, 103, 238, 243
Paulo de Tarso, apóstolo, 8, 94

Paulo IV (Gian Pietro Carafa), papa, 246
Paulo VI (Giovanni Battista Montini), papa, 241
Pápias de Hierápolis, bispo, 13, 21
Pascal, Blaise de, 16
Pedro, apóstolo, 23, 25, 28, 29, 97, 102, 151, 155, 156, 172, 173, 178, 181, 194, 195, 202, 211, 218, 220, 221, 234
Perseu, 111
Pesce, Mauro, 12, 13, 14, 33, 34, 122, 133
Pilatos, Pôncio, 131, 169, 173, 178, 181-189, 191-195, 198-200, 239, 249, 250
Pines, Shlomoh, 272, 273
Pitágoras, 112
Platão, 112
Plínio, o Moço, 231, 234
Polo, Marco, 131

Raabe, 135, 142
Reia Sílvia, 111
Reimarus, Hermann, 289, 290
Renan, Ernest, 108
Robinson, James, 19
Rômulo, 210
Rute, 135, 141, 142

Salomé, Alexandra, 98, 121, 122, 126-128
Salomão, rei de Israel, 135, 269
Sanders, E. P., 43
Schlier, Heinrich, 249
Scholem, Gershom, 273
Schüssler Fiorenza, Elisabeth, 156
Scorza Barcellona, Francesco, 131
Seligman, Adam B., 253
Sabbatai Zevi, 15
Signorelli, Luca, 209
Símaco, Quinto Aurélio, 229, 230, 237

Simão, o Mago, 124
Smith, Jonathan Z., 85
Smith, Morton, 157, 160, 271, 272, 273, 289
Sócrates, 285
Stroumsa, Guy, 272, 273
Susana, 145, 150
Suetônio, Caio Tranquilo, 227, 231, 233, 234

Tácito, Cornélio, 227, 228, 233, 234
Tamar, 135, 142
Temístio de Paflagônia, 237
Teodósio I, o Grande, imperador, 228, 234
Tertuliano, Quinto Septímio Florente, 232
Teudas, o Egípcio, 8
Tibério, Cláudio Nero, imperador, 15, 109, 184, 227, 240
Tiago, filho de Zebedeu, 24, 55, 149
Tiago, irmão de Jesus, 72, 101, 132
Tillich, Paul, 290
Tito Flávio Vespasiano, imperador, 67, 95, 168
Tomás de Aquino, 295

Tomé, 26-29, 54, 58, 81-83, 89, 96, 100-104, 126, 132, 136, 155, 170, 211, 215, 266, 270

Urias, 135

Valentiniano II, imperador, 229
Valentim, 245, 274
Valeriano, Públio Licínio, imperador, 225, 230
Van Tilborg, Sjef, 148
Varo, Públio Quintílio, 197
Virgílio Marão, Públio, 226
Vitélio, Aulo, 183, 184
Voltaire (François-Marie Arouet), 51, 52, 60, 254

Wagner, Richard, 269

Yehoshua, Abraham, 7, 10-12, 15, 32, 110, 239

Zagrebelsky, Gustavo, 256
Zakai, Yochanan ben, 100
Zambon, Francesco, 278
Zebedeu, 24, 55, 128, 149, 211

Impresso no Brasil pelo
Sistema Cameron da Divisão Gráfica da
DISTRIBUIDORA RECORD DE SERVIÇOS DE IMPRENSA S.A.
Rua Argentina 171 – Rio de Janeiro, RJ – 20921-380 – Tel.: 2585-2000